本书出版得到山东省一流学科建设“811”项目“马克思主义理论学科”、山东省高等学校“青创团队计划”“中国共产党人精神谱系的科学内涵与赓续发展研究”（项目号：2022RW089）的经费资助。

山东师范大学马克思主义理论学者文库

列宁社会主义一国首先胜利论的演进

曹 鹏 著

中国社会科学出版社

图书在版编目(CIP)数据

列宁社会主义一国首先胜利论的演进 / 曹鹏著.
北京 : 中国社会科学出版社, 2024. 9. -- (山东师范大
学马克思主义理论学者文库). -- ISBN 978-7-5227
-4014-0

Ⅰ. A821.64

中国国家版本馆 CIP 数据核字第 2024CM8618 号

出 版 人 赵剑英
责任编辑 田 文
特约编辑 刘 坤
责任校对 张爱华
责任印制 张雪娇

出 版 中国社会科学出版社
社 址 北京鼓楼西大街甲 158 号
邮 编 100720
网 址 http://www.csspw.cn
发 行 部 010-84083685
门 市 部 010-84029450
经 销 新华书店及其他书店

印 刷 北京君升印刷有限公司
装 订 廊坊市广阳区广增装订厂
版 次 2024 年 9 月第 1 版
印 次 2024 年 9 月第 1 次印刷

开 本 710×1000 1/16
印 张 17
字 数 234 千字
定 价 89.00 元

前　言

一国首先胜利论是列宁主义的重要内容，是列宁革命思想的浓缩，是他用以指导俄国社会主义革命的重要思想理论，对俄国革命和世界革命产生了重大影响。

一国首先胜利论有一个发展演进的过程：它萌芽于俄国 1905 年革命；形成于 1915—1916 年，在十月革命前后得到丰富、发展和初步验证；随着俄国反对外国武装干涉和国内战争以及国际局势的变化，军事共产主义政策和“左”的理论把这个思想推向极端；新经济政策的实施同时也是一国首先胜利论的理论修正。

第一、第二国际各国党的主流观点和列宁早期思想中，马克思和恩格斯的“同时胜利”论占统治地位。但是，俄国 1905 年革命的现实情况使列宁对民主革命的思考与建立无产阶级政权联系了起来，提出了在民主革命中实现工农民主专政的思想。虽然此时他还是“同时胜利”论的拥趸，但他已事实上萌发了利用特殊的革命形势，一国（俄国）——而不是（数国）同时——建立无产阶级新政权的思想。1905 年革命失败后，基于对俄国革命形势的分析和对世界资本主义体系的研究，列宁关于在俄国民主革命中建立工农民主政权并开始“社会主义革命”（生产资料所有制的变革）的思想逐步清晰起来。所以，正是因为俄国 1905 年革命的发生发展，列宁开始超越“同时胜利”论，萌发了一国首先胜利的思想。

在第一次世界大战的大环境下，列宁对资本主义发展规律、无产阶级解放斗争规律进行了新的思考和比较系统的研究，通过《论欧洲联邦口号》（1915 年）和《无产阶级革命的军事纲领》（1916 年）两篇文章，正式提出和确立了一国首先胜利论。随着俄国革命的进展，特别是二月革命后到十月革命前，对无产阶级革命规律和俄国革命策略的新思考，又使列宁的一国首先胜利论进一步明确。一国首先胜利论在俄国实现了理论到现实的转化，并得到了初步的验证。

正是帝国主义时代的来临、帝国主义大战的爆发和无产阶级解放斗争的新变化，使列宁既将一国首先胜利理论考察的重点放在了国别无产阶级的革命斗争上，又在事实上揭示了分裂的国际资产阶级——不再是统一的“神圣同盟”——和国际无产阶级的分裂的某种内在关联。一国首先胜利论便拥有了新的逻辑起点，其逻辑架构也就在此基础上初步形成了。

当然，十月革命的胜利并不意味着一国首先胜利论的终结，它源于无产阶级革命运动和俄国革命实践，也就必然随着俄国革命实践的发展而变化。苏俄在十月革命胜利后到外国武装干涉前的实践，促使一国首先胜利论实现了新的丰富和发展，其阐述的侧重点从夺取政权问题转向建设和巩固政权、社会主义改造和发展经济。同时，列宁认为俄国可以率先完成社会主义改造，开始社会主义建设。

1918 年夏，由于外国武装干涉和内战的爆发，面临严峻形势考验的苏维埃政权被迫实行了严厉的战时共产主义政策。正是这一时期极为特殊的战时国情和制度实践，使一国首先胜利论向前迈进了很大一步，发展为一国能够首先建成社会主义共产主义的思想，“直接过渡”被提上日程。这一理论也因此进入了曲折演进的通道，表现出过犹不及的特点。这一时期，就理论本身而言，一国首先胜利论呈现出明显的急于求成、超越阶段的“左”倾冒进的理论特征，遭受了重大挫折，在实践上也不可避免地失败了。

1920 年底，苏维埃政府取得了国内战争的最终胜利。但同时，俄国人民再也无法忍耐战时共产主义，整个无产阶级政权遭遇到严峻的政治经济危机。于是，1921 年 3 月的俄共十大，列宁和布尔什维克实现了由战时共产主义向新经济政策的转变。由此，苏俄的革命事业开启了一个新的历史阶段。苏俄转向和实施新经济政策，“退却”和“再退却”的过程，同时也是列宁对战时共产主义时期过犹不及的一国首先胜利论的反思和重新规划俄国社会主义革命战略的过程。反思的结果是：一国建成社会主义共产主义的论断被建设和建立社会主义的“基础”取代，“直接过渡”的思想被“间接过渡”“迂回过渡”或者“渐进式过渡”代替。事实上，一国首先胜利论整体上回到了战时共产主义之前的表述。

随着新经济政策的推进与俄国国内状况的好转，1922 年 3 月，列宁宣布停止退却，提出了重新部署力量的要求。结合苏俄实际，列宁对一国首先胜利论进行了修正，使之更加符合新经济政策开创的俄国革命和建设的新形势，更加具体和明确，并再次确认了其核心内涵和逻辑依据。通过《政治遗嘱》，列宁于临终前更加坚定了此前已经开始的关于一国首先胜利论核心内涵的调整，更加坚定了通过新的方式和途径巩固无产阶级政权、争取社会主义建设胜利的信心。不过，他的思想中仍带有急于过渡的内容和对新经济政策所需时间估计较短的“左”倾色彩。但无论怎样，新经济政策的提出、实践和这一时期列宁的政策反思，结束了一国首先胜利论的曲折发展历程，基本上完成了自己的理论修正，并且在胜利一词的限定和走向胜利的途径等方面有所发展。

1924 年 1 月，列宁溘然长逝，一国首先胜利论的演进也随之终结。一国首先胜利论虽然经历了一个曲折的演进过程，但它的内涵是丰富的，思维逻辑是清晰的，从另一个侧面揭示了帝国主义时期无产阶级解放运动的规律。这对我们更好地理解历史唯物主义基本原理，探索人类社会发展规律，考察走出当下国际共产主义运动低谷的相关问题和思维逻辑，有着重大的理论意义和实践价值。

目　录

绪　论

第一节　研究背景与研究意义

一　研究背景

一国首先胜利论是列宁主义的一个重要内容，是国内学术界的一个比较重要的关注点，也是近年来国内列宁主义研究、讨论的一个重点问题。列宁主义是资本主义在帝国主义这个阶段的马克思主义，是结合了马克思主义的基本原理与俄国革命实际的产物，是基于马克思主义的世界观和方法论对俄国革命经验教训的总结。马克思主义是关于无产阶级解放斗争和社会主义代替资本主义规律的科学，列宁主义也是。

在既定的世界观、方法论和革命原理的基础上，考察、探讨和判断无产阶级解放斗争或社会主义革命当前的、可直接用于指导实践的具体规律的时候，都会遇到无产阶级应该如何奋起革命、如何配合争取斗争胜利的问题。这其中逻辑地包括下列问题：这个胜利是什么样的？怎样才能实现这个胜利？为什么这个胜利只有这样才能实现？这其中又当然地包括国别无产阶级革命和国际无产阶级革命的互动关系问题，即一国无产阶级的革命究竟能走多远？各不同国家无产阶级革命孰易孰难，孰先孰后？国际无产阶级作为一个整体的最终胜利如何实现？这些问题归结到一点就是，无产阶级解放斗争或者社会主义革命究竟是自始至终的整体性运动的胜利，还是一国带动、群起响应、整体配合，最后走向成功呢？对这一问题的不同回答，就产生了所谓“同时胜利”论和一国首先胜利论。所以，一国首先胜利论在列宁主义理论中占有重要的地位，在马克思主义思想体系中也占有重要地位。而且，这个理论在俄国有长时间的实践，对俄国革命和后来的苏东地区以及亚洲许多国家的革命都产生了重大而深远的影响。

国内对一国首先胜利论的研究是从20世纪50年代开始的，80—90年代成为一个理论热点。学者们的认识也从众口一词转变为众说纷纭，关于一国首先胜利论与“同时胜利”论的关系，列宁的一国首先胜利论是否存在、其产生时间、主要内涵等许多问题都存在争论。因此，在深入研读列宁原著的基础上，结合时代背景、俄国具体实际，厘清一国首先胜利思想产生、发展的每一个细节及其每一个变化，完整地勾勒出这一理论演进的脉络，系统、深入地揭示列宁一国首先胜利论的内涵和内在逻辑，明确一国首先胜利论与“同时胜利”论的关系，阐明一国首先胜利论的当代价值，不仅十分必要，而且具有更加重要的理论价值和现实意义。

二 研究意义

1. 理论意义

第一，一国首先胜利论具有重大理论价值。

作为帝国主义时期的马克思主义，列宁主义是关于资本主义发展到垄断阶段的无产阶级解放斗争规律的科学。列宁的一国首先胜利论是对这一时期无产阶级革命斗争或者社会主义革命胜利规律的直接揭示，是基于俄国革命具体实际，并经过实践初步验证的理论。无产阶级解放斗争或者社会主义革命胜利规律是人类社会发展规律的重要组成部分，从这一角度来看，研究一国首先胜利论有助于我们更好地理解历史唯物主义基本原理，探索人类社会发展规律，具有重大理论价值。

第二，研究列宁一国首先胜利论的内涵、逻辑及其演进过程，可以帮助我们更全面、清晰地理解列宁的革命思想和理论。

列宁一国首先胜利论既是关于无产阶级革命斗争胜利规律的理论，更是落后国家的无产阶级如何夺取政权，如何保卫、巩固自己的政权，如何进行社会主义改造和建设社会主义的理论。它有自己产生发展的过程，时间跨度从1905年一直到1924年，同俄国的1905年革命、二月革命和十月革命，同苏俄建国初期、三年内战和新经济政策紧密关联，也与国际革命的走势相联系，贯穿这一时期俄国社会主义革命的整个进程。它不仅仅是理论，还被付诸行动，切实指导了俄国的革命，并在革命实践中得到了验证和修正。一国首先胜利思想的演进过程，从一个侧面反映了列宁革命思想的发展史。因此，研究一国首先胜利论，对我们进一步理解列宁主义和俄国革命有着重要的基础意义。

第三，研究一国首先胜利论的演进，进一步弄清它的内涵、内在逻辑和来龙去脉，可以帮助我们更好地理解这个理论本身。

20世纪80年代以来，学术界对一国首先胜利论的内涵存在种种解读和较大争议，而对其内在逻辑依据的研究和探讨极少，对这一思想理论发展演进过程的描述也比较模糊。因此，本研究有助于更加全面、准确、深入地理解一国首先胜利论，系统、完整地把握这一重要理论。

2. 现实意义

通过研究列宁一国首先胜利论的演进，系统、深入探究其内涵和内在逻辑，从而进一步把握和理解社会主义革命运动规律，这对于我们更好地观察当今的国际形势和国际阶级斗争，更好地思考当前处于低谷中的国际共产主义运动的相关问题，对于研究和探讨世界社会主义运动走出低谷、新的振兴等问题，对于增强我们对于正在前行中的中国特色社会主义的理论自信、道路自信，有着巨大的现实性意义。

第一，进一步研究一国首先胜利论，对于正确认识和把握即将来临的社会主义运动的新高潮意义显著。

这一理论的基础，是列宁对帝国主义时期资本主义发展不平衡规律的揭示。虽然当今世界的时代主题和时代特征已经变化，和平与发展代替战争与革命成为主题，世界局势也不再像冷战时期那样剑拔弩张。但是，时代没变，仍然是处于帝国主义时代，国际无产阶级和国际资产阶级的斗争依然存在，社会主义和资本主义的矛盾依然存在，社会主义代替资本主义依然处于正在进行时。在低谷中的国际共产主义运动和无产阶级革命斗争必然有重新崛起的那一天。研究世界无产阶级革命力量与国际资产阶级统治势力的力量对比，关注资本主义的变化以及社会主义对于这种变化而发生的斗争形势的改变，探讨国际社会主义、共产主义运动重新振兴的条件、时机、形式和方法等，研究其规律性，是理论工作者的重要现实任务。列宁的一国首先胜利论，以俄国为实践对象和具象思考对象，对一个国家如何开展革命、争取胜利并推动世界革命的一系列问题进行了探索和阐述。这一理论首先是俄国革命实际需要的产物，同时又是用以指导当时俄国革命实践的，具有鲜明的实践性。对这一思想的研究，必然有助于我们更好地完成上述任务。

第二，深入研究一国首先胜利论，对于中国特色社会主义建设具有重大意义。

当前，中华民族的振兴和中国特色社会主义的建设正处于关键的阶段，增强我们对自己理论和道路的自信至关重要。深入研究一国首先胜利论，深刻理解其丰富内涵和内在逻辑，有助于我们更好地理解社会主义革命胜利的规律性，理解为什么经济文化落后的国家会先于发达国家建立无产阶级政权、开始社会主义建设，理解中国革命胜利的理论逻辑和中国社会主义制度的合理性，有力回击“早产论”“补课论”“告别革命”等错误观点，从而增强对中国特色社会主义的理论自信和道路自信。所以，深入研究一国首先胜利论，对中国特色社会主义事业的推进有重要现实意义。

第二节 国内外研究概况

列宁以及他所领导建立的苏维埃政权，在人类历史和社会主义发展史上具有极为重要的地位，影响波及全世界，大大改变了世界历史的发展轨迹。正因为如此，列宁的思想、理论和实践活动也就被赋予了重大的世界性意义。作为列宁主义的重要的组成部分，作为指导俄国社会主义革命实践的一国首先胜利论，也就顺理成章地成为众多学者探讨和研究的重要内容。围绕这一理论，中外专家学者各抒己见，提出了诸多不同的见解，不断丰富着我们对列宁主义的认识和理解。

一 国外研究概况

1. 对列宁"一国社会主义"思想的研究

鉴于西方学者少有以中国语境下的专有名词——一国首先胜利论来指代列宁的相关思想理论（这点与我国国内研究差别很大，也为笔者的资料收集带来了很大困难）。本文对西方学者的相关论述，参照了国内学者使用的一国首先胜利论的表述方式，主要采用"socialism in one country"——"一国社会主义"以及相关词汇作为关键词加以检索。总体来看，西方学者对一国首先胜利论的阐述，主要涉及以下三个方面的内容。

（1）对列宁"一国社会主义"（一国首先胜利论）的总体认识

一种观点认为，列宁始终将发达的资本主义国家当作社会主义革命舞台上的主角，而落后的俄国则没有获得这一殊荣。此种观点在西方学界颇为流行，支持者众多。罗伯特·V. 丹尼尔（Robert V. Daniels）便是最早提出这种观点的学者之一，其著作——《共产主义的天性》（*The Nature of Communism*）充分体现了上述论点。同时，持类似观点的还有美国著名的列宁学专家阿尔弗雷德·G. 迈耶尔（Alfred G. Meyer），他所著的《列宁主义》一书被誉为列宁学研究的经典著作，一经出版就引起了轰动。书中指出，列宁同所有其他的俄国马克思主义者一样，承认俄国无产阶级短时间内还无法强大到仅靠自身力量就可以完成“他们自己的”革命的程度；因为资产阶级革命是民族性的事件，所以无产阶级革命也应该是世界范围的；在一战期间，列宁开始坚信这两种革命会“汇聚在一起”，形成一股浪潮，即以俄国革命的星星之火点燃整个世界革命的烈焰，促使社会主义的欧洲甚至社会主义的俄国的到来。作者还认为，一场反抗沙皇独裁的斗争不仅能够打击俄国的同盟国和那些处于发达国家附庸地位的所谓帝国主义国家，还可以在经济上给西方资本主义以沉重打击。这将是一场通过资本主义的“最薄弱环节”向整个世界资本主义发起的攻击。而这个“最薄弱环节”就是俄国。① 当然，对于俄国是帝国主义最薄弱的一环的说法，也有学者给出了自己的解读，如瑞德·克里斯托弗在他的《列宁：革命的一生》一书中指出，社会主义革命首先爆发在帝国主义最薄弱的一环——俄国的思想的确存在，但并不是出自列宁。②

另一种观点，是阿姆斯特丹大学的艾瑞克·V. 瑞（Erik Van Ree）教授提出的，认为第一次世界大战爆发后，列宁便意识到了革命战争具有的决定性意义。他因时因势地提出了有别于马克思主义的思想，那就是社会主义革命的起始地可能会被限定在一个国家内，这个国家获得胜利后需要进行一场反抗现存资本主义世界的战争。同时，列宁还大胆预测，在这个孤立的、革命的国家内部组织起一个社会主义的经济是可行的。虽然当时的俄国还没有准备好社会主义革命，但它完全可以投身于一场革命战争之中。因此，在 1915 年 8 月，列宁就肯定地讲俄国的无产阶级政党可以取得政权并随后建立一种民主的社会。不过作者也强调，列宁此时的思想主要集中在战争和革命

---

① Meyer G. Alfred, *Leninism*, Cambridge, Harvard University Press, MA, 1957, pp. 143 - 144, 158.

② Read Christopher, *Lenin. A Revolutionary Life*, Routledge, London and New York, 2005. p. 125.

上，而不是集中于社会主义经济建设。但可以明确的是，这场促成"一国社会主义"理论的战争对列宁来说十分重要。最后，作者在综合考察了列宁在1915—1917年的思想变化后指出，列宁的"一国社会主义"思想不仅倾向于社会主义革命首先在一国胜利，同时也倾向于单独一国可能建立社会主义的经济。在列宁看来，正是因为社会主义经济的建立，才能允许那个进行孤立革命的国家有实力发动反对帝国主义的革命战争。①

不过，学者迈克尔·本斯利（Michael Bensley）对艾瑞克·V. 瑞的观点持批判态度，他在《一国社会主义：对实用主义和20世纪20年代苏维埃意识形态的研究》中认为，瑞的错误在于缺少对十月革命前列宁的思想和活动主题的更深入、系统的思考，因而艾瑞克论述的"一国社会主义"缺乏深度，基础单薄，观点不能成立。②

还有学者认为，列宁从未提到过要在一个国家建立社会主义的经济，从他那里能够找到的只有他关于开始社会主义革命和建立工人阶级政权的论述。如爱德华·哈利特·卡尔（Edward Hallett Carr）在《苏维埃俄国史：一国社会主义（1924—1926）》中讲道，列宁曾无数次地说过，社会主义的最终胜利是不会在一个国家内取得的，尤其是在一个经济落后的国家中。这个观点一直以来都是正确的。"在1915年的那篇文章中（指《论欧洲联邦口号》——引者注），尽管没有以俄国为参照，列宁还是给出了一个对未来革命进程的更详细的分析。"对于列宁的这篇文章，卡尔分析道，列宁提出的最主要思想是摧毁旧政权、掌握权力、建立新政权，而不是什么建设社会主义经济，且列宁根本没有考虑过俄国（从中读不出丝毫涉及俄国的内容）。③

---

① Erik Van Ree, *Lenin's Conception of Socialism in One Country: 1915 - 17*, Revolutionary Russia, Vol. 23, No. 2, 2010.

② Michael Bensley, *Socialism in One Country: A Study of Pragmatism and Ideology in the Soviet* 1920*s*. Universiey of Knet, 2014.

③ Carr Edward Hallett, *A History of Soviet Russia: Socialism in One Country, 1924 - 1926*. Macmillan, London, 1959, pp. 41 - 42.

（2）通过分析“欧洲联邦”口号阐述列宁的“一国社会主义”思想

英国加地夫大学的学者法比奥·威赫（Fabio Vighi）和海科·菲奥德纳（Heiko Feldner）指出，在马克思、恩格斯以及后来的卢森堡等人都希望通过建立社会主义的欧洲联邦来推动世界革命的时候，列宁则于一战期间提出了不同的意见。一方面，列宁明白，即便是在对抗的形势下，西欧仍然是社会进步的缩影；另一方面，列宁从政治和经济的角度得出结论，认为欧洲帝国主义国家制度既是新的革命的参考标准又是国际反社会主义革命的温床，其结果就是新兴共产主义运动的反转（即出现另一种极端的表现形式——欧洲国家不会首先爆发革命）。作者写道，在1915年，列宁曾写了许多文章和小册子来表明自己关于第二国际破产的态度和在战争环境中革命的实际应用问题，《论欧洲联邦口号》就是其中的集大成者。在这篇文章中列宁否定了建立欧洲联邦的可行性，并且为了促使读者们想起马克思主义的国际主义基本原理，又提出了世界联邦的口号，但指出此口号也并非完全正确。正是在此文的最后部分，列宁创立了革命可能在几个甚至单独一个国家获得胜利的思想，即以在某个国家内开展革命作为全球性革命进程的起点。作者指出，从实践的角度出发，列宁对欧洲联邦的真正否定是他的政治策略到达顶峰——俄国十月革命的结果。不过作者也提醒道，列宁对一国革命的看法无疑是存在风险的，因为社会主义长时间在单独一个国家内保持胜利的思想为许多民族主义者的反动行为提供了借口。①

哈根·达斯（Khagen Das）的《“一国社会主义”研究》借助对另一位学者阿钦·维耐克（Achin Vanaik）的批判，简略地阐述了自己对列宁“一国社会主义”思想的理解和斯大林对这一思想的背离。

---

① Fabio Vighi, Heiko Feldner, “United States of Europe or Free Trade Zone? No Thanks! Slavoj Žižek on the Future of Europe, UK”, *European Journal of Social Theory*, Vol. 9, No. 3, 2006.

作者在文中列举了《论欧洲联邦口号》小册子里关于一国胜利的那段话后指出，从这段话中可以清晰地预见后来发生在俄国的十月革命的具体特征以及它所具有的重要的国际性质。达斯认为，列宁追求的"一国社会主义"是一种国际主义的"一国社会主义"。作者对比了共产国际在列宁时期和斯大林时期的作用，认为列宁时期的共产国际是一个真正的国际性的战斗组织。而在斯大林时期，共产国际则成为苏俄激起国际工人阶级进行战斗、革命的傀儡。由于忽略了其他国家党和革命人民的真实意愿和实际情况，斯大林的"一国社会主义"逐渐沦为一种发展、支持、控制他国革命的工具，这已经违背了列宁追求的"一国社会主义"的初衷①。

（3）列宁是否有一国建成社会主义的思想

在这个问题上，西方学者大致给出了三种解释。

一种解释认为，在一个国家内建成社会主义是不可行的，这是由列宁和托洛茨基制定的国际主义的布尔什维克教义，是完全根源于马克思主义的。只是在列宁去世后，斯大林公然地背叛了马克思主义和布尔什维克的传统观念。持这种观点的代表学者有莱泽克·科拉科夫斯基（Leszek Kolakowski）和罗伯特·瑟维斯（Robert Service）。科拉科夫斯基指出，"一国社会主义问题在革命胜利后最初的几年里是没有疑问的"。十月革命的领导者们都相信，"如果不能掀开世界革命的序幕，俄国革命的永久胜利是没有希望的"。列宁虽然说过社会主义革命的实现"需要俄国自己的努力"，但他所说的这个社会主义并不是我们认为的那种社会主义。② 罗伯特·瑟维斯在《列宁的政治生活》这本列宁的传记中，也论述了列宁的"一国社会主义"思想。书中指出，在 1917 年，列宁支持这样一个论点，那就是俄国"向社

---

① Khagen Das, "On 'Socialism in One Country'", *Economic and Political Weekly*, Vol. 23, No. 25, 1988.

② Leszek Kolakowski, *Main Currents of Marxism*, Vol. 2, *The Golden Age*, Oxford University Press, 1981, pp. 476 – 477. 中译本参见［波］莱泽克·科拉科夫斯基《马克思主义的主要流派》第 2 卷，唐少杰等译，黑龙江大学出版社 2015 年版。

会主义方向前行的行动”，只有在西方无产阶级开展革命的情况下才能进行尝试，否则是不会成功的。不仅如此，社会主义建设的“完成”也是无法在资本主义的包围中完成的。列宁将俄国的希望寄托于世界革命，特别是德国的革命上，认为德国革命的胜利是“俄国能够取得社会主义全部成就的先决条件”[①]。言外之意就是，没有世界革命、德国革命的支援，俄国的革命走不了多远。

另一种解释认为，列宁没有真正否认一国建成社会主义的可能性，他仅仅是说建成的将会是一种不完全的社会主义，托洛茨基也同意这种观点，而斯大林所作的唯一理论创新就是提出了单独一个国家可以建成完全的社会主义社会。如罗伯特·C. 塔克（Robert C. Tucker）在《斯大林同1879—1929年革命》中引用托洛茨基的话指出，革命胜利后，俄国的工人阶级“会被背离他们的反革命的农民所摧毁”，故一国是建不成社会主义的。作者认为，“这种观点与列宁的观点没有本质上的区别”。不过，有别于托洛茨基那样激烈的言辞，列宁是用一种温和的语气预言了俄国革命的前景，那就是“实现社会主义革命在一国的完全胜利是无法想象的”[②]。仍是这位作者，他在其另一本著作《马克思主义的革命思想》中承认，虽然列宁否认俄国能建成社会主义，但列宁的确有过在一个国家内可以建设社会主义经济的说法。[③]

最后一种解释认为，列宁关于一国能否建成社会主义的认识有一个发展变化的过程，是随着建国后俄国革命和建设的实践以及国际形势的变化而不断完善并最终得以确立的。上文提到过的艾瑞克·V. 瑞就是此论的代表者。他在《一国社会主义：一种新的评价》一文中

---

① Robert Service, *Lenin: A Political Life*, Vol. 2, *Worlds in Collision*, MacMillan, Houndmills etc, 1991, p. 209; Vol. 3, *The Iron Ring*, 1995, pp. 197, 201.

② Robert C. Tucker, *Stalin as Revolutionary* 1879 - 1929, W. W. Norton & Company, New York London, 1974, pp. 370, 380 - 382, 384.

③ Robert C. Tucker, *The Marxian Revolutionary Idea*, George Allen & Unwin, London, 1969, pp. 130 - 31.

指出，直到1917年，列宁和托洛茨基都相信一个孤立的、落后的、革命的俄国是没有机会生存下来的。但是，1917—1923年这7年间，列宁对这个问题的态度出现了完全的反转，提出了社会主义可以在孤立的俄国建成的论断，只是考虑到在缺少世界革命的情况下这种社会主义将保持一种不完全的状态。最后，到了1923年，列宁将“世界革命”这个限定条件也丢弃了。这里，作者要表达的意思是，在列宁看来，即便没有世界革命，俄国一国也可以建成完全的社会主义。由此，艾瑞克·V. 瑞在评论1925—1926年发生在苏联的关于“一国社会主义”的争论时，认为坚持“一国建成”论的斯大林和布哈林比坚持“一国不能建成”论的托洛茨基更是正统的列宁主义者。①

综上所述，西方学者对列宁“一国社会主义”思想的论述，主要是集中在社会主义革命是否会在一国爆发、何种国家会成为这“一国”、“欧洲联邦”口号与“一国社会主义”的关系、单独一国（俄国）是否能够单独建成社会主义等问题上，研究的时间范围从1915年起一直到列宁去世。

2. 对列宁在一战期间革命思想的研究

列宁在一战期间的所思所想，一直是国外学者关注的重点。很多学者对这一时期列宁的革命思想、对当时俄国即将要开始的革命的性质等问题研究颇多。我们知道，“一国社会主义”正是列宁于一战期间提出的重要理论，脱胎于列宁的革命思想。因此，尽管学者们在论述过程中可能没有明确地使用“一国社会主义”之类的词汇，但仍能从中获得有用的信息，因为他们已经在不自觉地通过另一种方式间接地表达了自己对此理论的见解和态度。

美国学者路易斯·费希尔在其著作《列宁的一生》中指出，在一战期间，列宁的主要活动就是积极推动俄国革命。他支持俄国战败，认为这种失败将成为引发俄国革命的前奏，只不过这种革命对俄国来

① Erik Van Ree, “Socialism in One Country: A Reassessment”, *Studies in East European Thought*, Vol. 50, No. 2, 2008.

讲仅是反对专制制度的民主革命，因为俄国的落后使它无法直接爆发社会主义革命，这一现实情况是无法靠俄国革命者自身的力量改变的。因此，哪怕是列宁自己也对“布尔什维主义是否可以早日取得胜利表示怀疑”。不过，作者心中也存有疑问。当论及列宁的《帝国主义论》时，作者认为，列宁对帝国主义意识形态在工人阶级内部、对无产阶级革命运动所产生的不利影响的分析是准确的，“这样一来，哪里还有阶级斗争呢？哪里还有无产阶级推翻资本主义的革命呢？哪里还有社会主义呢？”① 俄国的情况同欧洲的客观实际交织在一起，使作者也不禁陷入了矛盾之中。

英国著名的列宁学专家、理论家，列宁主义“重评派”代表人物尼尔·哈丁（Neil Harding）指出，一战的爆发使“列宁有生以来第一次深信，他有着不二的责任来重申马克思主义者有义务在世界范围内进行革命，并且在当代世界的经济和政治条件下来重新阐述世界革命。他着手思考的主题第一次不是以俄国为参照中心，而是在全欧洲甚至是全世界都具有意义。”哈丁指出，列宁的帝国主义理论推翻了那种社会主义只能同发达国家相关联的根深蒂固的思想，进而对社会主义发生的时间和空间都作了新的定义。正是在帝国主义时期，全球经济的不可分割性和不同地区、国家发展的不平衡性混在一起，使得剥削不能简单地理解为国家内部不同阶级之间的状态，而是已经越出单个民族国家的范围，成为国际范畴上发达国家对待落后国家的一种常态。所以，资本主义在全世界的体系的整体性要求以国际的视角看待革命的主客观条件，“资本主义会在其全球链条中最薄弱的环节上瓦解。这绝不意味着这种最薄弱的环节会在最发达或工业化程度最高的国家中被发现……列宁主义的分析使得在最发达或工业化程度最高的国家首先开始世界革命变得不再可能。”而且，殖民地因为具备了革命的条件（特别是主观条件的成熟）而成为革命最有

① ［美］路易斯·费希尔：《列宁的一生》（上），彭卓吾译，北京图书馆出版社2002年版，第146—166页。

可能的起始之地。[①]

在《列宁传》中，瑟维斯（Service）指出，一战时期的列宁修改了他的革命战略思想，压缩了革命的日程安排，而他上一次这样做是在1905年。现在，他再次考虑了这个问题。同列宁一个时代的传统的马克思主义者们认为，革命的过程首先应该是资产阶级民主革命，只有在民主和资本主义获得充分发展后，才能爆发社会主义革命。然而，列宁却敦促左翼马克思主义者们放弃"阶段理论"。他表明了这样一种意愿，即不经过资产阶级民主革命，而直接进行社会主义革命的可能性。当然，列宁自己的这种"阶段"理论引起了极大的争议。尤其是他建议的"工人阶级和农民革命民主临时的专政"，好像要求大多数人民群众（撇开布尔什维克的同志们）策划一场立刻开始的社会主义革命一样。到了1916年，革命日程的紧迫感使列宁更加坚定，马克思主义者们不能放弃任何在彼得格勒攫取和保持权力的机会。[②]

哈佛大学的帕特里克·安东尼·弗莱厄蒂（Patrick Anthony Flaherty）博士在其博士论文——《列宁与俄国革命：对革命思想和民众的社会动员辩证关系的研究》中指出，一方面，第一次世界大战为列宁的政治思想引入了新的启示性的要素；另一方面，俄国革命（指十月革命——引者注）并不是在安静的历史故事中粗暴地嵌入临时性插曲，它通过一场无意义的暴力活动实现了一个具有建设意义的千年目标。作者认为，要想理解列宁在1917年的活动，就必须将之置于那场似乎永无止境的欧洲"大屠杀"（指第一次世界大战——引者注）背景下。一战中，大行其道的社会民主主义的国际主义思潮，引发了列宁对那些只看重革命客观条件的所谓客观主义者的严厉批判，从而促使他加深了对革命主观条件的思索和认同感。在列宁的思想里，对决定革命的主观因素的看重并不能被定义为非马克思主义的思想，因

① ［英］尼尔·哈丁：《列宁主义》，张传平译，南京大学出版社2014年版，导言第11页、第154—155页。

② Robert Service, *Lenin: A Biography*, The Macmillan Press LTD, 2000, pp. 238 – 239.

为旧的反动的政权，即使处于如此危机的时刻，如果革命的阶级不主动将之推倒的话也是永远不会陷落的。①

原为苏共党员、后流亡西方，被称为“克里姆林宫学专家”的阿·阿夫托尔汉诺夫在《党治制的由来》中指出，列宁原本为社会主义革命制定了马克思主义的公式，即先进行资产阶级民主革命，然后才能进行无产阶级革命。不过由于战争的缘故，“列宁恰恰修改了这一公式，提出了关于社会主义可以在帝国主义‘薄弱的环节’取得胜利的新理论。这一修改没有引起他的学生们的重视，因为列宁故意讲得不具体，以免别人说他公然修正马克思主义的核心问题。”②

乌尔夫（Bertram D. Wolfe）认为，列宁坚持这样的看法：社会主义革命是否成熟要看一个国家的经济水平，这是革命的决定因素。俄国的经济、政治和文化决定了俄国的革命只成熟到可以进行资产阶级民主革命的程度。不过，由于俄国的资产阶级太过软弱，革命的领导权可能会落在无产阶级肩上，但俄国的社会民主党必须学会直接分享政治权力。③ 1914 年爆发的大战使列宁相信，“全面的欧洲革命很快就要开始了。在这样的环境下，一场发生在俄国的资产阶级民主革命将会轻易地扩展成世界革命。”这是马克思主义给予列宁的抽象的信仰，即俄国发生的革命是欧洲革命的先决条件。而俄国自身，则需要像托洛茨基设想的那样进行不断的革命，借助世界革命来解决俄国的落后状况，然后进入社会主义。④

3. 对俄国十月革命的研究

十月革命是列宁“一国社会主义”思想（一国首先胜利论）的

---

① Patrick Anthony Flaherty, *Lenin and the Russian Revolution: A Study on the Dialectics of Revolutionary Thought and Plebeian Social Mobilization*, Harvard University Cambridge, Massachusetts, 1984, p. 442.

② ［苏］阿·阿夫托尔汉诺夫：《党治制的由来》（该书中译文书名为《苏共野史》），晨曦等译，湖北人民出版社 1982 年版，第 199 页。

③ Bertram D. Wolfe, *Three Who Made A Revolution—A Biographical History*, The Dial Press, 1964, p. 291.

④ Bertram D. Wolfe, “Lenin and the Twentieth Century”, *Hoover Institution*, 1984, p. 80.

直接现实成果。无论在西方世界还是俄罗斯国内，学者们对列宁领导的十月革命给出的评价基本上处于两个极端：要么否定它发生的必要性，认为这是一次偶然事件，不符合社会主义革命和历史发展的规律。这种论点实际上否定了俄国这样一个落后国家发生社会主义革命、取得首先胜利的可能性与合理性；要么肯定十月革命是历史的必然，是列宁伟大思想理论的成功应用，这种观点承认了“一国社会主义”理论的存在，承认了它的正确性，肯定了单独一个国家可以首先取得革命的胜利。

贝桑松·阿兰的《列宁主义的理论来源》阐述了其对十月革命的看法。在对待革命的态度上，作者认同孟什维克与普列汉诺夫的观点，指出他们看重的是革命条件的成熟程度，因为马克思主义的教导就是社会主义革命必须在资本主义发展成熟的情况下才可以进行，在条件没有成熟时需要耐心地等待。作者认为，他们才是传统的马克思主义者。而列宁虽然“被迫”承认资本主义阶段是不可或缺的，但他强调国家政权是革命的根本、核心的问题，希望俄国尽快夺取政权，建立无产阶级国家。对列宁而言，现存社会状况和经济条件已经变得没有那么重要。[①]于是就有了十月革命。

俄罗斯学者沃尔科格诺夫和 A. H. 雅科夫列夫从批判、反对列宁主义的角度出发，认为十月革命前的俄国是走在“文明的康庄大道”上的，但列宁领导的这场革命却从根本上改变了俄国原本的这条“普遍的和平”发展道路，将俄国推入灾难的深渊。[②]他们认为列宁的革命战略选择本身就存在问题，例如列宁把帝国主义战争转变为国内战争的主张，在当时的情况下是根本无法实现的，不仅与爱国主义的思想背道而驰，更无法通过这一方法达到解救俄国的目的。

相对于上述学者对十月革命的否定，英国历史学家爱·阿克顿指

① Besancon Alain, *The Intellectual Origins of Leninism*, Basil Blackwell, Oxford, 1981, p. 225.

② 徐向梅：《俄罗斯目前关于列宁的争论》，《国外理论动态》1996 年第 19 期。

出，列宁在三个方面扩展了马克思对社会主义革命的基本论点：19世纪末，先进的资本主义国家进入了帝国主义阶段，愈演愈烈的危机使得社会主义革命的条件成熟了；首先爆发革命的国家很可能不是最发达的帝国主义国家，而是俄国这个“帝国主义链条上最薄弱的环节”；俄国革命的胜利需要主（强力的无产阶级政党）客（社会经济的一定发展）观条件的齐聚。而十月革命正是在列宁主义指导下的社会主义革命，是俄国历史发展的必然结果。①

俄罗斯学者弗拉基米尔·萨普雷金的《列宁主义：经受无知》一文，也对列宁及其革命思想给予了充分的肯定。他批判了斯大林、赫鲁晓夫、戈尔巴乔夫等苏联领导者对列宁主义的背离，提出要回归到真正的列宁那里去。萨普雷金认为，列宁主义不仅是正统的马克思主义，而且在原则上对它进行了新的发展和丰富，其中就包括革命首先在一国取得胜利这一重要的社会主义革命理论。作者指出，这是列宁的“天才结论”。正是他成功地将社会主义理论转变为实实在在的事物，开辟了由资本主义走向社会主义的新时代，“十月革命就是现实中的列宁主义”。②

4. 列宁同时期的革命家们对一国首先胜利论和俄国十月革命的论述

作为与列宁同处一个时期的革命者，其一，他们对列宁本人、他的思想、他的活动以及十月革命有着超越后时代学者的直观感；其二，其特殊的身份使他们具备了深厚的马克思主义理论素养和丰富的革命经验，能够站在非一般学者的角度来审视列宁的革命理论和实践。从他们对一国首先胜利论和十月革命的相关论述来看，对一个国家（俄国）是否可能和应该夺取政权以及能否保持政权的态度可以分

---

① 参见刘淑春等《“十月”的选择——90年代国外学者论十月革命》，中央编译出版社1997年版，第75页。

② 参见高晓惠《俄罗斯学者谈列宁主义在俄罗斯的命运》，《国外理论动态》1998年第4期。

为两类。

(1) 否定、批判者及其观点

托洛茨基早在列宁提出一国首先胜利论时就表明了他对这一理论的反对态度。1915 年，托洛茨基就直接作出过回应。他认为，列宁关于社会主义可能在一国胜利的结论是站不住脚的。虽然他也承认社会主义革命必须以一国为基础开始，但是就目前而言，考虑到欧洲各国在经济、军事和政治上的相互依赖关系，社会主义革命是不能完全以单独一个国家为基础的。托洛茨基总结说：不用等待他国革命，我们在一国的基础上开始社会主义革命是有保障的，因为我们对革命的首创精神会给他国无产阶级的革命努力以极大的推动。可是，如果他国革命没有因此而爆发，我们的革命是没有希望的。要么是革命的俄国能够在保守的欧洲面前生存下去，要么是一个社会主义的德国可以在资本主义世界中孤立地存在。托洛茨基一直希望通过建立欧洲联邦来实现社会主义革命。①

德国社会主义活动家、理论家，第二国际机会主义派别的重要领袖，国际共运中派代表人物考茨基持革命必须在发达国家“同时胜利”才能是现实的观点。俄国推翻临时政府后，他写了《无产阶级专政》专门指责俄国革命，指出“部分工业国家已经具备了充足的社会主义所需要的物质和精神的先决条件”，只有在这类国家中，“无产阶级的政治统治仅剩下权力问题了”。也只有这类国家，更发达的资本主义国家，才能保证在夺取政权后拥有足够的物质和文化资源促使经济沿着社会主义的方向迅速发展，才能加快社会发展的速度。相反，落后的国家是不行的。如果俄国要使目前的革命拥有社会主义的性质，就需要欧洲——西欧同时爆发社会主义革命，这是唯一的可能。②

---

① Trotskij, “Kommunisticheskij Internatsional”, p. 116. 引自：Erik Van Ree, “Socialism in One Country: A Reassessment”, *Studies in East European Thought*, Vol. 50, No. 2, 1998.

② Karl Kautsky, Trans. H. J. Stenning, *The Dictatorship of the Proletariat*, The National Labour Press, Manchester, 1919, pp. 97 –98. 中译本参见［德］卡尔·考茨基《考茨基文选》，王学东编，人民出版社 2008 年版。

奥地利社会党领导人、第二国际著名理论家奥托·鲍威尔在《布尔什维主义还是社会民主主义?》中指出,“只有在已经工业化的西方无产阶级取得政权后,工业化的社会主义才能建立起来并长久统治下去。”[①] 落后的农业俄国取得的暂时胜利,只不过是号召西方无产阶级起来战斗的信号。十月革命没有为俄国人民带来无产阶级的政权,胜利果实被无产阶级中的少数人篡夺了,这类人掌握着绝对的权力,而无产阶级的绝大多数只能对其意志进行被动的服从。

(2)肯定、支持者及其观点

被列宁誉为“革命之鹰”的德国马克思主义思想家、革命家罗莎·卢森堡肯定了十月革命的社会主义性质。她认为俄国十月革命的爆发和胜利有着其内在的必然性。卢森堡指出,俄国的革命不是偶然爆发的,而是早就根植于俄国土壤中的,是俄国社会历史发展的必然产物。俄国的革命既遵循了以往英、法社会革命的一般规律,又有着自身的特殊性。由于“土地与和平问题”“在‘资产阶级革命’的范围内是无法解决的”[②],所以,俄国的革命实际上已然超出了民主革命的范畴。在这种情况下,如果不用铁腕手段推动革命进一步发展,那么革命的结果只能是失败。所幸,布尔什维克认识到并成功利用了这一革命的生存规律,从而将民主革命适时地转变为社会主义革命。她总结道,十月革命的胜利挽救了社会主义的荣誉。

美国共产党的创始人,美国工人运动的杰出领袖威廉·福斯特曾这样评价过俄国的十月社会主义革命。他说,俄国革命发生在一个经济落后的国家,这一成功的实践,终结了在这之前大部分马克思主义者所坚持的理论,那就是,“社会主义革命只能够在工业高度发达的国家发生。这样它就给社会主义开辟了一个新的前途。同样,后来苏

① Otto Bauer, *Bolschewismus oder Sozialdemokratie*?, Verlag der Wiener Volksbuchandlung, 1921. p. 71. 中译本参见[奥]奥托·鲍威尔《鲍威尔文选》,殷叙彝编,人民出版社2008年版。

② [德]罗莎·卢森堡:《论俄国革命·书信集》,殷叙彝等译,贵州人民出版社2001年版,第8页。

联在一个国家内建立社会主义的经验也驱除了那种社会主义革命只有在几个国家同时发生才能胜利的错误论调。"[①] 当然，福斯特也曾对十月革命提出过他自己的疑虑。在听闻十月革命胜利的消息后，他一方面表达了自己对十月革命的支持和赞扬，另一方面又说，"我怀疑俄国是否已足够工业化能把它的革命直接走向社会主义。因此，我宁肯期望工业化程度更高的国家，特别是德国与英国领头实行社会主义。"[②] 不得不说，福斯特的这一疑虑代表了当时一部分社会主义革命家的看法。

意大利共产党领袖，无产阶级理论家安东尼奥·葛兰西指出，俄国无产阶级专政的出现之所以必不可免，是因为"智力上和物质上"没有被"工厂和机器团结在一起"的落后的俄国被迫卷入了先进资本主义国家的大战，使得它不得不用与发达国家"同样的方式来进行这场战争"。这样做的后果便是人民群众被团结起来，建立新社会的意志也被激发起来。对于十月革命，葛兰西称之为布尔什维克的革命，是一场"反《资本论》的革命"。他称赞道："布尔什维克否定了卡尔·马克思，并用毫不含糊的行动和所取得的胜利证明：历史唯物主义的原则并不像人们可能认为和一直被想象的那样是一成不变的。"[③] 葛兰西在十月革命与马克思主义关系的看法上虽存在片面性，但他对十月革命这一条不同于传统设想的独特道路的颂扬是不作假的。

二 国内研究概况

在讨论列宁的一国首先胜利论时，国内学术界使用了多种称谓，如"一国首先胜利""一国胜利""一国或数国首先胜利""一个或少

① ［美］威廉·福斯特：《美洲政治史纲》，冯明方译，人民出版社 1956 年版，第 496 页。

② ［美］威廉·福斯特：《福斯特自传》，丁明、卢吉茵、邵新华译，世界知识出版社 1951 年版，第 86 页。

③ ［意］葛兰西：《葛兰西文选 1916—1935》，中共中央马克思、恩格斯、列宁、斯大林著作编译局，国际共运史研究所编译，人民出版社 1992 年版，第 10、28—29 页。

数几个国家首先胜利”等，尽管表述用词不同，但是它们所指代的思想理论并无二致。故而，笔者在收集和梳理相关文献时，也是以上述多个称谓为关键词进行查询的。

经过收集和整理，笔者发现，目前国内学术界出版的专门研究一国首先胜利论的著作极少，此理论更多的是作为某个章节、专题或问题散见于各种有关论述马克思主义、列宁主义、科学社会主义、国际共运、俄国或者苏联历史等专著中。其中不乏影响力的重要著述，如宋士昌主编的《科学社会主义通论》（第 2 卷，共四卷）、庄福龄主编的《马克思主义史》（第 2 卷，共四卷），高放教授主编的《社会主义思想史》等。虽然各种著作对这一理论的重视程度、论述内容、侧重点有所不同，但无一例外地都能从中得到它们对一国首先胜利论的阐释。

相比于专著，研究一国首先胜利论的论文成果更加丰富。

从中国知网上的数据来看，早在20 世纪50 年代就有学者论述、研究这一理论。20 世纪 80 年代以后，国内学术界围绕一国首先胜利论进行了深入的、多维度的研究，发表了数量繁多的论文，许多新的、独到的见解不断涌现，拓宽了研究的视野，加深了人们对列宁这一理论的认识。

概括起来，国内学术界对一国首先胜利论的研究，主要集中在以下几个方面。

1. 关于谁是提出一国首先胜利论第一人的研究

（1）马克思和恩格斯是第一人

闫德民的《列宁是提出“一国胜利”问题的第一人吗？——兼论“一国胜利”思想的由来和发展》[①] 一文明确表示，“首先提出‘一国胜利’问题的是马克思恩格斯”，理由是马克思和恩格斯曾对英国、法国特别是德国的革命寄予厚望，分别在不同历史时期分析过这三个国家首先发动革命的可能性和必然性，逐渐形成并提出了“一国胜利”论。

李良瑜在《马克思主义发展史上一个重大理论问题的质疑——马

① 闫德民：《列宁是提出“一国胜利”问题的第一人吗？——兼论“一国胜利”思想的由来和发展》，《科学社会主义参考资料》1981 年第 4 期。

克思恩格斯提出过“同时胜利”的理论吗?》[①]一文中，通过分析马克思和恩格斯对英、法、德三国工人运动的考察，指出那时的马克思和恩格斯已经发现了各国资本主义发展的不平衡，并在此基础上提出了关于不同国家各自的革命进程的预言，个别国家首先爆发革命是他们已有的设想。这表明，作者认为不是列宁而是马克思和恩格斯最先提出了一国首先胜利的思想。

（2）福尔马尔或杜林是第一人

陈卫在《列宁“一国胜利”理论的历史发展及反思》[②]中指出，一国首先胜利思想并非是列宁第一次提出，而是德国社民党的重要领袖福尔马尔在他1878年写的《孤立的社会主义国家》中第一次提出的。在此文中，福尔马尔认为，一国或者几国的无产阶级不仅可以取得首先胜利，还可以建成社会主义。不过，由于当时客观条件的不允许和理论本身的不成熟，此观点刚一提出就遭到了恩格斯的批判，最后不了了之。

李忠杰在《列宁主义论纲》[③]一书中又提出一种说法。他认为，德国著名的小资产阶级思想家欧根·杜林曾早于福尔马尔，在1877年提出过一国可能首先进行社会改革的论题。不过作者也指出，若论谁是明确肯定社会主义能在一国首先胜利的，福尔马尔是当之无愧的第一人。

2. 关于列宁提出一国首先胜利论的标志的研究

对于这个问题，学术界的观点基本一致，认为列宁提出或形成此理论的时间是在一战期间，标志是分别发表于1915年8月和1916年8月的《论欧洲联邦口号》和《无产阶级革命的军事纲领》，或者更确切地说是两文中涉及一国首先胜利论的“社会主义可能首先在少数甚至在单独一个资本主义国家内获得胜利……”和“社会主义不能在

---

① 李良瑜：《马克思主义发展史上一个重大理论问题的质疑——马克思恩格斯提出过“同时胜利”的理论吗?》，《科学社会主义参考资料》1980年第4期。

② 陈卫：《列宁“一国胜利”理论的历史发展及反思》，《实事求是》1993年第4期。

③ 李忠杰：《列宁主义论纲》，广西人民出版社1992年版，第99页。

所有国家内同时获得胜利。它将首先在一个或者几个国家内获得胜利……”这两段话。这在国内许多权威性的论著中都有体现，如中央编译局编订的《列宁专题文集·论社会主义》[①]、蒲国良教授主编的21世纪世界社会主义教材《世界社会主义运动概论》[②]、刘佩弦、马建行主编的《社会主义思想史》[③] 等等。

3. 关于一国首先胜利论的内涵与发展进程的研究

学界对一国首先胜利论的探究，也是各专家学者不断深入挖掘这一理论内容的过程。同时，大多数研究都将此理论看作一个变化、发展的动态的过程。

鲁东大学的李心华教授对《论欧洲联邦口号》和《无产阶级的军事纲领》进行了文本分析后指出，列宁提出的社会主义一国首先胜利是指夺取政权的政治革命（也包含了经济变革的思想）的胜利，而不是指变革社会生产关系的社会革命的胜利，更不是指建成社会主义社会——即社会主义的最终胜利。列宁曾希望俄国的革命成为世界革命的开端，推动西方革命并获得它们的支持，但列宁并无一国不能保持政权、开展社会主义改造和建设的思想，而是认为一国（俄国）完全可以开始社会革命。[④] 此后，列宁通过苏俄的社会主义实践不断发展其一国首先胜利思想，特别是在1920年取得了国内战争的胜利后，他认识到即便没有世界革命的爆发，俄国也可以生存下去，认真搞好国内建设，于是一国能够“建成社会主义社会基础”的思想便形成了。[⑤] 基于此，作者提出了自己的见解，认为这就是一国首先胜利论在苏俄建国后的新发展，即俄国单独一国可以进行社会主义改造和建设，并建成社会主义社会基础的“一国建成”思想。不过作者也解

① 《列宁专题文集·论社会主义》，人民出版社2009年版，第1、6页。

② 蒲国良主编：《世界社会主义运动概论》，中国人民大学出版社2006年版，第118页。

③ 刘佩弦、马建行主编：《社会主义思想史》，人民出版社1988年版，第398—400页。

④ 李心华：《“同时胜利”论与“一国胜利论”之比较》，《理论学刊》1997年第3期。

⑤ 李心华、辛桂清：《列宁“一国胜利”论的再探讨》，《烟台师范学院学报》（哲学社会科学版）1997年第2期。

释说，此“一国建成”并不是指取得社会主义在一个国家内彻底的、最终的胜利。①

李忠杰教授在论及列宁的“一国胜利”时，首先对列宁提出此理论时的最初含义进行了阐释，主要内容有五点。第一，不平衡规律是“一国胜利”的逻辑基础和论证依据。第二，这时的列宁还未有落后国家（如俄国）能首先胜利的说法。列宁考虑的对象仍是先进国家，而俄国当时还在为民主革命而努力。第三，社会主义“一国胜利”中的“社会主义”是作为共产主义社会前的一个阶段而言的，与共产主义不是同义语。第四，列宁口中的“胜利”是指政治革命而非社会革命的胜利，所以“一国胜利”的定义应是“以夺取政权为主要标志的政治革命的胜利”。第五，列宁的“一国胜利”是与世界革命相联系的且不是任何一个国家都可以单独胜利。作者强调，上述五点只是列宁对“一国胜利”作的最初设想。之后，结合俄国二月革命、十月革命、国内战争等实践经验，列宁不断地将“一国胜利”发展和丰富，思考和肯定地回答了落后的俄国能否先于西欧开始革命（1917年7月事变后）、俄国能否在没有欧洲革命的支持下保有政权（1920年底）、俄国一国能否建成社会主义（1922底至1923年初）的问题，并认识到世界革命的前景已由西方转向东方落后国家。由是，最终形成了完整的“一国胜利”论。概括来说，即“一，一国或数国的无产阶级能够首先夺取政权、巩固政权；二，经济文化相对落后的一个资本主义国家（如俄国），在一定的历史条件下，能够先于发达国家建立无产阶级政权，并开始建设社会主义；三，在必要的政治前提下，一国能够建成社会主义。”②

陈卫的《列宁“一国胜利”理论的历史发展及反思》③ 指出，列

① 李心华：《列宁“一国建成”思想新论》，《烟台师范学院学报》（哲学社会科学版）2000年第2期。

② 李忠杰：《列宁主义论纲》，广西人民出版社1992年版，第101—103、107—108页。

③ 陈卫：《列宁“一国胜利”理论的历史发展及反思》，《实事求是》1993年第4期。

宁在1915年提出的“一国胜利”论并不是成熟的理论形态，而是在随后经历了一个发展的过程。因此，作者在论述列宁“一国胜利”论内容的同时，也为之划分了发展的阶段。文中认为，此理论的内容包含三个方面：由于不平衡规律，无产阶级可以在一国首先夺取政权，此时其他国家还是由资产阶级统治；以俄国为例证，一国无产阶级利用夺得的国家政权可以促使本国迈入社会主义道路；身处帝国主义包围中的一国可以与资本主义和平共处并建成社会主义。相应地，“一国胜利”论也经历了三个发展阶段：从1915年提出此理论到二月革命，这是单独一国夺取政权阶段；二月革命到1920年底苏维埃巩固了政权，是“一国建立阶段”，即“由一国夺取政权的可能性发展到一国建立社会主义国家的可能性的阶段”；这之后一直到1924年列宁辞世，是渐进式的建成社会主义阶段。至此，列宁的“一国胜利”论最终完成了。不过，作者认为，列宁第一次提出“一国胜利”时主要指夺取政权，针对的对象也不是某一个国家，而是当时正处在交战中的发达国家，更不是指俄国。

高放教授认为，1915—1916列宁提出的这一思想主要是指无产阶级夺取政权的政治革命，但列宁没有否认夺取政权后开始社会革命（建设社会主义）的必要，因为列宁明确说过取得胜利的一国需要组织社会主义生产。对于将“一国胜利”进行政治革命和社会革命的划分，高放教授也作了正本清源，指出这种提法最早见于《共产主义运动——从共产国际到共产党情报局》（1969年出版），作者是原西班牙共产党理论家克劳丁。高教授认同他的这种划分，认为克劳丁正确反映了列宁最初的思想，但也指出不能将两种革命完全区别开来，而是要辩证地看待。列宁提出此理论后，从俄国二月革命开始，“一国胜利”便由理论问题转变为实践问题，并在1917—1923年逐步进行了四个方面的探索：一是1917年取得夺取政权的政治革命的胜利；二是1918年提出俄国能够单独进行社会改造和建设；三是1921年以后基本解决一国如何才能建成社会主义问题；四是一国的最终胜利需要其他国家革命的胜利。[①] 同时，高放教授还指出，列宁最初提出一国首先胜利论时，的确没有明说是哪一国，然而考虑到“列宁是俄国党的领袖，可以说他是暗指俄国”[②]。如此一来，列宁不仅通过十月革命实践了“一国胜利”的理论，而且在革命胜利后也扩展了此理论的内容。

需要指出的是，俞良早教授经过多年的研究，在此问题上作出了重大突破，给出了一国首先胜利论的另一种解读。俞教授认为，列宁的这一思想并不是在一战时期提出的，而是在1920年底至1922年3月间，伴随着国内战争的胜利、苏维埃政权的存活、国际局势“均势”的形成、俄国与资本主义国家开展经济合作成为可能、俄国过渡到社会主义道路的确定（新经济政策）、俄国经济条件已能够支撑本国的社会主义建设等现实情况而形成和提出的。其内容包括：十月革命胜利后不久提出的落后的俄国易于开始革命的观点（即一国首先革命的必然性）；1920年底提出的苏俄凭借自己的力量，一国可以巩固政权的观点（即一国建设的国内政治条件）；1921年5月提出的苏俄能够利用“均势”的国际关系进行经济建设的观点（即一国建设的国际政治条件）；1921年12月提出的苏俄可以同资本主义国家建立经济联系的观点（即一国建设的国际经济条件）；1922年3月提出的苏俄国内具备了建设社会主义的客观经济条件的观点（即一国建设的国内经济条件）。[③] 总结下来一句话：“苏俄一国可以进行社会主义建设并且应当争取胜利的理论。”[④] 对这一理论，俞教授评价说，它是马克思主义在帝国主义时代大背景下同落后国家实际相结合的范例，体现了这类国家进行社会主义革命的客观规律。由此，俞教授在时间、空间和内容上对一国首先胜利论作出了新的解读，给出了“一国首先

① 高放：《关于社会主义“同时胜利”和“一国胜利”问题辨析》，《当代世界社会主义问题》1995年第2期。

② 高放：《没有列宁就没有俄国社会主义革命的首先胜利》，《科学社会主义》2010年第4期。

③ 俞良早：《列宁主义研究》，广西人民出版社1993年版，第49—103页。

④ 俞良早：《关于列宁学说的论争》，中共中央党校出版社2006年版，第15页。

胜利”论的又一个解释。

4. 关于列宁一国首先胜利论与马克思和恩格斯“同时胜利”论关系的研究

在列宁之前，马克思和恩格斯已有过对社会主义革命进程和胜利问题的设想并提出了相应的理论，这就是我们一般所说的“同时胜利”论。在这一理论之后，由于革命风云的变化，列宁提出了一国首先胜利论。不过，对于这两种理论之间的关系，学界的看法却并不一致，主要存在三种不同观点：统一说；对立说；包含说。统一说认为，马克思和恩格斯关于革命进程的理论与列宁的一国首先胜利思想是一致的。对立说认为，列宁的一国首先胜利论有别于马克思和恩格斯的“同时胜利”思想，两者是对立的。包含说认为，马克思和恩格斯的“同时胜利”与列宁的“一国胜利”两者是有相同的内涵的，你中有我我中有你。

（1）统一说

马建行主编的《马克思主义史》（第2卷）[①]中，首先从列宁的角度分析了一国首先胜利同马克思和恩格斯“同时胜利”的关系。指出，列宁本来就认为社会主义革命不可能是所有国家的统一行动，更曾多次引用马克思和恩格斯的话作为自己的理论依据。所谓社会主义革命只能在发达国家同时胜利的观点，是第二国际机会主义者的歪曲，不符合马克思和恩格斯的原意。列宁本人从未认为自己的观点是“在新的历史条件下，做出的与马克思和恩格斯的理论根本不同的理论观点”，而是同马克思和恩格斯“完全一致的”。其次，书中对“同时胜利”思想也作了分析，结论是马克思和恩格斯根本没有社会主义革命必须在一切资本主义国家同时取胜的思想，恩格斯就曾提出过社会主义革命在某些国家首先胜利的可能性，只是他们与列宁在哪个国家会首先胜利的问题上存有出入。实际上，马克思和恩格斯持革命在一国或数国首先胜利和社会主义要赢得最终胜利

① 马建行主编：《马克思主义史》第2卷，人民出版社1995年版，第638—651页。

需要全世界无产阶级的全面胜利的看法。双方之所以会被对立起来，是斯大林人为造成的。

（2）对立说

中国人民大学马列主义发展史研究所的《列宁思想史》① 一书指出，早在1848年欧洲革命前，马克思和恩格斯就提出了单独一个国家内不能发生社会主义革命的思想。欧洲革命和巴黎公社失败后，马克思和恩格斯进一步论证了他们的革命“同时发生”和“同时胜利”思想，认为单独一个国家的胜利不可想象。正是这一理论成为马克思主义者们在社会主义运动中遵循的重要原则。列宁虽然直到一战爆发后不久“仍然坚持社会主义革命同时胜利思想”的传统公式，但在1915年，列宁发现了资本主义政治经济发展不平衡规律和社会主义革命的关系后，便毅然放弃了马克思和恩格斯的传统公式，提出了“崭新的”论断，从而发展了马克思主义的革命理论。

要战通在《“一国首先胜利”与“几国同时胜利”新析》一文中认为，马克思和恩格斯的“同时胜利”虽有“首先发动”的说法，但这是以各国展开联合行动为前提的，意思是每个国家都要首先打倒本国资产阶级，从而取得共同行动的胜利。抛开联合行动，单独一国是不可能胜利的。所以，马克思和恩格斯的思想中只有“同时胜利”，而一国能够首先胜利则根本没有被他们承认过。对比马克思和恩格斯与列宁的理论，他指出，“列宁的‘一国首先胜利’论体现的是历史发展的特殊规律，‘同时胜利’论则揭示了历史发展的一般规律”，两者对应的分别是资本主义产生初期和末期，不能混为一谈。②

（3）包含说

刘从德、顾训宝在《探析学界围绕列宁的“一国首先胜利”思想

① 中国人民大学马列主义发展史研究所：《列宁思想史》，人民出版社1988年版，第394—406页。

② 要战通：《“一国首先胜利”与“几国同时胜利”新析》，《社会主义研究》1994年第6期。

展开的几点论争》[①] 中，探讨了两种思想的关系。作者认为，马克思和恩格斯确有同时胜利思想，他们主张社会主义革命需要先进各国的"联合努力"和相互支持，只有"同时胜利"才能保证革命的成功。而且，在实现共产主义这个最终目标上，马克思和恩格斯的想法也是各个国家的"共同胜利"而非一国胜利。但是，作者也指出，马克思和恩格斯的思想中也"蕴含了'一国首先胜利'思想的因子"，认为社会主义革命在各国的爆发有着谁先谁后的分别。再看列宁，他是在领导俄国革命实践和研究帝国主义问题的过程中，通过借鉴、吸收，"进一步发展了马克思和恩格斯思想中的'一国可以首先胜利'的观点"，并在发现了资本主义不平衡规律后，明确地提出了一国首先胜利思想，并指出这个国家应是资本链条中的薄弱环节。苏俄国内战争胜利后，列宁又认识到俄国可以在一国成功完成经济变革和建立社会主义社会基础的任务。由此看来，两种思想的逻辑关系是一种继承与被继承和进一步发展的关系。

张军的《马克思主义"同时胜利"思想辨析》[②] 一文指出，"同时胜利"思想与一国首先胜利论既有联系又存在区别。马克思和恩格斯的"同时胜利"思想有着政治革命在一国胜利的成分，不过这是在各国同时爆发革命情况下的某个国家首先胜利。列宁确有"一国胜利"论，只是此理论指在没有他国同时爆发革命的情况下，单独一国取得胜利。也就是说，双方其实都有一国会首先获得胜利的思想。

江淑丽、李心怡两位学者通过《列宁并未改变马克思恩格斯的社会主义革命观》[③]一文指出，从革命进程上看，马克思和恩格斯虽然主张各文明国家的联合行动，但各国革命的发展有快有慢，每个国家都

① 刘从德、顾训宝：《探析学界围绕列宁的"一国首先胜利"思想展开的几点论争》，《贵州社会科学》2012 年第 4 期。

② 张军：《马克思主义"同时胜利"思想辨析》，《山东理工大学学报》（社会科学版）2013 年第 5 期。

③ 江淑丽、李心怡：《列宁并未改变马克思恩格斯的社会主义革命观》，《社会主义研究》2011 年第 6 期。

应该首先推翻自己国家的统治者——资产阶级。就此而言，马克思和恩格斯具有一国可以首先赢得夺取政权的胜利，然后开始社会变革的思想，但他们认为单独一国是无法确保取得社会主义最终胜利的。列宁在1915—1916年提出社会主义的一国首先胜利时所指代的是政治革命而非社会革命，这一思想直到十月革命仍没有改变。且列宁坚持认为，要想取得最终的胜利，需要把一国（俄国）的革命同西方革命联合起来，同时在国内逐步进行社会主义的改造和建设，这点与马克思和恩格斯也不谋而合。由此，作者总结道："如果从社会主义最终胜利的意义上讲"，马克思、恩格斯与列宁都同属"同时胜利"论者；"如果从无产阶级政治革命的意义上讲"，那他们又可以说都是"一国胜利"论者。所以总体上看，列宁的思想同马克思和恩格斯的思想是交织在一起的，有相互包含的内容。

5. 关于一国首先胜利论与中国特色社会主义关系的研究

回顾笔者在前文的梳理可知，列宁的一国首先胜利论内涵丰富，涉及革命、改造、建设等内容。而且，由于它在俄国的实践和发展，这一理论也可以说是一个关于落后国家走向社会主义的理论，它所形成的革命经验对当今中国共产党建设中国特色社会主义的理论意义和现实意义是客观存在的。

张长君的《从一国或数国首先胜利论到中国特色论——浅谈马克思主义在实践中的发展》[①]一文指出，俄国正是以列宁在《论欧洲联邦口号》提出的一国或数国首先胜利理论为指引，取得了十月革命的胜利。也正是这个胜利，为中国带来了马克思列宁主义。中国共产党将这一理论与中国实际相结合，"使中国这样一个经济、文化十分落后的东方大国先于发达资本主义国家走上了社会主义道路"。十月革命后，列宁关于社会主义建设的思想理论有一个"由误到正"的变化过程，体现在由战时共产主义向新经济政策的转变，进而找到了在俄

① 张长君：《从一国或数国首先胜利论到中国特色论——浅谈马克思主义在实践中的发展》，《淮北煤师学院学报》（社会科学版）1998年第1期。

国建设社会主义的真正道路。而中国由于照搬苏联的经验，也重复了“由误到正”这样一条道路。直到以邓小平为核心的中国共产党重新理顺了马克思列宁主义的基本原理与我国基本国情的逻辑关系，才找到了在中国这样一个落后国家建设社会主义所应该采取的方式（与列宁的新经济政策有着很多共通之处）——中国特色社会主义。作者在这里实际上论证了一国首先胜利思想与中国特色社会主义两者之间的关系。

朱桂谦在《试论经济落后国家社会主义革命理论的形成与发展》一文中，首先分析了马克思和恩格斯的革命理论，指出两人的理论是关于发达国家革命的理论，而真正“创立了经济落后国家社会主义革命理论”的则是列宁。接着，作者指出，列宁的落后国家首先夺取社会主义革命胜利的理论（“一国胜利”论）和俄国的革命实践，所有这些构成了列宁关于落后国家如何搞社会主义革命的完整理论。对比中国，作者认为中国革命的理论与实践同列宁“落后国家革命理论”息息相关，如创造性地运用“一国胜利”论，开创“农村包围城市”夺取全国政权的道路，借鉴列宁的“革命过渡”论，通过人民民主专政向社会主义革命转变，等等。最后，作者总结道，以毛泽东为代表的中国共产党探索的中国革命和建设道路，就是将列宁落后国家革命论同中国实践相结合的产物，同时又将列宁的这一理论推向了前进。①

6. 关于“一国首先胜利”与“一国建成社会主义”关系的研究

国内学术界围绕这一问题产生了三种认识：一种认为，列宁的一国首先胜利论在提出时就内含“一国建成”的思想；另一种认为，列宁从未有“一国建成”思想，只有一国首先胜利——夺取政权，然后开始社会主义建设的思想；最后一种则认为，“一国建成”思想形成于一国首先胜利论的发展过程之中。

① 朱桂谦：《试论经济落后国家社会主义革命理论的形成与发展》，《浙江师范大学学报》（社会科学版）1985 年第 2 期。

马小林在《论列宁和斯大林“一国建成社会主义”的异同》中指出，列宁在1915年提出的“一国胜利”论里就已经包含了“一国建成”的思想，只是他没有明确表明这个概念。作者认为，“一国胜利”论自被提出起，就被列宁赋予了社会主义革命和建设双重胜利的内涵，即一个国家可以凭借自身力量赢得革命，建设并成功地建成社会主义。虽然在十月革命后列宁关于苏联社会主义建设的思想出现过很大变化，但对“一国建成”的信心没有过丝毫动摇。当然，作者也指出，在列宁那里，建成社会主义与社会主义的最终胜利是区别开来的，前者可以一国建成，后者则需要各国的共同努力。①

中央编译局研究员郑异凡认为，“一国建成社会主义”理论与列宁的理论体系毫无关系。列宁崇尚革命的世界性，主张俄国革命同世界革命的互动。他以消灭资本主义为社会主义革命的根本任务，始终认为这个任务不可能在一国内完成，因而社会主义也不可能在一国内建立。

刘文汇《重评苏联的“一国社会主义”论争》一文，在论述苏共党内关于“一国建成社会主义”争论的过程中，考察了列宁“一国胜利”论与“一国建成”两者之间的关系。作者指出，“一国胜利”论包含的是“一国建设”的思想而非“一国建成”思想。而“一国建设”则是列宁于1920年在“一国胜利”论基础上提出的。这一思想不仅明确了俄国能够在没有世界革命的大环境下独自建设社会主义，也为俄国构想了落后国家应如何建设社会主义。可以说，“一国胜利”论仅仅对后来的“一国建成”论的形成作出了理论上的贡献，将两者混为一谈是不可取的。②

车有道认为列宁确有“一国建成”思想，并考察了这一思想的形成过程。他指出，此思想并不是“一国胜利”思想的一部分，而是从

---

① 马小林：《论列宁和斯大林“一国建成社会主义”的异同》，《理论建设》2000年第3期。

② 刘文汇：《重评苏联的“一国社会主义”论争》，《徐州师范大学学报》1997年第2期。

中发展而来，两者不是含于与被含于的关系，而是平行的关系。理由是，列宁提出“一国胜利”后很长时间内都没有得出“一国建成”的结论，一直到新经济政策的实施为俄国社会主义建设提供了重要经验，列宁才通过总结建设经验提出了“一国建成”的结论，这已经属于列宁晚年思想的范畴了。①

7. 关于一国首先胜利论的历史地位和意义的研究

陶文昭、郭悦、邹星编著的《列宁传》② 指出，“一国胜利”思想的提出，一方面极大地反驳了当时各国社会党中流行的“同时胜利”思想，另一方面也使列宁放弃了存在缺陷的“欧洲联邦”口号。此理论的出现，鼓舞了无产阶级的战斗意志，促使他们不是被动等待他国革命的爆发，而是发挥能动性，为争取本国革命的胜利积极奋斗。“一国胜利”理论“为俄国社会主义革命奠定了理论基础”。

余源培指出，列宁的“一国胜利”论是在新的历史时代——帝国主义时代提出的关于社会革命的全新理论，是他将马克思主义推向进一步发展的“根基”，是“将科学社会主义从理论变为现实的指导思想”。③

《简明国际共产主义运动史》④ 中写道，“一国或几国首先胜利”论是新的、创造性的、适应帝国主义时代实际情况的无产阶级革命理论，是同第二国际修正主义错误理论根本对立的。此理论激发了“无产阶级进行革命的主动性和首创精神”，揭示了社会主义革命在新的历史时期的客观规律，指明了革命的美好前景，并最终得到了俄国十月革命的验证。

---

① 车有道：《列宁关于从“一国胜利”到“一国建成”思想的发展》，《华中师范学院学报》（哲学社会科学版）1984 年第 2 期。

② 陶文昭、郭悦、邹星编著：《列宁传》，当代世界出版社 1998 年版，第 207—215 页。

③ 余源培：《理论由实践赋予活力——论列宁在实践社会主义过程中的四大理论观点变化》，《复旦学报》（社会科学版）1996 年第 1 期。

④ 张汉清、曹长盛、黄宗良主编：《简明国际共产主义运动史》，北京大学出版社 1985 年版，第 172—183 页。

《新编科学社会主义理论和实践》[1] 指出，“一国胜利”理论“体现了求真务实、与时俱进的马克思主义精神”，创新和发展了科学社会主义，标志着马克思主义进入了新的发展阶段。这一理论贡献对落后国家如何开展社会主义革命和建设的意义积极而深远。直到今天，这一理论仍是建设具有中国特色社会主义伟大事业的重要的精神财富。

综上所述，国内学者对一国首先胜利论的研究涉及诸多方面，内容广泛且具体深入，成果丰硕。但是，对于一国首先胜利理论的演进、发展问题，学者们在论述的时候多是泛论，缺少系统、具体和深入的分析阐述。可见，学界对这一重要问题的研究还处在一种相对薄弱的状态，这也正是笔者选择此问题作为研究课题的重要原因和出发点。

第三节 研究内容与研究方法

一 研究内容

本书的研究内容，主要包括五个部分（五个章节）。

第一章：主要探究俄国 1905 年革命时期，列宁一国首先胜利思想的孕育，共分为两节。

第一节，“同时胜利”论的一般和个别。包括此理论的内涵、理论依据和对国别无产阶级革命斗争的论述。第二节，俄国 1905 年民主革命对列宁的重要影响。正是这场革命使列宁对一国首先胜利问题有了初步的思考，其关于社会主义革命胜利的逻辑起点发生了微妙变化，一国首先胜利思想萌动了。

第二章：主要探究列宁一国首先胜利论的提出、形成过程、内涵及其初步验证，共分为三节。

第一节，在第一次世界大战背景下，通过《论欧洲联邦口号》和

---

[1] 吴德勤、夏耕编：《新编科学社会主义理论和实践》，上海大学出版社 2004 年版，第 83—93 页。

《无产阶级革命的军事纲领》两篇文章，列宁提出、初步确立和形成了一国首先胜利论。第二节，俄国二月革命到十月革命期间，列宁对一国首先胜利论的新思考和深化。十月革命既是这一理论的产物，又对之进行了初次验证。由此，一国首先胜利论实现了与俄国革命的良性互动。第三节，从国别无产阶级革命斗争和无产阶级解放斗争的主观条件两个方面，分析一国首先胜利论的逻辑架构。

第三章：主要探究苏维埃俄国建立后一直到战时共产主义政策结束这段时期内，一国首先胜利论的曲折发展，共分为三节。

第一节，在国外武装干涉和国内战争爆发前，一国首先胜利论的丰富和发展、其理论侧重点的变化以及这一时期一国首先胜利论出现的急于求成的理论苗头。第二节，一国首先胜利论在战时共产主义时期的曲折发展。由于武装干涉和国内战争的爆发，苏俄施行了战时共产主义政策，特殊的时期和特殊的政策使列宁的一国首先胜利论也向前迈了一大步，发展到一国（可以）首先建成社会主义和一国（可以）首先建成共产主义，并在俄国进行了积极的实践。第三节，一国首先胜利论的重大挫折。“特殊的”战时共产主义最终陷入了困境，直接向共产主义过渡的实践失败了，也表明发展到过“左”的、冒进的一国建成社会主义共产主义思想的一国首先胜利论遭受了重挫。一国首先胜利论出现了一次曲折的演进。

第四章：主要探究新经济政策时期，经历了曲折发展后的一国首先胜利论的理论反思和修正，共分为五节。

第一节，国内战争结束后苏俄的危机，对转变经济政策的酝酿，“退却”的开始——新经济政策的提出，“再退却”——新经济政策的全面展开以及苏俄实施新经济政策后的利好变化和成果。第二节，列宁对一国首先胜利论的理论反思。在对战时共产主义政策和一国建成社会主义共产主义进行了反思后，列宁否定了向共产主义的“直接过渡”，肯定了间接过渡、迂回过渡的办法，更是提出了一国只能建立社会主义基础的论断。由是，列宁完成了对战时共产主义时期过犹不及的一国首先胜利论的反思，这一理论随着新经济政策的退却也实现了“退却”。第三节，列宁对停止新经济政策的退却、重新部署力量、酝酿新的进攻的思考。第四节，停止退却后，列宁从如何巩固政权、建设社会主义经济基础两个方面，对一国首先胜利论的核心内涵进行了重新确认。在临终前，列宁更加具体了他对一国首先胜利论核心内涵的调整，也确定了它的理论逻辑。由此，一国首先胜利论的核心内涵实现了自己的回归，总体上回到了内战前的基本表述，完成了它的最后一个版本。但同时，列宁的一国首先胜利论还没有完全脱离“左”的影响，保留着一定的“左”倾色彩。第五节，列宁逝世后，由于国内和国际形势的变化，苏共党内对苏联一国能否建成社会主义社会的问题发生了争论，斯大林借此提出了自己的“一国建成”思想，并在与反对派的斗争中取得了胜利。斯大林的这一思想与列宁曾经有过的“一国建成”思想存在相通之处，但差别明显。

第五章：主要探究一国首先胜利论的当代价值，共分为三节。

第一节，一国首先胜利论在整体逻辑、依据上都与马克思和恩格斯的“同时胜利”论有所差别，但双方都是对无产阶级解放斗争规律的反映，前者是后者的必要补充和完善。第二节，立足时代、结合本国与放眼未来三者相结合，为世界树立全面的社会主义榜样，正确处理社会主义一国与资本主义世界的关系，实现社会主义由一国到多国的扩展，这些都是列宁一国首先胜利论带给我们的重要的经验启示。第三节，社会主义革命中心的变化，也就是以欧洲为中心到以俄国和东方为中心再到以中国为中心的转变，中国成为当今世界社会主义的风向标、参照系和振奋点。

二 研究方法

1. 文献研究法

学术研究需要建立在掌握丰富和扎实材料的基础上。系统全面地搜集、研读列宁的著作、文章、讲话、报告等文献材料以及研究列宁的书籍、论文和俄国革命的相关资料，是研究列宁一国首先胜利论演进的重要前提和基础。只有掌握了丰富的、扎实的材料，才能够多方位、多角度、系统完整地考察列宁的相关思想理论及其发展变化，才能做到言之有理、论之有据。

2. 历史唯物主义和辩证唯物主义的方法

历史唯物主义和辩证唯物主义是马克思主义认识和改造世界的根本原则和方法论，二者缺一不可。坚持两者的密切结合，以文献资料与客观事实为依据和准绳，辩证地、具体地、历史地看待一国首先胜利论的演进问题，运用联系的、发展的、全面的观点梳理和分析一国首先胜利论的提出、发展和完善的整个过程，实事求是地进行研究论述。

3. 分析与归纳相结合的方法

列宁一国首先胜利的思想及其论述散见于他的各种文献材料之中，其发展变化要从浩繁的资料中和多样性（往往是矛盾的）的文字表达中去寻找。要全面把握列宁这一思想理论的演进发展，就需要首先对收集到的文献资料进行系统全面的整理和深入充分的研读，具体分析列宁相关论述中体现出来的观点、思想，然后从中提炼、综合以进行全面和系统的分析论述。既要在具体分析的基础上归纳综合，又要在归纳综合的基础上再具体分析，如此才能从细节和整体两个层面支撑起本书的研究。

4. 理论与实践相结合的方法

我们知道，理论与实践两位一体，相辅相成，不可分割，理论来自实践，又通过实践加以验证。列宁的一国首先胜利论就是在他的（或者说俄国的）革命实践中提出和发展起来的，同时，这一理论反过来又指导着列宁与俄国革命的实践。所以，要想充分研究一国首先胜利论的演进，就必须将列宁的这一理论与列宁和俄国革命的实践、活动结合起来进行考察，不能偏废其一。

第四节 研究创新与研究难点

一 研究创新

通过梳理学界对一国首先胜利论的已有研究，有如下发现。其一，虽然多数学者并没有将一国首先胜利论仅仅视为无产阶级夺取政权的理论，而是看到了其中所包含的社会主义改造和建设的内容，也普遍将一国首先胜利论看作一个发展、变化的理论。但是，一方面，对其内涵相关内容的各个方面的产生和形成过程表述不够清楚；另一方面，对一国首先胜利论的发展进程研究不足，仅限于阶段性的划分和研究，缺乏对于这一理论全部内涵演进过程的深入细致的研究和展示。其二，学界现有研究成果都将一国首先胜利论思想的研究起点放在 1915 年以后，基本上没有人将列宁和俄国革命的全部重要时期（1905—1924 年）都囊括进去。其三，此前的研究更多的是在就事论事地研究一国首先胜利还是“同时胜利”，虽然涉及了它们的理论基础，但极少有研究者去探讨与理论基础紧密相关而又相对独立的逻辑问题——“同时胜利”论和一国首先胜利论的逻辑依据是什么，推理过程又是怎样的。而不揭示其逻辑依据，就不能更深入准确地理解理论本身。

因此，本书的创新如下。

其一，以时间顺序和俄国重大历史事件为线索，梳理和分析列宁一国首先胜利论的全部论述，史论结合，具体细致地描绘列宁一国首先胜利论的演进历程，力求清晰准确地勾勒出这一理论的发展脉络，系统地阐述其理论核心内涵的发展变化。

其二，任何重要的思想理论都不可能是突然产生的。列宁的一国首先胜利论在正式提出之前，它还有一个“酝酿”和“萌动”的过程，或者说有一个“前身”，而这个“前身”就是俄国 1905 年革命时期列宁的思考。因此，本书把一国首先胜利论的研究向前延伸 10

年，即从俄国1905年民主革命时期列宁的相关著作和论述中开始找寻和探究，从而将这一思想研究的历史起点作较大的前推，使其演进的过程更加完整合理。

其三，将一国首先胜利论的研究置于无产阶级解放斗争胜利规律的大课题之下。首先，对马克思和恩格斯“同时胜利”论的理论基础、逻辑起点和推理过程作出总结和概括。其次，考察列宁一国首先胜利论在理论基础、逻辑侧重点和推理过程等方面的变化及其结果，揭示和分析一国首先胜利论的内在逻辑。最后，通过剖析列宁的“社会主义”概念，进一步厘清社会主义一国首先胜利论的理论内涵。

二 研究难点

首先，列宁的思想博大精深，笔者作为后学者，无论是在广度上还是深度上，对列宁及其思想的认识和研究都有很多不足之处，因而在对列宁相关理论的理解和把握上可能会出现欠缺和不到位的地方。

其次，列宁本人所写的文章、报告、著作等数量庞大，所用概念和表述方式灵活多样，常常相互掣肘，相互矛盾，加之总是处于激烈的争论和艰难的环境之中，更加难以理解；国内外学者研究列宁的材料浩如烟海，笔者在收集、梳理和汇总的过程中难免出现遗漏，在分析和使用相关资料时可能会有照顾不周全之处。

最后，碍于俄语短板，对于大量涉及本书研究内容的第一手俄语材料难以进行深入细致的阅读和使用，故只能将资料搜集和使用的重点放在国内已出版之列宁著作、相关译著、苏共和共产国际研究资料，以及国内已有研究成果和部分英文资料上，这是本书研究过程中有较大困扰的一个难点。

第一章　俄国1905年革命与一国首先胜利思想的孕育

关于社会主义战胜资本主义的规律，包括无产阶级革命斗争的规律、社会主义共产主义胜利的规律，在马克思主义经典作家的论述里——是以《共产主义原理》《共产党宣言》为主要依据，以“同时胜利”论为基本观点的。其基本思想是，由于先进的资本主义国家才有先进的工人阶级及其斗争，世界市场和世界性经济的发展使国际资产阶级联合起来，因此，无产阶级也必须联合起来。在发动无产阶级革命、建立无产阶级专政、并“尽可能快地增加生产力的总量”① 的整个过程中，即社会主义、共产主义社会来临之前的无产阶级革命斗争，需要在整个发达资本主义世界，或者是至少几个主要发达国家中同时发生才可能胜利。

第一国际、第二国际各国党的主流观点和列宁早期思想中，“同时胜利”论占统治地位。俄国1905年革命的现实情况，使列宁对民主革命的思考与建立无产阶级政权联系了起来，提出了在民主革命中实现工农民主专政的思想。虽然此时他还是“同时胜利”论的拥趸，但已事实上萌发了利用特殊的革命形势，一国（俄国）——而不是“同时”——建立无产阶级新政权的可能性。1905年革命失败后，基于对俄国革命形势的分析和对世界资本主义体系的研究，列宁关于在

① 《马克思恩格斯选集》第1卷，人民出版社2012年版，第421页。

俄国民主革命中建立工农民主政权并开始“社会主义革命”（生产资料所有制的变革）的思想逐步清晰起来。这实际上就是一国首先胜利论的雏形。

第一节 “同时胜利”论的一般和个别

“同时胜利”论是马克思和恩格斯对欧洲各国无产阶级革命形势和革命一般规律的基本判断。当时的“同时胜利”论——恩格斯的表达是“同时发生”，有其确定的内涵。这就是，在当时的国际阶级斗争条件下，单个国家的无产阶级“不可能”单独获得革命的胜利，“共产主义革命”必须是国际无产阶级的统一行动才能胜利。而基于当时欧洲各国资本主义和无产阶级斗争的具体实际，在坚持“同时胜利”论的同时，马克思和恩格斯也承认无产阶级革命斗争存在不平衡性，即有快有慢、有先有后的特点。这对于列宁一国首先胜利论的产生有着重要的意义。

一 “同时胜利”论的内涵与依据

“同时胜利”论是马克思和恩格斯在欧洲长期无产阶级革命斗争的实践中理论思考的结果。这一理论的基本逻辑是，资本主义的发展水平越高，无产阶级的队伍就越壮大，革命的力量就越强大，斗争的条件和水平也就越高。同时，在资产阶级及整个欧洲反动势力结为一体的现实条件下，无产阶级的革命斗争应该也只能通过同时发生才能获得胜利。

1. “同时胜利”论的丰富内涵

早在19世纪上半叶，革命导师马克思和恩格斯对于无产阶级革命斗争规律、社会主义共产主义胜利规律的问题就已经形成了自己的系统观点，提出了相应的理论。1846年，在二人合写的《德意志意识形态》中，马克思和恩格斯指出：“交往的任何扩大都会消灭地域性的共产主义。共产主义只有作为占统治地位的各民族‘一下子’同时发生的行动，在经验上才是可能。"[①] 不难看出，这时的马克思和恩格斯已经表达出了通过若干个民族国家行动的"同时发生"来争取胜利的想法。当然，对于"同时胜利"这个思想来说，此时他们还仅仅是初步的、简要的提出。

一年后，恩格斯通过《共产主义原理》，比较详细地对这一思想进行了阐述和发挥。针对共产主义革命（也就是社会主义革命）能否在一个国家单独发生的重大问题，他给出了十分肯定的回答："不能"，这个革命不会只是"一个国家的革命"，而"至少"是在主要发达资本主义国家"同时发生的革命"；这个革命决不是小范围的革命，而是"世界性的革命"，即在整个世界的范围内无产阶级对资产阶级的革命。但是，由于各国资本主义发展又有区别，所以革命胜利的到来会有较易或较难、"较快或较慢"的差别。[②]

《共产主义原理》是公认的马克思和恩格斯"同时胜利"思想的最重要的文献，它最清楚明确地表达了同时胜利的思想内涵和理论依据，表明马克思和恩格斯在这个时候已然形成了"同时胜利"的思想。同时，这一思想也成为他们无产阶级革命学说以及后世所流传的"马克思主义"的重要组成部分，并长时间地、直接地、深刻地影响了一大批社会主义者和整个国际共产主义运动。

《共产党宣言》正是在相同的理据基础上，阐明了无产阶级解放斗争的整体性。即，因为"世界性的生产和消费"，因为资产阶级结成了反对共产主义的"神圣同盟"，所以，"全世界无产者"的阶级斗争必须"联合起来"才能成功。

之后，马克思和恩格斯又数次对他们的这一思想进行了阐发。在《1848年至1850年的法兰西阶级斗争》中，"同时胜利"思想就有明确的体现。[③] 1864年，马克思在《国际工人协会成立宣言》

① 《马克思恩格斯选集》第1卷，人民出版社2012年版，第166页。

② 参见《马克思恩格斯选集》第1卷，人民出版社2012年版，第306页。

③ 参见《马克思恩格斯选集》第1卷，人民出版社2012年版，第470页。

中，强调要加强各个国家的工人之间的团结与合作，强调要并肩作战，因为分散的斗争会导致共同的失败。[①] 1885 年，恩格斯提到，革命要想赢得胜利，“必须是欧洲规模的”[②]。1892 年，恩格斯又指出，英国一国不能决定欧洲工人阶级的胜利，需要法德加入进来一起努力，才能保证胜利。到1895 年，恩格斯通过《〈法兰西阶级斗争〉导言》指出，无论如何，无产阶级与资产阶级的斗争还是要有一个最后的“决战”。从文中分析看，这里无产阶级的“决战”对象既可以理解为一国的资产阶级，也可以理解为作为一个整体的国际资产阶级。

上述考察表明，马克思和恩格斯一直在坚持的就是他们的“同时胜利”论。笔者认为，站在今天的立场和理论语境下，在思考和理解“同时胜利”论的基本含义时，必须注意以下几个问题。

第一，是哪一个革命的“同时胜利”，“无产阶级革命”“社会主义革命”还是“共产主义革命”？

首先，在“同时胜利”论中，只有同时发生才可能获得胜利的，在不同的国家里难易不同、有快有慢的“共产主义革命”，到底是指无产阶级革命，即无产阶级夺取政权直到建立本阶级专政的斗争，还是指无产阶级夺取政权、建立专政、进行社会主义改造、大力发展生产力、建设和积累社会主义社会的物质、技术、文化基础直到社会主义（共产主义）社会来临之前的斗争——社会主义革命，抑或是指包括了建成社会主义、共产主义新社会在内的整个人类解放事业？

其次，在《共产主义原理》中，恩格斯是在回答了问题十八——“这个革命的发展过程将是怎样的”之后，才对问题十九——能不能在单独一个国家内发生这种革命作出了否定性回答和解释的。恩格斯阐述了无产阶级革命的全过程：第一，“无产阶级革命将建立……无产阶级的政治统治”；第二，“直接向私有制发起进攻”，施行“保障

① 参见《马克思恩格斯选集》第 3 卷，人民出版社 2012 年版，第 10 页。

② 《马克思恩格斯选集》第 4 卷，人民出版社 2012 年版，第 201 页。

无产阶级生存的各种措施”；第三，所有的资本、生产和交换都被国家集中起来，“私有制将自行灭亡……生产大大增加……旧社会最后的各种交往形式也能够消灭”。①

很明显，恩格斯口中的“共产主义革命”不单单指夺取政权，还包括了夺得政权后的社会主义改造、向社会主义过渡阶段的任务。也就是说，各国同时胜利后，也将会“同时”（这个“同时”是指同一时期，不是说同一天、同一时刻）进到恩格斯所说的革命的第二步，或早或晚地于各自内部开始改造和过渡。正是这样的一种革命，不可能仅凭一个国家无产阶级的力量、在一个国家内部全部完成。这样的“胜利”，只能是“同时”的。这是马克思和恩格斯一致的坚持，没有发生过改变。40 多年后的 1893 年，恩格斯仍很笃定：法国人也好，德国人、英国人也罢，谁“都不能单独赢得消灭资本主义的光荣……都还不能保证最终的胜利……无产阶级的解放只能是国际的事业”②。无产阶级要想获得真正的解放，就必须联合起自己最主要的力量，“同时”起来革命，彻底消灭国际资本主义和资产阶级，才能争得最后胜利。

在马克思和恩格斯关于“同时胜利”的论述里，用“共产主义革命”一词较多，但通过上述考察可以看出，马克思和恩格斯“同时胜利”论所指的革命应为无产阶级革命和社会主义革命；首先是无产阶级夺取政权的革命，其次是社会主义革命，即包括了建立无产阶级专政的政权，并利用这个政权变革资本主义私有制，迅速和大规模发展社会生产力的过程。在列宁一国首先胜利论中，更多使用的是“社会主义革命”和“共产主义革命”一词，受到马克思和恩格斯的影响，其基本含义应是一致的。

第二，到底是“同时发生”还是“同时胜利”？

马克思和恩格斯没有明确地使用“同时胜利”一词，而是用了

① 《马克思恩格斯选集》第 1 卷，人民出版社 2012 年版，第 304—306 页。

② 《马克思恩格斯全集》第 39 卷，人民出版社 1974 年版，第 87 页。

“同时发生”的说法，然而，马克思和恩格斯期望的“同时发生”正是以“同时胜利”为最终目的的，是为了“实现共产主义革命”、让共产主义革命变为实实在在的“经验”。“发生”是因，“胜利”则是要努力争取的果，否则“同时发生”就会被大大降低其价值。没有“胜利”，发生就毫无意义，革命者为何要追求一个只能发生而不能胜利的革命呢？在《德意志意识形态》最初说到至少几个文明国家“同时发生”革命时，马克思和恩格斯用了“一下子”发生革命的说法，意思应该是，主要的几个资本主义发达国家能够在一个短暂的时期内，同时发生、爆发革命，多点开花，形成一股合力，借此冲破强大的资本主义的国际联合阵线。

南斯拉夫的普蕾德拉格·弗兰尼茨基就认为，无产阶级革命“同时发生”是当时马克思和恩格斯从对欧美国家的政治和经济发展的细致观察中得出的，“是合乎逻辑的”构想，这种推测是“完全有理由的”，且直到19世纪70年代马克思和恩格斯二人“仍旧同意这种看法”。[①] 正是因为革命“同时发生”所产生的强大合力作用，无产阶级革命才有可能赢得胜利，而这种胜利将会呈现出“同时胜利”的景象。反之，某个国家独自“发生”了革命，却没有立即得到他国无产阶级的直接支援，那么这个国家已经开始的革命是很难有胜利的希望的，就算胜利了，也是暂时的。

一个十分明显的例子——1871年的巴黎公社革命。巴黎的劳动人民在首都推翻了资产阶级的统治，建立了自己的政权，并为保卫政权进行了英勇的斗争。遗憾的是，革命昙花一现，最终归于沉寂。对于它的失败，马克思曾这样总结道：“就是因为在一切主要中心，如柏林、马德里以及其他地方，没有同时爆发同巴黎无产阶级斗争的高水

① Predrag Vranicki, *Historija Marksizma* Ⅰ, lzdaje Syeucilisna Naklada LIBER, Lzdavacko Knjizarsko Poduzece NAPRI JED, Zlgreb, 1978, p. 155. 中译本参见［南］普雷德拉格·弗兰尼茨基《马克思主义史》第1卷，胡文建等译，黑龙江大学出版社2015年版。

平相适应的伟大的革命运动。"[①] 此处，他虽然是在强调第一国际的基本原则——团结时指出的巴黎公社的教训，但我们仍可以从中读出另一个意思，那就是单独一国爆发了革命并且已经取得了政权，但如若没有他国革命的迅速响应，要想在资本主义的包围和进攻中保住革命政权是不可能的，所以这个胜利是无法长久的，只能是某种阶段性的胜利。在这个意义上说，还是需要有至少主要几个国家革命的"同时发生"，无产阶级政权才能取得最后的胜利。"同时发生"的提出，实际上就是马克思和恩格斯在为革命胜利的可能性作论证。只有革命同时发生，胜利才能到来。因此可以说，在马克思和恩格斯的语境中，"同时发生"就是同时胜利。

2. "同时胜利"论的基本依据

由于资本主义大发展和资本主义各国日益"紧紧联系起来"的世情，超越国界的资产阶级的普遍联合力量十分强大。面对某一个国家"突然"爆发的革命，各国占统治地位的资产阶级必定会暂时地放下之间的矛盾，积极采取"联合的行动"，共同镇压某国革命，不仅消除他国的也消除自己的统治隐患。因此，西欧的某一个发达国家发生社会主义革命是可能的，但在当时要想赢得彻底胜利则是异常困难的，因为它面对的是欧洲资本主义的"神圣同盟"，对待这样的反革命联盟，就需要有至少几个主要国家"同时发生"革命，需要有这数国的无产阶级进行"联合行动"，互相支持、帮助和策应，共同对付资产阶级。

《共产主义原理》充分解释了共产主义革命必须"同时发生"的根据：由于大工业的繁荣，世界市场的形成，把全球特别是文明国家的人民紧密联系在一起，并彼此互相影响、作用。同时，也是因为大工业，因为它的发展造成了各"文明国家的社会发展大致相同"，以至这些国家内部的两大阶级间的关系、斗争能够对社会发展起到决定

① 《马克思恩格斯全集》第18卷，人民出版社1964年版，第180页。

作用。在这样的情况下，“共产主义革命将不是仅仅一个国家的革命，而是将在一切文明国家里，至少在英国、美国、法国、德国同时发生的革命”①。

对马克思和恩格斯来说，他们把能够爆发社会主义革命的国家限于发达国家之内。这是因为，在他们看来，只有这类国家才拥有强大的物质基础，具备发生革命的资格。因此，这个资格落实到地域范围内就是西欧和北美，具体到某几个国家就是英、美、法、德四国，其中英法德是马克思和恩格斯论述最多的国家（德国具有特殊性，下文会加以论述）。因而，马克思和恩格斯主要考虑和设想的是欧洲——西欧的革命进程和胜利问题。只有而且必须在西欧几个发达国家的革命“同时胜利”后，才会出现整个欧洲革命胜利的局面，然后才是其他地区的、文明的半文明的、落后的国家的胜利，形成以西欧为放射源而辐射到全世界的革命。当然，这是把欧洲视为一个整体的“同时胜利”思想，因为欧洲的发展程度是其他地域无可比拟的，这一地区的革命足以决定世界革命的命运。

二 “同时胜利”论中的国别无产阶级革命斗争

在考察无产阶级革命斗争进程和规律的时候，马克思和恩格斯一贯把无产阶级的国别斗争和整个无产阶级的解放事业至少是欧洲主要国家无产阶级的共同斗争作为一个整体来考虑的。所以，他们始终坚持“同时胜利”论。不过，在整体性研究的同时，他们又发现了各国资本主义发展、无产阶级力量和无产阶级革命具体任务的差异性。

1. 一个看似矛盾的表述

在《共产主义原理》中，在坚决认为单独一国革命不能胜利的同时，恩格斯又说，因为各国工业的发达程度、财富的多少和生产力大小有差别，因此，英美法德等不同国家的革命的发展也会有“较快或

① 《马克思恩格斯选集》第1卷，人民出版社2012年版，第306页。

较慢”的差别，并且明确指出：“在德国实现共产主义革命最慢最困难，在英国最快最容易。”[①] 如此看来，一方面是恩格斯在明确回答这种革命不能在单独一国发生；另一方面在讲“革命进程”的时候又说这个革命在德国和英国的情况不一样，会有慢快、困难容易的差别。这个看似矛盾的说法，说明了什么？

马克思和恩格斯在考察革命进程时，是把国别革命和整个无产阶级的革命两者统一起来进行思考的。每个国家的无产阶级，首要的任务都是反对本国的资产阶级，但同时，这个斗争更是整个国际无产阶级斗争的一部分。正如《共产党宣言》所讲：“如果不就内容而就形式来说，无产阶级反对资产阶级的斗争首先是一国范围内的斗争。每一个国家的无产阶级当然首先应该打倒本国的资产阶级。”[②] 其中，“打倒本国资产阶级”就是在一个国家内夺取政权，即实现政治革命的胜利，建立本阶级的统治，这就是所谓的“形式”，是从国别这个角度出发而论的。当各个发达国家的无产阶级都成功地夺取政权后，就达成了最初的“同时胜利”，这可以说是“内容”。

如果我们认为马克思和恩格斯“同时胜利”的这个革命包含了无产阶级夺取政权的斗争和为向新社会过渡创造条件的斗争两大内容，即使夺取的斗争可以在一个国家首先发生（更快更容易），那么整个的革命也是不可能在一个国家内完成的。因此可以说，“同时发生”和“更快更容易”“更慢更困难”不是矛盾的，而是统一的。

仔细分析，从这个看似矛盾的现象背后，我们可以发现一些对“同时胜利”论有补充意义的思想。

2. 资本主义发展不平衡与国别无产阶级革命

马克思和恩格斯已经明确指出了英国、法国和德国甚至美国、俄国等在资本主义发展方面的差别，并且将之同无产阶级革命斗争的发展结合起来。虽然马克思和恩格斯说“所有文明国家的社会发展大致

① 《马克思恩格斯选集》第1卷，人民出版社2012年版，第306页。

② 《马克思恩格斯选集》第1卷，人民出版社2012年版，第412页。

相同”，但他们也注意到这是一种“大致相同”，而且是作为整体发展进程中的一种相同。如果从国别差异方面入手，则会呈现出另一种趋向，也就是哪怕是发达国家之间，其资本主义的发展速度和程度也是存在不平衡的。其实在《共产主义原理》中业已指明了这种态势，即发达国家在工业、财富、生产力等方面是有距离的，英国经济实力最发达，德国相对最落后。可见，早在马克思和恩格斯提出“同时胜利”论时，世界范围内和国别之间的资本主义发展的不平衡现象（马克思和恩格斯并没有明确提出不平衡的概念，也没有将之总结为一种规律），就已作为无产阶级革命斗争的条件被关注。当然，此时的通用逻辑是，资本主义发展得越好，无产阶级斗争的条件就越好。

值得注意的是，有时马克思和恩格斯也会认为资本主义的落后有可能对无产阶级革命更有利。

19 世纪 40—50 年代，德国工业革命加剧，但同时社会矛盾也迅速激化。相对于当时大工业已经稳固的英国和法国，德国社会主义运动更为高涨，这与其国内大工业的快速发展是相伴随的。在《德意志意识形态》中，马克思和恩格斯指出：“不一定非要等到这种矛盾（无产阶级和资产阶级的矛盾——引者注）在某一国家发展到极端尖锐的地步，才导致这个国家内发生冲突。”“比较不发达的国家”[①]可能会出现资本主义的发展程度与革命成熟度不完全匹配的情况，其内部的矛盾也有可能较比它先进的国家更深刻和易于激化，这可以说是一种特殊的优势。恩格斯如是说，“正是德国的工业落后，给我们事业的进展帮了大忙。”[②]

这意味着马克思和恩格斯看到了问题的另一面。资本主义发展相对落后对无产阶级事业的进展会有帮助。

从爆发革命的角度上看，他们认为，资本主义发展相对不足的缺陷可以一定程度地被国内剧烈的阶级斗争所弥补。对德国人民来说，

---

① 《马克思恩格斯文集》第 1 卷，人民出版社 2009 年版，第 568 页。

② 《马克思恩格斯选集》第 4 卷，人民出版社 2012 年版，第 572 页。

他们受到的是封建主义和资本主义的双重压迫，这种压迫比其他国家要更深重，因此其革命性也会相应地增强；在整个欧洲进步文明的环境下，德国工人阶级较之以往有其他时期工人所难以媲美的更大的先进性。

在这里，马克思和恩格斯思维的逻辑仿佛出现了某种方向性变化，从资本主义发展有利于无产阶级革命，发达资本主义国家无产阶级更容易获得胜利转向落后的资本主义国家在一定条件下，如社会矛盾激化、人民革命性强等，“落后”对无产阶级革命事业有帮助。当然，这是个例，也有附带条件，但也表明这样的思维在马克思和恩格斯那里至少是出现过的。

3. 一国无产阶级是能够先夺取政权的

只要考察国别无产阶级斗争的具体实际，或考虑无产阶级革命斗争的具体进程，马克思和恩格斯在坚持“同时胜利”论的同时，都会同时看到无产阶级革命斗争条件和进度的差异性。比如，恩格斯就认为英国最有可能首先取得革命的胜利，而德国则会落在最后。“如果现在英国或法国的工人获得解放，这必然会引起其他一切国家的革命，这种革命迟早会使这些国家的工人也获得解放。”[①] 这表明共产主义革命的难易先后具体到不同国家是存在明显差别的，英国或者法国的革命或许会走在各国的前面。这种“胜利”是指成功夺取政权，也就是政治革命的胜利。

在马克思和恩格斯指导革命斗争实践的过程中，有一个特别需要引起注意的现象，这就是他们曾经对“哪一个国家的革命会首先取得胜利”进行过多次预测。最初他们认为可能是英国，之后又将视线转移到了法国，认为“六月失败才造成了所有那些使法国革命能够发挥欧洲革命首倡作用的条件”[②]。到了19世纪90年代，鉴于德国社会民主党的强大和取得的巨大成就以及德国无产阶级和工人运动的进步与

① 《马克思恩格斯选集》第1卷，人民出版社2012年版，第299页。

② 《马克思恩格斯选集》第1卷，人民出版社2012年版，第471页。

发展，恩格斯更是将德国视为革命的中心，预测德国无产阶级会首先胜利。

为什么马克思和恩格斯一方面认为无产阶级革命只有同时发生才能胜利，而另一方面又不断地在预测哪国的无产阶级可以首先夺取政权呢？当然，他们仍然是把首先夺取政权的国家的无产阶级运动视为整个欧洲无产阶级革命先导的一部分来看待的。但不可讳言的是，此时一个国家可以首先夺取政权正是列宁一国首先胜利论的最初形态。

4. 民主革命与无产阶级革命

民主革命是指资产阶级推翻封建专制、建立民主共和国的过程。在欧洲国家特别是资本主义相对落后的国家，民主革命的任务往往是由资产阶级和其他阶级包括无产阶级联合完成的，无产阶级在其中也发挥了重要的作用。而无产阶级革命的主要任务则是推翻资产阶级，建立无产阶级专政，为向社会主义过渡创造条件。马克思和恩格斯在论述特定的民主革命与无产阶级革命的关系时，并不是完全、严格地按照“同时胜利”论的逻辑展开的，也有例外情况。

在论述共产主义革命“同时胜利”时，马克思和恩格斯是以发达的西欧资本主义国家——更确切地说主要是英法德三国为蓝本的，而德国的资本主义发展最落后。当时的德国才刚刚开始工业革命，大工业发展还在起步阶段，国家仍未统一，甚至连资产阶级革命都没有完成，“正处在资产阶级革命的前夜”。

就是对这个处在资本主义相对落后阶段的封建专制统治的国家，马克思和恩格斯却认为它的工人能够在打倒本国的反动势力、反动阶级之后，“立即就开始进行反对资产阶级本身的斗争”，“德国的资产阶级革命只能是无产阶级革命的直接序幕”。[①] 显然，对于那时最落后的德国，马克思和恩格斯非但没有剥夺它首先取得革命胜利的资格，反而寄予了很大的期望。

---

① 《马克思恩格斯选集》第1卷，人民出版社2012年版，第435页。

1848 年欧洲革命风暴的到来给了马克思和恩格斯以极大的鼓舞，更促使他们去实践这个设想。德国三月革命爆发后，马克思和恩格斯立即返回国内，直接参与到无产阶级的斗争中，以推动革命的发展。他们无比希望德国无产阶级能够利用这次革命，不仅实现民主革命的胜利，而且能够一鼓作气，跃出民主主义的范畴将革命直接推进到共产主义革命阶段。两人甚至还预言说，德国在四个星期内就可以赢得革命的胜利。

这就产生了一个民主革命与无产阶级革命的关系问题。在资产阶级民主革命中，无产阶级应该采取何种策略，是先帮助资产阶级建立资产阶级专政，在资本主义充分发展之后再进行无产阶级革命，还是不等资本主义充分发展就开始无产阶级革命？

这又是一个和“同时胜利”论依据的逻辑有某种相悖关系的理论问题。按照“同时胜利”论的逻辑方法推演，资本主义没有获得充分发展则无产阶级的力量和斗争水平相对落后，从而不容易在无产阶级革命中获得（暂时）胜利。因此，民主革命胜利后的国家仿佛应该先帮助资产阶级充分发展资本主义，否则无产阶级力量不能得以壮大，不能获得为实现无产阶级革命更加良好的条件。而马克思和恩格斯在早期思想中，曾有过在民主革命之后“立即”转为无产阶级革命的主张。这表明，作为革命家的马克思和恩格斯，在坚持“同时胜利”论的一般逻辑的同时，也没有完全拘泥于其中，而是在德国民主革命的特定环境下，结合德国革命的具体实际提出了自己的策略。这也说明，马克思和恩格斯注意到了革命具体实践对革命任务和目标的影响。

5.“同时胜利”论与俄国革命

19 世纪中后期至 1905 年革命前，俄国在以欧洲为中心的革命历史上是一个特殊的存在。首先，它是资本主义发展迟缓又非常落后的国家，封建势力仍然是社会的统治力量，完成民主革命依然是俄国社会首要的艰巨任务。其次，俄国无产阶级力量也有了相当的发展，工农成为民主革命的重要推动力量，而资产阶级的力量相对弱小。最后，俄国的封建势力表现得尤其强大和特别反动，一直都是欧洲反动力量的大本营和最后堡垒，成为镇压欧洲革命（民主革命和无产阶级革命）的最凶恶的势力。因此，在马克思和恩格斯关于无产阶级革命走向胜利的整个进程中，俄国民主革命一直是重要的考察项之一。

1848 年波澜壮阔的欧洲革命之所以失败，封建主义、资产阶级能够战胜无产阶级革命力量的重要原因之一，就是俄国反动势力的直接干预。沙皇的“伟绩”有：出钱、出兵直接帮助奥地利、罗马尼亚、匈牙利反动势力镇压革命；公开干涉德国统一，支持德国统治者，成为“镇压这次革命运动的急先锋”①。这个横跨欧亚两洲的封建专制国家所起到的反革命作用是巨大的，在许多情况下甚至左右了革命的进程和结果。“西欧的任何革命，只要在近旁还存在着现在这个俄罗斯国家，就不能获得彻底胜利”，俄罗斯帝国更被恩格斯称为“整个西欧反动势力的最后一根有力支柱”②，以至欧洲各国将其尊为“首领”。这样一来，俄国的民主革命也就成为马克思和恩格斯在研究欧洲无产阶级革命时经常关注的重要内容。欧洲革命、无产阶级革命要想获得成功，不管在哪个国家，都必然受到沙俄这个反动势力的制约，但如果俄国完成了民主革命，沙俄这个反动势力的堡垒也就烟消云散了。因此，在考察无产阶级革命斗争规律的时候，马克思和恩格斯把沙皇俄国纳入视野当中就再也正常不过了。

19 世纪 70 年代以后，由于沙皇政府的高压统治和残酷剥削，俄国内部矛盾不断激化，特别是 1877 年的俄土战争中俄国战败，致使国内危机一下子爆发出来，这就为俄国推翻沙皇统治完成民主革命创造了条件。马克思和恩格斯认为，俄国民主革命的条件成熟了，革命临近了，这场革命必将对欧洲革命发生重要影响。“这次危机是欧洲历史的一个新的转折点。俄国……早已站在变革的门前，为此所必需

---

① 韩承文主编：《1848 年欧洲革命史》，河南大学出版社 1995 年版，第 663 页。

② 《马克思恩格斯全集》第 25 卷，人民出版社 2001 年版，第 35 页。

的一切因素都已成熟了。"[①]1878年，恩格斯在《德国、法国、美国和俄国的工人运动》中进一步明确指出：沙俄在不远的将来会起到的作用定然是最重要的，"只要俄国一发生革命，整个欧洲的面貌就要改变。因为迄今为止，旧俄国一直是欧洲反动势力的庞大后备军……这支后备军一旦被消灭，且看事情将如何演变！"[②]在这里，恩格斯不仅预见了俄国民主革命的即将发生，还对这场革命的作用给出了非常明确的肯定，寄予了非常大的希望。

同时，在马克思和恩格斯心中，俄国革命的地位，或者说俄国民主革命和欧洲无产阶级革命的关系发生了变化。"俄国是本世纪的法国。新的社会改造的革命首倡权理所当然地和合情合理地属于俄国。"[③]不过，这里所说的"新的社会改造的革命"自然不是民主革命，而是欧洲的社会主义革命。而俄国当时面临的革命只能是推翻沙皇专制制度、摧毁俄国这个欧洲的反革命封建堡垒的民主革命。

然而，恩格斯认为就是这场民主革命能够像法国革命引领整个欧洲革命那样，成为欧洲无产阶级革命的"首倡者"。一来，只要俄国革命成功，欧洲反动势力的最大也是最后的帮手便彻底失去了作用，他们的力量将会被极大地削弱。在这种情况下，欧洲如果再次爆发革命，定不会像1848年革命那样受到封建沙俄的掣肘和镇压。欧洲无产阶级基本上只需对付本国的和联合起来的欧洲资产阶级，不用再分心应对其他的外部威胁。由此，革命与反革命的胜负之分将变得不一样，"同时胜利"也将会易于实现。二来，马克思和恩格斯认为，俄国民主革命的爆发会成为欧洲新的革命的促因。俄国革命人民的奋起反抗将给欧洲无产阶级带去榜样的力量，激励他们的革命精神和斗志，从而让1848年后死气沉沉的欧洲重新"焕发精神"。也就是说，恩格斯在这里提出了以俄国民主革命为契机，激发欧洲社会主义革命的重要设

① 《马克思恩格斯全集》第34卷，人民出版社1972年版，第275页
② 《马克思恩格斯全集》第25卷，人民出版社2001年版，第150—151页。
③ 《马克思恩格斯全集》第21卷，人民出版社1965年版，第540页。

想，“俄国的革命还会给西方的工人运动以新的推动，为它制造新的更好的斗争条件，从而加速现代工业无产阶级的胜利”[①]。如此一来，俄国便有可能成为替代法国、德国等国推动欧洲革命的“首倡者”。

对俄国而言，正在临近的民主革命当然不是革命的尽头，它会成为下一个革命阶段的开端。不过只有西方无产阶级取得了胜利，俄国才能够借助他们的力量来完成自己新的革命。那时的革命就不是民主革命了，而是可以带领俄国走向社会主义的革命，俄国可以利用自身特有的原始的土地公有制形式向社会主义过渡，减少甚至规避发展资本主义带来的伤害。对俄国革命的道路问题，马克思和恩格斯曾进行过比较深入的思考，认为“假如俄国革命将成为西方工人革命的信号而双方互相补充的话，那么现今的俄国公有制便能成为共产主义发展的起点”[②]。这样，俄国的无产阶级便会在胜利了的欧洲各国的帮助下，最终赢得无产阶级革命的胜利，并同它们一起开展社会主义的各项变革，走向更美好的未来。

第二节 俄国1905年革命与一国首先胜利思想的萌动

对列宁而言，俄国1905年革命是一个重要的转折点。在这次革命中，基于对无产阶级在民主革命中地位、作用和可预期政治利益的思考，“一国首先胜利”的思想开始萌动。

一 俄国1905年革命前列宁对马克思和恩格斯“同时胜利”论的继承

俄国1905年革命以前，列宁是马克思和恩格斯“同时胜利”论的拥护者。

① 《马克思恩格斯选集》第4卷，人民出版社2012年版，第321页。

② 《马克思恩格斯选集》第1卷，人民出版社2012年版，第389页。

随着人类社会的不断发展和进步，资本主义作为历史长河中的一个先进阶段开始了它的统治。与此同时，由于资本主义本身固有的结构性缺陷和矛盾，其内部也逐渐产生了自己的对立物和取代物——社会主义。早在16世纪初期，许多先进分子为摆脱资本的剥削和压榨、解除人民的灾难、走向自由美好的未来世界，就已经提出了社会主义的设想。然而，那时的社会主义思想还包含着众多的空想成分，脱离了社会实际，缺乏可操作性和现实性。直到300多年后，社会主义才被马克思和恩格斯推进到了科学的阶段，1848年的《共产党宣言》宣告了科学社会主义的诞生，世界由此进入了一个新的时期——争取社会主义胜利的时期。此后，科学社会主义在马克思和恩格斯不断地阐发和完善中，在工人、劳动人民的各种运动中，在同资本主义的和非马克思主义的思想的斗争中，特别是在与革命活动相结合的过程中，很快便上升为欧洲乃至全世界工人革命运动的指导思想，更是在种类繁多的流行的“主义”中占据了统治地位，不可撼动。到了19世纪80年代，沙皇俄国也成为马克思主义的重要思想阵地和实践场所，以普利汉诺夫为代表的先进的俄国社会民主党人的努力，使马克思主义在沙俄得以迅速传播并站稳了脚跟。

而这，就是青年列宁所接触到的世界和俄国。在这样一个马克思主义、社会主义飞速传播和被努力争取、应用于实践的历史时期，积极投身革命事业的他不能不深受马克思主义的影响。

19世纪90年代初，列宁便形成了“马克思主义的世界观”[①]。他追求社会主义，以解放人类为己任，活跃于俄国政治舞台上。而且，列宁还站在正统马克思主义的高度，同俄国国内的各种假马克思主义，反对、诋毁马克思主义的派别和思潮，如民粹派及其民粹主义、经济派、“合法马克思主义”等进行了坚决的斗争，批判了其错误思想。如此，他既成功捍卫了马克思主义的纯洁性和正统性，扩大了马

① 曹浩瀚：《列宁革命思想研究》，中央编译出版社2012年版，第25页。

克思主义在俄国的影响，又增强和扎实了自身的理论素养，坚定了自己的革命信念。可以说，这是一个马克思和恩格斯思想在列宁头脑中确立"统治权"的过程。列宁曾承认过，"我们完全以马克思的理论为依据，因为它第一次把社会主义从空想变成科学……指出了继续发展和详细研究这个科学所应遵循的道路"①，俄国的社会主义者要做忠实的马克思和恩格斯"遗产保存者"②。这也体现了列宁对自己的定位。

在这样的基础上，列宁对于社会主义胜利问题、无产阶级革命斗争问题的看法必然受到马克思和恩格斯思想的左右，其所持观点也与马克思和恩格斯的"同时胜利"论一致。那时的列宁同样认为，欧洲或者说西欧是社会主义革命的策源地，革命将会在最发达、最文明的那几个国家爆发，然后扩散到世界其他地方。1895年，列宁在《社会民主党纲领草案及其说明》中写道："目前，同资本家阶级的统治进行斗争的已经是欧洲各国的工人，并且还有美洲……的工人。"③很明显，列宁认为先进的欧洲各国和美国的工人已经进入了反对资产阶级的无产阶级社会主义革命时期，而其他地区离此革命还有较长的一段路，亦即革命会首先在发达的欧洲爆发。而且，欧洲国家在列宁那里也是被视为一个整体来看待的，因此革命需要"同时发生"。他还认为对欧洲这个地域，革命实则"不需要区分什么德国的或者奥地利"的纲领，各国是可以通用的，社会民主党的纲领甚至可以统称为"欧洲的纲领"④。

同时，列宁也认为各国工人阶级必须联合起来，在世界范围内同资本展开搏斗。这是因为资本的国际联盟已经形成，"资本的统治是国际性的。因此，工人只有进行反对国际资本的共同斗争，各国工人

---

①《列宁全集》第4卷，人民出版社2013年版，第160页。
②《列宁全集》第2卷，人民出版社2013年版，第419页。
③《列宁全集》第2卷，人民出版社2013年版，第81页。
④《列宁全集》第6卷，人民出版社2013年版，第222页。

争取解放的斗争才会取得成就”[①]。他还看到，欧洲已然出现一种倾向，那就是各国的社会主义和工人运动越来越密切地结合在了一起，形成一股“统一的社会民主主义运动”。[②]这样，有了各国无产阶级的国际联合、统一的行动，欧洲革命的胜利才是有保障的。显然，对资本的国际性和反资本革命斗争国际性的认识，即对“同时胜利”论的依据，列宁直接采取了马克思和恩格斯的观点。

对于俄国在欧洲革命中的角色，列宁的观点也没有超出马克思和恩格斯论述的范畴。他清楚马克思和恩格斯对俄国的态度，认为他们的看法是正确的，需要遵从。他指出，马克思和恩格斯已经看得十分清楚了，“俄国政治革命对于西欧的工人运动也会有巨大的意义。”“只有自由的俄国……才能削弱欧洲的一切反动势力，加强欧洲工人阶级的力量。”[③]无产阶级革命以欧洲为主、俄国为辅，列宁将俄国放在了一个从属者的地位。与马克思和恩格斯一样，列宁心存欧洲才是社会主义革命的中心和重心、俄国革命要围绕欧洲革命运转、欧洲革命胜利与否同俄国是直接相关的、俄国的民主革命将会增加欧洲革命赢得胜利的可能性或者说胜利概率的思想。列宁强调，要着重吸取欧洲各国社会主义和民主主义运动积累下来的经验，并将之运用到俄国工人运动中去。在革命进程中，俄国不是单方面的付出，而是会与欧洲革命形成一种良性互动，从后者那里得到帮助，以推动自身革命向前发展。

列宁在《社会民主党在民主革命中的两种策略》（以下简称《两种策略》）中完全同意这个观点：“社会民主党在民主革命中获得完全胜利，……因为这样的胜利会使我们有可能把欧洲发动起来。”[④]在这里，列宁指出，俄国民主革命的欧洲意义，就是能够以本国胜利的革命为契机，掀起欧洲的革命浪潮，然后以欧洲为中转站，革命将扩

---

① 《列宁全集》第2卷，人民出版社2013年版，第82页。
② 《列宁全集》第4卷，人民出版社2013年版，第213页。
③ 《列宁全集》第2卷，人民出版社2013年版，第12页。
④ 《列宁全集》第11卷，人民出版社2017年版，第65页。

展到整个世界。因为这时俄国革命已然出现，所以列宁越发强调俄国革命对欧洲革命的促进作用，两者的互动以俄国革命对欧洲革命的作用力为先，然后才是欧洲革命对俄国的反作用力。俄国革命对欧洲有着“极其重大的意义”，“除了已经在俄国开始的革命的这种彻底胜利以外……再没有什么东西能把达到全世界无产阶级完全胜利的道路缩得这样短”。[①] 不难看出，列宁认为，俄国无产阶级和农民的胜利将大大加速原来世界历史的发展进程，社会主义革命的胜利，乃至社会主义的改造和建设都会比预计中提前到来。而这一切，正是俄国革命带来的。

1905 年革命以前，列宁认为俄国还不能“设想”在本国实行无产阶级革命，因为它的首要任务是完成民主革命，要坚持在民主革命的范畴内活动，控制革命的界限，对无产阶级的行为进行约束，把革命的任务“限于对现存资产阶级制度进行局部改善”，俄国社会民主党现在是不能够“提出社会革命”的要求的。这是因为，这个以推翻资本主义政权、资产阶级统治为目标的革命，“已经是实现我们最终目的的无产阶级革命了”[②]。

所以说，这时期的列宁是马克思和恩格斯坚定的追随者，深受他们思想的影响，他的确直接继承了“同时胜利”论的内涵和一般逻辑。不过，对列宁来说，这种认识不可能是一成不变的，必然随着俄国革命实践的发展和他自身的革命活动而发生相应的变化。俄国 1905 年革命便起到了这样的作用。正是革命的实际需要，给列宁提出了一个又一个新的课题，带给他极大的触动。而这场民主革命的实践经验又给他提供了异常丰富的思想材料，提供了关于俄国如何才能争取革命胜利的最直观的判断，引发他更加深入的思考，从而产生了一些“别样的”心思。就是在俄国 1905 年革命中，这些别样的心思逐渐汇成了“一国首先胜利”论的种子。

---

① 《列宁全集》第 11 卷，人民出版社 2017 年版，第 39 页。

② 《列宁全集》第 6 卷，人民出版社 2013 年版，第 291 页。

二　一国首先胜利思想的萌发背景

作为马克思主义者的列宁，对马克思恩格斯的社会主义共产主义思想，包括社会主义胜利和前景问题的一般理论自然是熟悉而笃信的。而作为革命家的列宁，他更深深牵挂着俄国无产阶级的前途和命运，积极投身于俄国无产阶级革命运动和俄国革命事业。资本主义相对落后的沙俄社会现实和俄国革命的具体实际，都向他以至整个俄国无产阶级提出了新的挑战，这些实践经验自然而然地成为影响他思想和理论的重要因素。因此，列宁的思想表现出浓烈的实践色彩，既有对马克思和恩格斯思想理论的继承，也有着自己基于俄国革命具体实践的新思考和独特研究。

俄国自1861年改革之后，就开启了向现代资本主义过渡的进程。至19世纪90年代初，俄国工业高潮出现，资本主义更是获得高速发展。不过，俄国同英法等国不同的是，其资本主义既带有欧美发达国家的现代特性又带有封建农奴制的中世纪特性。这种专制君主体制下的资本主义，从出生之时起就注定是“畸变的”，两者的杂糅不可避免地带给俄国深重的灾难。尤其是，政治体制长时间大大落后于经济发展和社会结构的变革，国内阶级分化以及无产阶级自我意识的增长，社会矛盾的积累和激化等系统性、结构性危机，不断冲击沙皇的统治，积累着人民的不满情绪，过去屡试不爽的自上而下的封建体制内的改革已很难再次奏效。于是，民主革命不可避免地到来了，这就是俄国1905年革命。这次革命掀开了反对沙皇封建专制以及同资本主义进行斗争的新篇章，对整个国际革命运动也产生了巨大的影响。①

列宁认为，俄国人民正在经历的悲惨境况不只是资本主义的发展带来的，也是俄国资本主义的欠发达状况造成的。要改变这一现状，

---

① Кривогуз И. М.，Мнухина Р. С. *Международноезначение Революции* 1905 – 1907 *годов. М.*：Госполитиздат，1955. С. 1.

加快俄国的发展，工人阶级就必须推翻封建王朝，消灭封建主义，为资本主义在俄国的进一步发展创造便利条件，否则就是在“维护俄国的落后性”[①]。列宁明确指出，俄国的革命已然临近，“不言而喻，在这种经济基础上的俄国革命，必然是资产阶级革命”[②]。这就是俄国革命的性质，要以此为基础来解决事关俄国革命的政治和经济问题。列宁为即将发生的俄国革命确立了三大任务，也即后来被称为“三条鲸鱼”的口号：争取政治自由、建立民主共和国，八小时工作制，收回割地。其中的八小时工作制，不是民主革命的任务，而是无产阶级追求自身利益的纲领性要求。这说明，随着革命形势的发展，列宁关于俄国工人阶级在民主革命中的任务发生了一些变化。在1905年革命的特殊情况下，俄国的无产阶级已经成为本国民主革命的主要力量之一。

1905年，以“一月流血事件”为标志，俄国第一次革命——民主革命开始了。当时，“绝大多数人都……要求在人民代表制的基础上对俄罗斯帝国实行彻底的改造”[③]，工人阶级甚至自发创造了“工人代表苏维埃”这一被列宁称为新国家的组织形式的革命领导机构，并起到了革命政权的作用。正是得益于1905—1907年的革命[④]实践，列宁获得了新的政治经验和革命经验，开始对继承于马克思和恩格斯的“同时胜利”思想作出突破，对俄国革命、对社会主义革命的一般道路以及胜利问题的认识实现了一次飞跃，从而产生了一国首先胜利论的萌芽。

三 一国首先胜利思想的初步思考

俄国1905年革命是资产阶级民主革命，是和俄国当时资本主义

---

① 徐芹：《论列宁早期肯定俄国资本主义发展思想的出发点——兼驳关于列宁追求资本主义具有讽刺意义的观点》，《当代世界与社会主义》2010年第5期。

② 《列宁全集》第3卷，人民出版社2013年版，第12页。

③ Витте С. Ю. *Воспоминания. Т.* 2. М.：Скиф Алекс，1994. С. 324.

④ 列宁在1907年正式承认，发端于1905年1月的民主革命失败了。这说明，列宁认为1905年革命的起止时间为1905—1907年。

发展水平和阶级斗争现实相适应的。此时，在列宁心目中，民主革命和社会主义革命是有严格区分的。但在革命策略的论述和选择过程中，列宁事实上主张俄国无产阶级在目前这个阶段就“完成”社会主义革命的部分任务，如从无产阶级参加政权到建立工农政权的要求，其实质就是通过民主革命来建立无产阶级能够直接发挥影响甚至能够掌控的政权。换言之，列宁实际上提出了在民主革命中实现社会主义革命任务的要求。这就是一国首先胜利思想最初的思考和探索。

1. 争取无产阶级在民主革命中的领导权

民主革命不是社会主义革命，但它要为无产阶级革命创造更好的条件，这就要求无产阶级争取民主革命的领导权。1905 年的第一次俄国革命，是在新的历史环境下发生的。由于西欧先进国家早已成功地实现了资产阶级革命，因而这些国家的无产阶级接下来要做的是“为争取无产阶级专政和社会主义而斗争”。而俄国，如果不推翻沙皇、不在国内建立广泛的民主，“就不可能向社会主义前进”①。虽然俄国在革命阶段、社会发展进程上暂时落后于西欧，但此时俄国的革命已然是在比欧洲发达国家民主革命时期更为成熟的条件下爆发的。相较于那个时期的他国革命，俄国革命已有了较大不同：资本主义发展水平更高，俄国工人的觉悟和组织程度更高，而资产阶级则更为软弱和反动；无产阶级同资本主义的矛盾和斗争更尖锐，无产阶级政党的行动力和革命性更强；农民运动的政治性更高等。鉴于这些情况，俄国的民主革命也会表现出不同于以往的、特别是西欧的资产阶级革命所呈现出的那种规律，会带有鲜明的俄国特色和某些例外。先进国家的民主革命发生于资本主义急剧上升的时期，资产阶级的革命性较强，有能力且可以成为革命的领导者，主导革命的走向，最终建立资产阶级的专政。俄国则不然，长期处于封建主义压迫下的资产阶级革命性并不强，偏安于分享权力，追求更多的经济政治利益，目的是同封建

---

① Панкратова А. М. , Костомаров Г. Д. . *Очерки Истории СССР 1905 – 1907*. М. : Учпедгиз, 1955. С. 1.

王权一起统治人民而不是彻底推翻它。列宁看清了俄国资产阶级的这个特性，否定了其独立领导革命的可能性，肯定了革命领导权只有落在无产阶级身上才能彻底消灭阻碍资本主义发展的旧制度残余。也就是说，虽然这场革命是资产阶级民主革命，但领导革命的不能是通常认为的资产阶级，而应是无产阶级。只有这样，俄国的民主革命才是彻底的。而且，列宁不认为这种领导权仅仅是革命过程中的领导权，仅是对“工人阶级实行政治领导”①，领导无产阶级、劳动人民、农民的罢工、运动和起义，而是无产阶级还应获得用以代替沙皇政府的临时革命政府的权力，并争取领导权。

2. 争取民主革命的“完全胜利”，建立事实上的无产阶级政权

对于民主革命胜利后建立的政权，无产阶级首先要参加，然后要争取掌握这个政权，实现“工农民主专政”，争取民主革命的“完全胜利”。列宁指出，推翻沙皇后必须要建立新的政府，而这个政府就是临时革命政府。1905 年 3 月，列宁在社会民主党三大上提出，无产阶级政党要参加胜利的人民起义的机关——临时革命政府。就是说党要参与政权，通过这种方法来发出自己的声音，发挥自己的影响，为无产阶级谋求政治上和经济上的利益，争取人民对自己的支持，从而一步步实现社会民主党的最低纲领，继续推进民主革命直到彻底完成。可见，列宁的要求是借助无产阶级领导革命运动之势，使社会民主党在临时政府中获得一定的话语权，同其他党派一起共掌政权，影响政府的施政方向和决策，帮助社会民主党达成既定的民主革命目标。列宁认为，由于民主革命的资产阶级性，尽管资产阶级难以担负起领导革命的重任，但必须承认的是，革命肯定会强化资产阶级的统治，这种情况无法避免，也是资本主义经济、社会制度发展的必然结果。然而，这样就会导致“资产阶级对多少享有一些政治自由的无产阶级的统治一加强起来，就必然会引起这两个阶级为争夺政权而进行

① 《苏联共产党代表大会、代表会议和中央全会决议汇编》第一分册，人民出版社 1964 年版，第 77 页。

拼死的斗争”①。由此看来，在列宁开始的设想中，还隐约表达了临时政府会由资产阶级主导的意思，当然这个“主导”持续的时间是有限的，而无产阶级“争夺政权”的行为则是在资产阶级对其的统治加强之后。在这之前，自然是无产阶级的政党派代表参加政府、行使一部分权力的局面。

而到了1905年6月和7月写作《两种策略》时，列宁的思想开始触及临时革命政府的直接执掌权问题。文中，列宁首先谈到，“夺取政权显然不仅要有社会民主党参加，不仅要有无产阶级参加。这是因为民主革命不只是对无产阶级有利，积极参加这个革命的也不只是无产阶级……也有资产阶级”②。就是说，民主革命中无产阶级和资产阶级一起推翻沙皇制度，然后便是争夺沙皇留下来的国家统治权。这样一来，就要涉及如何分配权力、各阶级在政府中的地位等问题，但列宁对此没有作出明确回答。不过，他接着又讲到，把政权保持在自己手里的可能性，“就在于无产阶级和农民的革命民主专政，在于无产阶级和农民联合起来的强大力量能够压倒一切反革命力量。”③

列宁的论述表明，他实际上已经提出了一种新的现实“可能性”，就是在民主革命胜利时（甚至在革命过程中），就由无产阶级和农民的联盟来夺取政权，掌握临时政府。可以看出，列宁此时的想法已不单单是参加政府、参与政权，在资产阶级加强对无产阶级的统治、压迫后才开始反抗，夺取政权，而是要求工农直接进行以夺取国家政权为目标的斗争，取消上述那些“中间环节”，不必等到资产阶级获得稳定政权、资本主义得到较充分发展之后再行革命。不仅如此，依靠工农的联合，这个权力可以长久地保持在革命者手中，无须担心被资产阶级夺走。

---

① 《列宁全集》第11卷，人民出版社2017年版，第10页。

② 《列宁全集》第11卷，人民出版社2017年版，第61页。

③ 《列宁全集》第11卷，人民出版社2017年版，第66页。

随着俄国革命的发展，在更深入地看到了资产阶级的反革命特质和怯懦性后，列宁还进一步提出和阐述了建立工农民主专政的重要意义。列宁强调，只有这样的专政，只有这样的工农民主专政政府，才能够将民主革命进行到底。

列宁指出，民主革命胜利——工农民主专政政权建立后，俄国会有一个重大考验，面临着一次决定命运的斗争。列宁清楚，俄国正在进行的这个革命映射的是资本主义的需要，“它不仅不会消灭资本主义的基础，反而会扩大并加深这种基础”。因此，俄国已有的资本主义和本已被革命削弱的资产阶级的力量将得到增长，“民主革命当然会使资产阶级壮大”①，其结果势必导致发展了的资产阶级不满于现状而起来夺取政权。这样一来，俄国革命还要经历一个无产阶级同消失了革命性的资产阶级和小资产阶级作斗争的阶段，它代表“无产阶级争取社会主义的真正的斗争就会开始”②。列宁极为重视这次斗争，认为它的成败直接决定了俄国未来“要么过渡到资产阶级专政，导致无产阶级失败；要么过渡到社会主义专政”③。

列宁认为，在民主革命的进程中，农民阶级和小资产阶级是无产阶级的同盟军，受无产阶级领导。而在建立的工农民主政权中，无产阶级也有着主导地位，肩负领导责任。无产阶级与农民和小资产阶级是有着统一的意志和共同的利益的，都需要推翻专制制度以推动本阶级的发展，这是双方合作的基础。因而无产阶级和小资产阶级、农民是可以一起前行的，且无产阶级能够用纲领和行动吸引他们站到自己的一边，共同革命。

不过，革命的进行使列宁又逐步加深了对农民和小资产阶级的认识。他对俄国革命与反革命力量作了更为细致的划分：在城市是资产阶级和无产阶级的斗争；在农村则是贫苦农民同富农还有一部分中农

---

① 《列宁全集》第 12 卷，人民出版社 2017 年版，第 237 页。
② 《列宁全集》第 11 卷，人民出版社 2017 年版，第 113 页。
③ 《列宁全集》第 10 卷，人民出版社 2017 年版，第 347 页。

作斗争。革命的发展、无产阶级的阶级属性和社会主义要求，势必导致曾经支持、拥护民主共和、民主革命的资产阶级和小资产阶级走向无产阶级的对立面①。列宁认为，小资产阶级充斥着“动摇性和软弱性”②，他们虽然有自己的革命要求，但其革命性、政治性不强，一旦达到他们的经济目的，很容易就会满足，成为革命的阻力。这是小资产阶级的天性和经济地位决定的。在民主革命“完全胜利”后，无产阶级必须注意到这一点，必须对小资产阶级必然出现的革命反作用力提高警惕，并且要开展与农民和小资产阶级的斗争，从而使工农民主专政更加“无产阶级化”。

提出夺取政权、建立工农民主专政的思想，表明列宁实际上已经提出了一个重要的想法——俄国的工人阶级是能够通过建立工农民主专政及其政权来掌握整个国家政权的，而且由于无产阶级的地位和领导作用，这个政权实际上已经是无产阶级的政权了。这事实上表达了无产阶级革命可能在俄国一国获得胜利，而不必须是发达国家“同时胜利”。因此我们有理由认为，在这个时候，列宁已经萌发了“俄国一国可以”胜利的想法。

3. 工农民主专政的使命

列宁看到，实现民主革命的完全、彻底胜利，建立“革命民主专政”，这还不是社会主义革命。工农民主专政的使命就是准备社会主义革命的条件、基础，加速推进社会主义革命的到来。这是列宁在革命时期的又一重要思想创造。

列宁强调俄国民主革命性质的同时，也不忘时时强调无产阶级及其政党的真正目的——社会主义，两者是并举的，这也体现在他对工农民主专政的论述中。对列宁而言，工农民主专政肩负着两个重要的使命。第一，为资本主义在俄国的发展提供一个良好的环境、氛围，“俄国无产阶级目前的迫切要求不是破坏资本主义，而是为它扫清道

---

① 参见《列宁全集》第12卷，人民出版社2017年版，第142页。

② 《列宁全集》第15卷，人民出版社2017年版，第338页。

路，促进和加强它的发展。”[①] 第二，就是为俄国未来的社会主义革命打下基础。正如列宁所说，这个专政“无条件地承认不能直接跃出纯粹民主革命范围的革命是资产阶级性质的，但是它同时又把当前的这个革命推向前进，努力使它具有一个最有利于无产阶级的形式，因而也就是力求最大限度的利用民主革命，使无产阶级下一步争取社会主义的斗争得以最顺利地进行”[②]。

根据“同时胜利”论的一般逻辑，俄国当时还不具备社会主义革命的条件。这不仅是因为客观经济条件的制约，而且是因为俄国无产阶级和资产阶级的矛盾和斗争没有真正、充分地发展起来，无产阶级的训练不够，其觉悟和组织程度未达到能够开始社会主义革命的高度，人民群众特别是农民还不了解他们真正需要的是什么，不理解什么是社会主义，还沉浸在以往的、封建式的习惯和思维中。但是列宁认为，如果建立了工农民主专政，俄国就可以在无产阶级的领导下，在资本主义经济关系的范围内克服这些现存困难，实现党的最低纲领，最大限度地满足无产阶级的要求和利益，增强他们的力量，教育广大群众，既为资产主义的发展扩宽道路，也为无产阶级改善生活和斗争条件并积蓄革命力量，“使无产阶级……只要付出最少量的宝贵的鲜血就能得到最大的政治上和经济上的成果”[③]，“除了无产阶级和农民的革命民主专政，没有而且也不可能有其他手段可以加速社会主义的到来。”[④]

以上表明，列宁对民主革命中无产阶级的任务有了更清晰的看法。实际上他认为，在这场革命中，无产阶级可以有双重的收获。

民主革命的成果——临时政府，它是属于资产阶级性质的政权，但是无产阶级完全可以联合农民一起掌握这个政权，使之成为工农民

---

① 《列宁全集》第 12 卷，人民出版社 2017 年版，第 125 页。

② 《列宁全集》第 11 卷，人民出版社 2017 年版，第 70 页。

③ 《苏联共产党代表大会、代表会议和中央全会决议汇编》第一分册，人民出版社 1964 年版，第 77 页。

④ 《列宁全集》第 11 卷，人民出版社 2017 年版，第 95 页。

主政权。列宁指出，“临时革命政府只能是无产阶级和农民的革命专政”。① 因此，民主革命胜利后，无产阶级在临时政府内联合农民对资产阶级展开斗争，使这个政权成为可以为无产阶级的目标奋斗的政权。

俄国社会并非只存在我们熟知的两大对立阶级，还有处于两者之间的、“构成最广泛的小资产阶级和农民的阶层”②，这类人组成了革命的主力和决定力量。由于无产阶级人数较少，要想满足领导革命、掌握政权的条件，必须和城乡小资产阶级联合起来，并对他们进行革命的领导，才能对抗封建沙皇和资产阶级。同时，也正是这样的社会阶级基础，致使俄国的革命不能立刻超出资产阶级革命的范畴，不能立刻进入社会主义革命，因为农民和小资产阶级的利益决定了他们对革命的接受程度，左右了革命的性质：“人口众多的农民和小资产阶级，他们能够支持民主主义变革，而在目前还不能支持社会主义变革。”这就排除了把最高纲领——社会主义革命立即提上日程的可能③。也就是说，工农民主政权只能为未来的社会主义革命创造前提，而不能“立即”就开始这个革命。列宁在《两种策略》中讲道：“我们不能跳出俄国革命的资产阶级民主的范围。但是我们能够大大扩展这个范围，我们能够而且应当……为争取条件积蓄无产阶级的力量以便将来取得完全胜利而奋斗。”④工农民主专政同以往其他国家民主革命后的那种资产阶级政权、资产阶级专政是不一样的，它是更贴近社会主义的无产阶级（和农民）的政权，可以更好地为无产阶级、为今后的社会主义革命服务。

4. 由民主革命加速向社会主义革命过渡

尽管看到了俄国不能立刻越出民主革命范围、开始社会主义革

① 《列宁全集》第10卷，人民出版社2017年版，第27页。
② 《列宁全集》第10卷，人民出版社2017年版，第7页。
③ 《列宁全集》第10卷，人民出版社2017年版，第8页。
④ 《列宁全集》第11卷，人民出版社2017年版，第34页。

命，但在列宁对1905年革命前途的设想中，仍有民主革命向社会主义革命的过渡可以是比较直接的，甚至有在民主革命彻底胜利之后就“应该”“立即”开始的内容。

在革命发展阶段理论上，列宁一直坚持“两阶段”论，即首先是民主革命，然后才是社会主义革命。但列宁在这个时候已经开始在革命的具体进程中探讨上述两个不同阶段的革命转化问题。他认为，因为俄国可以建立工农民主专政政权，所以民主革命到社会主义革命的转变，可以不用经历长时间的资本主义发展时期，就能够实现。列宁曾说，“革命专政……必然是暂时的”①，这个专政“当然只是社会主义者的一个暂时的、临时的任务”②。从这句话中能够看到，在列宁的认识中，俄国民主革命——虽任重却并不道远。

无产阶级的首要目标是实现工农民主专政。在实现了民主革命的任务要求后，俄国无产阶级是能够、应该立即开始新的革命——社会主义革命的。在列宁的论述里，可以看到，工农民主专政只是列宁为俄国由民主革命尽快转变为社会主义革命所设计的一个很短暂的过渡阶段，它的过去连接着封建制度，未来则连接着“争取社会主义的斗争”③。列宁说：“革命的完全胜利就是民主革命的终结和为社会主义革命而坚决斗争的开始。……无产阶级争取社会主义的真正的斗争就会开始。”④ 列宁为俄国何时可以开始社会主义革命设立了三个标准——满足农民（主要是土地方面的需求）、粉碎反动势力、建立民主共和制。三者的实现，其实就是工农民主专政的建立，“即革命的完全胜利”⑤。这样，俄国就需要进入革命的下一阶段——为争取社会主义而进行革命斗争的阶段。

列宁认为，民主革命向社会主义革命的转变在工农民主专政甚至

① 《列宁全集》第10卷，人民出版社2017年版，第347页。
② 《列宁全集》第11卷，人民出版社2017年版，第69页。
③ 《列宁全集》第11卷，人民出版社2017年版，第68页。
④ 《列宁全集》第11卷，人民出版社2017年版，第113页。
⑤ 《列宁全集》第11卷，人民出版社2017年版，第118页。

无产阶级掌握政权的前提下，可以是一种过渡。在1905年9月的《社会民主党对农民运动的态度》中，就如何处置革命没收的地主资产阶级的巨大地产问题，列宁指出，"……可能是实行国有化；也可能是……交给工人协会，因为我们将立刻由民主革命开始向社会主义革命过渡，……我们主张不断革命。"① 这表明，列宁对俄国1905年革命前途的思考，大大超出了资产阶级革命的范畴。这里巨大地产的"国有化"或社会化即"转交工人协会"的提法，已经涉及无产阶级革命胜利后要进行的社会主义改造的内容了。也就是说，列宁已经有了这样的认识，俄国不仅可能会在民主革命中尝试建立实质上的无产阶级政权（工农民主专政），甚至可以开始某种程度的社会主义改造。这表明列宁关于社会主义革命一国首先胜利的主要思想已经得到了很大体现，他已有希望借此使俄国民主革命直接向社会主义革命过渡的构想。

而且，列宁还有一种民主革命和社会主义革命可以合并进行的想法。建立工农民主政权本身已经意味着俄国民主革命既是资产阶级革命，又带有社会主义革命的性质。所以，这个政权在保卫民主革命胜利果实的同时，又在进行反抗资产阶级的阶级斗争。1905年6月列宁就已指出：民主革命与社会主义革命在某些方面本来就是、也不可避免地是相互叠合的，民主革命时代当然会有为"争取社会主义的尝试"②。而在9月，列宁更是以非常确定的口气说，无产阶级同资产阶级的斗争不仅在欧洲被提上了日程，且俄国也已经存在了，"在现代俄国，构成革命内容的……一种是全体人民……（争取资产阶级社会的自由）、争取民主……的斗争，另一种则是无产阶级为争取社会主义社会制度而同资产阶级进行的阶级斗争。"③ 一年后，列宁又说："这时无产阶级已在进行为实行社会主义革命而维护民主主义成果的

① 《列宁全集》第11卷，人民出版社2017年版，第223页。

② 《列宁全集》第11卷，人民出版社2017年版，第68页。

③ 《列宁全集》第11卷，人民出版社2017年版，第284—285页。

斗争。”[①] 这说明，列宁认为，民主革命中的俄国社会主义者需要或者说可以同时进行两种性质、目的、对象和主导力量完全不同的斗争。

为此，列宁还特别批判了这样一群人：他们视革命为一条缓慢的、均匀上升的直线，只能按部就班，其间不存在任何“飞跃”，这些人只知道死抠民主革命的字眼，死死限制自己的任何活动，不敢多迈出一步。列宁不无鄙视地称其为“超级庸人”[②]，指出他们的行为是决不可取的。

虽然此时列宁的“一国首先胜利论”尚未明确提出，但他认为俄国民主革命可能实现建立无产阶级政权的现实目标，也即俄国一国可能完成无产阶级革命第一步的任务；而一旦建立了无产阶级的政权，则可以尽快转向社会革命。这里，列宁实际上是说一国可以开始社会主义改造。所以，事实上，列宁此时已经有了一国首先胜利思想的主要观点。

四　革命胜利规律逻辑起点的微妙变化

1905 年的俄国民主革命一度发展迅速，成果显著。1905 年 10 月，全俄政治大罢工成功迫使沙皇政府颁布了《十月宣言》，也称《10 月 17 日法案》，而 12 月的武装起义又使革命上升到顶峰，但革命最终还是失败了。面对革命失败后的形势，1907 年底，列宁强调要为无产阶级争取一切有利条件，支持所有反对封建制度的斗争，要求党时刻谨记自己的唯一任务，那就是“团结无产阶级进行社会主义革命”。[③] 显然，列宁没有忘记初衷。而且，他依然没有放下对民主革命和无产阶级革命的理论探索。这一时期的理论探索，表现出列宁关于社会主义革命胜利的逻辑起点开始发生微妙的变化。

---

① 《列宁全集》第 12 卷，人民出版社 2017 年版，第 142 页。

② 《列宁全集》第 10 卷，人民出版社 2017 年版，第 24 页。

③ 《列宁全集》第 16 卷，人民出版社 2017 年版，第 392 页。

1. 第一个变化

社会主义革命胜利的逻辑起点首先是资本主义的发展，资本主义的阶级矛盾状况是基本考察项之一。

1907年6月3日，沙皇强行解散了国家杜马，民主革命的成果被破坏殆尽。人民的革命主动精神不断低落，布尔什维克的很多号召已得不到他们的再度响应，工人罢工人数从1905年的100万人直降到1908年的9万人。[①] 俄国民主革命的结果最终没有按照列宁所设想的那样，既没有建立资产阶级民主政权或者工农民主专政的政权，“临时政府”也没有维持多久。1905年革命走向了列宁不愿意看到的结局，沙皇政权复辟了。7月，列宁宣布俄国革命失败。但这只是革命过程中的一次失败。

列宁认为，无产阶级当然地接过了完成民主革命的任务。列宁指出：俄国的无产阶级“一定会重新来领导革命，俄国全部经济状况以及革命年代的全部经验就是保证”[②]，再一次的革命将会是一场无产阶级带领人民赢得胜利的革命。列宁这一时期的理论思考，出现了一个意味深长的关注点，这就是欧洲其他国家社会主义运动的斗争形势，垄断资本主义国家的危机，国内阶级斗争、矛盾——这也是“同时胜利”论所依据的逻辑起点。

此时的欧洲，虽然缺乏高涨的社会主义运动，但是列宁认为各发达国家并没有缓解和消灭资本主义的社会矛盾，而是在积累着危机。1908年4月，列宁在《马克思主义和修正主义》中明确指出，“危机的时代并没有过去：……危机仍然是资本主义制度的不可避免的组成部分……最新的巨型托拉斯恰恰特别清楚、特别广泛地表明资本主义正在走向崩溃”[③]。

---

① ［美］斯塔夫里阿诺斯：《全球通史——1500年以后的世界》，吴象婴、梁赤民译，上海社会科学院出版社1992年版，第400页。

② 《列宁全集》第19卷，人民出版社2017年版，第415页。

③ 《列宁全集》第17卷，人民出版社2017年版，第15页。

列宁比较具体地考察和分析了英美法德意奥诸国的革命形势，并对它们发生社会主义革命的难易程度进行了预测。他认为，这一时期欧洲各先进国家的形势是无产阶级同资产阶级斗争的不断尖锐化。列宁指出，阶级矛盾的尖锐化在各国的表现是不同的：意大利和法国矛盾最为突出、猛烈和急剧，“往往简直是革命的爆发”；奥地利和德意志其次，矛盾也比较激烈；美国和英国最后，矛盾相对缓和。显然，列宁是在思考各国爆发无产阶级革命的条件和可能性。

在这里，列宁观察到了欧美诸国阶级斗争形势的差别，他的表述接近于提出各国社会主义革命的先后次序。列宁的论证理据是和“同时胜利”论不完全一致的。第一，此时的资本主义的发展程度以英法德最为先进，但在革命形势的判断上却是资本主义并不是最发达的意大利和奥地利排在前两位，最先进的三个国家也分别位于三个不同的层次上：法国革命形势最好，德国其次，英国再次。第二，这说明列宁思考革命问题所依据的逻辑起点已经不再首先是资本主义的先进程度，而是各国无产阶级同资产阶级矛盾的尖锐程度。显然，列宁已经注意到了这种差别，即资本主义最发达的国家未必产生最激化的阶级矛盾，因此资本主义的发达程度本身并非会直接造成革命形势。

2. 第二个变化

社会主义革命胜利的第二个逻辑起点，是无产阶级的革命斗争。发达国家资产阶级政策的调整、工人阶级内部状况的变化和工人阶级及其政党的力量（数量、组织状况、理论武装等），是“同时胜利”论所依据的基本考察项和逻辑起点之一。“同时胜利”论遵循这样的逻辑：资本主义越发展，无产阶级越强大，其革命运动水平越高，社会主义革命越容易。列宁通过对1905年革命失败后欧洲工人阶级队伍和资产阶级策略的分析，隐约提出了另一套逻辑起点。

在这一时期，列宁通过《马克思主义和修正主义》《欧洲工人运动中的分歧》等大量文章和著作，初步探讨了欧洲革命在主观方面也就是无产阶级本身革命力量的变化以及这种变化对革命形势造成的影响。

列宁认为，先进资本主义国家由于资产阶级的政策让步和策略调整，会给无产阶级革命带来严重的不利影响。因为，这样会“腐蚀”无产阶级队伍并导致它“分裂”。在《欧洲工人运动中的分歧》(1910年12月)里，如文章标题所示，列宁阐述了那里的工人运动存在的问题，并明确指出造成这种情况的一个非常重要的原因，就是欧洲资产阶级出于维护自己统治地位的目的，常常会本能地改变其统治策略，即在暴力和让步两种方式之间进行切换。同统治者的暴力行为相比，让步策略对工人其实更危险，因为它必然而且已经导致了一部分工人及其代表被统治者的“表面上的让步所欺骗”[①]。同时，致使工人运动修正主义、机会主义化，最终“把工人运动内部的分歧引向公开的分裂”[②]。

列宁还分析了工人阶级队伍内部产生分歧和分裂的危险，指出修正主义、机会主义对无产阶级队伍有“腐蚀”作用，它会削弱工人阶级的革命意志，导致革命队伍的瓦解。“同修正主义者的策略分歧，以及……分裂，在将来无产阶级革命发生时还一定会……再次经历到，因为无产阶级革命将使一切争论问题尖锐化。”[③]

同时，列宁认为小资产阶级及其思想进入无产阶级队伍，也会对革命队伍产生“腐蚀”作用，也会给革命队伍带来“分裂”的风险。由于人数众多的小资产阶级存在于无产阶级身边，不可避免地，小资产阶级的思想必然渗透工人政党中，所以不可能有大多数人口“完全”无产阶级化的情况，而等到那个时候再革命是不现实的。因此，列宁一直非常关注革命队伍内部同小资产阶级及其思想的斗争。

上述材料说明，列宁已经开始关注无产阶级革命主观条件的变化对革命条件的影响和作用。虽然，列宁此时论述的着重点主要是无产

① 《列宁全集》第20卷，人民出版社2017年版，第69页。
② 《列宁全集》第20卷，人民出版社2017年版，第69页。
③ 《列宁全集》第17卷，人民出版社2017年版，第19页。

阶级队伍的团结或分裂，但他显然已经关注到了无产阶级革命队伍本身的状况对革命形势的影响。

哈佛大学博士弗莱厄蒂的研究也说明了这一点。他认为，列宁在探讨革命斗争形势时，偏重于革命的主观条件，如人民的革命性、革命情绪，党的组织程度、斗争精神等；由于社会民主主义思潮的大行其道，引发了列宁对那些只看重革命客观条件的所谓客观主义者的严厉批判，促使其加深了对革命主观条件的思索和认同感；在列宁的思想里，将主观因素作为革命的决定因素并不能被定义为非马克思主义的思想，因为旧的反动的政权，即使处于危机的时刻，如果革命的阶级不主动发动进攻将之推倒的话也是永远不会陷落的。①

“同时胜利”论的第二个逻辑起点是无产阶级及其革命斗争，它遵循资本主义发达，则无产阶级力量强大，那么革命也就越容易的逻辑。而列宁通过此时的观察和分析，揭示了这样的可能性：资产阶级凭借其手中强大的政权和物质力量，可以作出策略性让步，从而“腐蚀”工人阶级队伍，致使修正主义和机会主义获得更大发展，进而加剧工人阶级的内部分歧和分裂，导致社会主义运动受挫，革命形势下降甚至消散。而资本主义的发展会把大量的小资产阶级抛入无产阶级的行列，他们所带来的非无产阶级思想，也是引发革命队伍分歧和分裂的重要可能因素。

这时，列宁仿佛已经看到了工人阶级内部的状况并不能自然地因为资本主义的发展而得到改善，反而有可能因为资本主义的发展而被削弱。这样，第二个逻辑起点的推演方向就发生了某种变化。

综上所述，俄国1905年革命是列宁一国首先胜利思想萌发过程中最重要的时期。民主革命前他是马克思和恩格斯“同时胜利”论的拥趸，但正是1905—1907年的资产阶级民主革命，列宁亲历其中并

---

① Patrick Anthony Flaherty, *Lenin and the Russian Revolution: A Study on the Dialectics of Revolutionary Thought and Plebeian Social Mobilization*, Harvard University, Cambridge, Massachusetts, 1984, p. 442.

不断思索和提出无产阶级在革命中的策略。得益于这些策略性思考，列宁事实上提出了俄国工人党夺取和建立无产阶级性质的政权的要求，这本是无产阶级革命的任务；提出了为社会主义革命创造条件，向社会主义革命过渡，甚至利用工农专政直接完成部分社会主义改造任务的要求。而在革命失败后，列宁仍继续他的理论探索，其社会主义胜利的逻辑起点出现了微妙的变化。

这说明，列宁虽然不断强调俄国无产阶级不能“现在就开始”社会主义革命，而只能和欧洲无产阶级“同时”开始，但是，列宁所讲的“无产阶级领导权”“工农专政”“向社会主义革命过渡”等，却又都是在说一国开始无产阶级革命，一国建立无产阶级政权，一国开始社会主义改造、建设。所以，在列宁“同时胜利”思想的内部，一国首先胜利的种子已经开始发芽了。

第二章　一国首先胜利论的形成与初步验证

以《论欧洲联邦口号》（以下简称《口号》）为标志，列宁提出了一国首先胜利的立论，在《无产阶级革命的军事纲领》（以下简称《军事纲领》）中，列宁确立了一国首先胜利论。十月革命过程中，列宁一国首先胜利论得到了比较完整的阐述和初步验证。与“同时胜利”论相比，一国首先胜利论依据的逻辑起点和逻辑关系都发生了明显的变化。

第一节　一国首先胜利论的提出和内涵

列宁一国首先胜利论的产生与提出，是与第一次世界大战的来临和爆发形势下他对无产阶级革命问题的思考相联系的。

一　一国首先胜利论的初次表述

为应对战争，抓住有利时机，列宁在大战伊始就为社会民主党和革命无产阶级提出了策略方案，综合起来可以概括为两句口号，即“变帝国主义战争为国内战争”“使本国政府失败”，这两个口号是相辅相成的。社会民主党在战争中不仅要进行革命鼓动，引领人民反对本国政府，还要大力推动政府战败，唯此，“才能削弱本国政府，大大加剧人民的不满和愤慨，促使反对统治阶级的国内战争易于取得胜利。”[①] 对待俄国，列宁的态度也是如此。他多次表示，俄国败于德国之手是最好的结果，因为“沙皇俄国应当首先从外部被削弱，即被外部敌人所削弱”[②]。而且，封建俄国的失败也可以使本国和他国无产阶级和劳动人民的损失降到最低，是符合人民的利益的。这样一来，就会为推翻阶级统治的国内阶级战争创造更加有利的环境，而且可以极大地削弱欧洲的反革命势力。

1914 年，列宁曾提出“建立共和制欧洲联邦”的口号，主张欧洲无产阶级联合起来，通过革命斗争建立统一的无产阶级政权。在《战争与俄国社会民主党》中，列宁设想，在德奥俄三国君主制被瓦解的前提下，如果各国的国内战争取得胜利，下一步就是要建立“共和制的欧洲联邦”[③]，形成一个社会主义基地。由此，世界革命的胜利就指日可待了。

但是，1915 年 8 月列宁又发表《口号》一文，对上述建立欧洲联邦的口号进行了否定。指出，这一口号及其所代表的革命道路方案是不正确的，必须作出变动。基于对垄断资本主义发展特征的分析，列宁给出了这样的新结论：“经济和政治发展的不平衡是资本主义的绝对规律。由此就应得出结论：社会主义可能首先在少数甚至在单独一个资本主义国家内获得胜利。这个国家的获得胜利的无产阶级既然剥夺了资本家并在本国组织了社会主义生产，就会……去反对各剥削阶级及其国家。”[④]这段话，标志着一国首先胜利论的正式提出。

“社会主义可能首先在少数甚至在单独一个资本主义国家内获得胜利”，在这句话里，列宁表达了这样几层意思。

其一，“社会主义……获得胜利”，与“同时胜利”论在革命内

---

① 中国人民大学马列主义发展史研究所：《列宁思想史》，人民出版社 1988 年版，第 389 页。

② ［美］路易斯·费希尔：《列宁的一生》（上），彭卓吾译，北京图书馆出版社 2002 年版，第 142 页。

③ 《列宁全集》第 26 卷，人民出版社 2017 年版，第 17 页。

④ 《列宁全集》第 26 卷，人民出版社 2017 年版，第 367 页。

涵方面的内容表述是一致的，既包括无产阶级夺取政权的革命也包含社会主义改造和发展生产的内容——“剥夺资本家”和“组织社会主义生产”。不过，列宁此时论述的侧重点应该是指以夺取政权为目标的政治革命。他说，“政治革命在社会主义革命的过程中是必不可免的。”[①] 因而，列宁口中的“胜利”首先就是指政治革命的胜利。荷兰的艾瑞克教授认为：此时列宁的思想主要集中在战争和革命上，而不是社会主义经济建设（不论是在一国还是在其他少数国家中的建设）[②]。这个说法应该是有道理的。

其二，“可能”。这虽然是一种或然性表述，但相对于“同时胜利”论已经是有革命性意义的新提法。因为《共产主义原理》曾对一国能否单独发生共产主义革命明确给出过答案——“不能”。在这里，列宁使用“可能”一词来为他的新结论奠定基调，虽是“可能”，但这种可能性是现实的。

其三，“首先”。表明列宁首次明确表述了获得革命胜利不是各国无产阶级同时，有的国家可能先获得革命胜利（并能在一段时间内保持住政权，开始社会主义改造）。而且，这里的先后次序的依据已经有了重大变化，不再是单单依据资本主义的发展程度，而是依据资本主义经济政治发展不平衡规律导致的革命形势。

其四，“少数甚至单独一个资本主义国家内”。从“少数”“单独一个”这些表示数量的词汇以及它们的排列顺序来看，列宁认为革命不再是必须在“一切文明国家”里或“至少在”“主要资本主义国家”“同时发生”，而可以是少数（并且不特指那些先进的或者说主要的资本主义国家）甚至一个国家单独获得胜利，改变了“同时胜利”论关于各国无产阶级必须“一下子”“同时发生”才能胜利的基本判断。

---

① 《列宁全集》第26卷，人民出版社2017年版，第364页。

② Erik Van Ree, *Lenin's Conception of Socialism in one Country, 1915 - 17*, Revolutionary Russia, Vol. 23, No. 2, 2010.

不过，很显然此时列宁心中还存在着一定的疑虑：在修饰“结论”一词时，列宁用了“就应得出”的表达，采取的是“应然”级的判断，认为通过“不平衡规律”应该可以得出一国首先胜利的结论；而用“可能”来修饰“首先”“获得胜利”，说明他对首先获得胜利的判断是用或然性判断而不是必然性判断来表述的。同时，在该文和同期的其他著作中，列宁还保留了“同时胜利”论的许多观点。这是因为，此时的列宁虽然提出了革命道路的新见解，但支撑其理论的客观材料还不够充分，出现短暂的犹豫不难理解。

在这里，还有一个有趣的、在国内理论界存在争论的问题：列宁既然说“少数”国家会获得胜利，那么列宁口中的“少数”包含哪些国家，是否包括俄国？是根本不包括俄国，指的就是俄国，还是或许考虑了俄国？

对此，列宁虽然没有明确给出答案，但这不妨碍我们根据他的其他论述来推断“少数”国家的范围。列宁在上文中说：“资本已经变成国际的和垄断的资本。世界已经被少数几个大国即依靠大规模掠夺和压迫其他民族而强盛起来的国家瓜分完毕。”[①] 紧接着，他以英、法、俄、德为例，指出，它们是“欧洲四个大国”，俄国就在其中。而三个月前，列宁在《第二国际的破产》一文就曾说过：“帝国主义……就是五六个‘大’国（其中多数现在都参加战争）瓜分世界。”[②] 俄国自然属于其中的一个。显然，无论怎样计算，俄国在列宁心目中都是帝国主义大国，是他一国首先胜利理论视野里基本上可以确定存在的国家。换句话说，如果出现列宁预计的那种情况，“少数”国家首先胜利，那俄国应会在可能的这个少数国家之列。而那个可能单独获得胜利的国家，应该从那几个“少数”国家中产生出来。所以，列宁应该是有这样的想法，俄国无产阶级是有可能先获得胜利的，至少他没有排除俄国可能是那个“单独一国”。

---

① 《列宁全集》第26卷，人民出版社2017年版，第365页。

② 《列宁全集》第26卷，人民出版社2017年版，第245页。

考虑到俄国资本主义相对落后和封建色彩浓厚的现实，列宁对能够取得首先胜利的国家，无论是“少数”还是“单独一个”的说法，都不能说他在特指西方最发达的、力量最强大的几国，也应包括资本主义发展还不是那么发达和强大的国家。在一国首先胜利论提出之初，列宁其实就已给俄国留了一个“后门”，即也为资本主义相对落后国家留了一个“后门”。

二 一国首先胜利论的明确表述

列宁提出一国首先胜利思想后，肯定者有之，反对者亦有之。

1915 年 9 月，社会民主党布尔什维克组织的代表会议在叶卡特琳堡召开。在大会通过的《国际无产阶级和战争》等决议中，明确阐述了“列宁在不久前提出的社会主义革命有可能首先在一个国家或少数几个国家胜利的结论”①。可见，列宁的这一思想此时已经在党内流传开来，并得到了一定范围的拥护。但同时，反对的声音也很大。

考茨基、托洛茨基、布哈林等都不认可一国首先胜利思想，认为欧洲主要国家必须同时革命，主张建立欧洲联邦。他们看似仍然坚持“同时胜利”论，实则已经扭曲了这一思想。特别是托洛茨基，他在 1915 年曾通过《我们的言论报》发文反驳列宁。托洛茨基坚持认为，大战期间，“它（指革命运动——引者注）只有作为全欧洲的革命运动才能顺利发展和走向胜利。如果它仍然是民族范围内的孤立的运动，那末它必然会遭到毁灭。”② 对于反对者们的进攻，列宁在较长的时间内并没有进行正面回击，而应该是进行了更为认真的思考、研究和沉淀。一年后，列宁发文彻底地否定了托洛茨基等人坚持的那种“同时胜利”思想，进一步阐述了一国可以首先取得革命胜利的结论。

1916 年 9 月，列宁发表了著名的《军事纲领》。文中写道：“资

① 沈志华、于沛等编：《苏联共产党九十三年——1898 至 1991 年苏共历史大事实录》，当代中国出版社 1993 年版，第 156 页。

② 转引自马健行主编《马克思主义史》第 2 卷，人民出版社 1995 年版，第 649 页。

本主义的发展在各个国家是极不平衡的。由此得出一个必然的结论：社会主义不能在所有国家内同时获得胜利。它将首先在一个或者几个国家内获得胜利，而其余的国家在一段时间内将仍然是资产阶级的或资产阶级以前的国家。这就……必然引起其他各国资产阶级力图打垮社会主义国家中胜利的无产阶级的直接行动。"[①] 时隔一年零一个月，列宁进一步阐述了他的一国首先胜利论，和一年前相比，此时的一国首先胜利论更加清晰和明确，且在多个方面将之推向了前进。

列宁的上述结论，即一国首先胜利论的表述明显具有了新的特点。

其一，资本主义发展的不平衡规律被"极不平衡"的表达代替，说明在这一年当中列宁对资本主义世界的发展规律的研究又有了新的收获。随着战争的继续，他对帝国主义的思考和认知越来越深入了。写作此文前，他的《帝国主义论》指出，在帝国主义时代，资本主义的发展速度非但没有减缓反而更加迅速，结果便是各个帝国主义国家之间、工业部门之间、阶级（阶层）之间等原本就存在的不平衡变得"更不平衡"[②]。这些分析都帮助他进一步明晰了一国首先胜利论的理论正确性，坚定了他对一国首先胜利论的信心。

其二，"就应得出结论"的应然性判断被"必然的结论"的必然性判断所取代。表明列宁更加直接地把资本主义发展不平衡的特征和社会主义革命斗争的胜利联系在了一起，把资本主义发展"极不平衡"的现实所带来的矛盾激化、统治困难、经济政治危机和无产阶级革命斗争热情的高涨、新的革命形势的到来直接联系在了一起。

其三，增加了一个否定性判断，即"社会主义不能在所有国家内同时获得胜利"。在这里，列宁第一次明确否认了社会主义革命只能在所有国家"同时胜利"的结论，认为这种情况是"不能"的。虽然他还没有涉及在"至少主要的"资本主义国家同时胜利的说法，但

① 《列宁全集》第 28 卷，人民出版社 2017 年版，第 88 页。
② 《列宁全集》第 27 卷，人民出版社 2017 年版，第 436 页。

不可否认，这个否定性判断意义重大，表现出列宁此时已经明确看到或推导出了足以对“同时胜利”论的结论和主要理据加以否定的新逻辑。

其四，“可能首先在”被“它将首先在”代替，旧的或然性判断被应然性判断和趋势性判断所代替，表明列宁此时的思想更加倾向于一国或数国首先胜利，特别是前者。如果结合前面的否定性判断，这个应然性判断和趋势性判断就很接近必然性判断了。说明列宁对一国首先胜利的判断更加笃定了。

其五，“少数甚至单独一个”国家被“一个或者几个国家”代替，看似词序上的简单变化，实则表明列宁认为单独一国首先胜利的可能性更大，而几个国家“一起”获得胜利的可能性要相对低一些。而在“单独一个国家”之前，列宁还加了“甚至”一词，表明一年前的他还认为一个国家单独胜利的可能性确实要更低一些。此时，列宁在这个“一国”可能是谁的问题上，其视野里主要有两个国家。一个是德国，他多次肯定德国这个发达国家的“工人运动历史最悠久、工人运动力量最强大”，是欧洲革命“举足轻重的”力量①。另一个是俄国，列宁认为最发达国家的社会民主党和工人阶级，需要花费比较长的时间来与机会主义决裂并重建独立的马克思主义政党，然而俄国却不存在这样的问题，因为“对我们党来说，这个问题（指同社会沙文主义者决裂——引者注）已经彻底解决了”。② 在这方面，俄国已然走在了前面，而其他国家的无产阶级政党大多还没有解决这个问题。从革命的主观条件上看，列宁领导的已经同机会主义决裂的俄国党，本身就拥有了一定的优势。因此，列宁应该是认为这个将“首先”获得社会主义胜利的一国是德国或者俄国的可能性比较大。当然，其他国家的可能性也没有被完全抛弃。

其六，《口号》中列宁预言了社会主义和资本主义共存的局面，

---

① 《列宁全集》第26卷，人民出版社2017年版，第354页。
② 《列宁全集》第26卷，人民出版社2017年版，第354页。

而此时他则预言了首先获得社会主义胜利的国家"必然"面临资产阶级国家的联合镇压，而这个一国必然要进行反抗，进行正义的、保卫祖国和无产阶级政权的自卫战争。这一点是非常特别的，是列宁历史预见性的一种表现。而且，从表述上看，较之一年前，列宁这个时候认为胜利的一国会坚持更久的时间，做更多的事。

到 1917 年，列宁在回国前也曾提出过一国首先胜利的一种设想。他认为，由于芬兰共和制和民主的高度发展，社会主义思想已被大多数人民接受而拥有了广泛的基础，因而芬兰的社会主义会以和平的方式实现，建立社会主义共和国。"俄国境内革命取得胜利，——在这种胜利的掩护下芬兰的和平组织工作取得成就，——俄国工人以新的规模转入革命的组织任务，——无产阶级和贫苦居民阶层夺得政权，——西欧社会主义革命得到鼓励和发展。"① 由此，列宁勾画了一条欧洲革命的"路线图"：由俄国民主革命引发，芬兰工人阶级获得胜利，俄国工人阶级成功夺得政权，西欧社会主义革命受到鼓舞，走向高潮。可以看到，列宁曾设想了一幅芬兰和俄国先于发达的西欧国家实现社会主义革命的蓝图。

列宁关于一国首先胜利的思想，从俄国 1905 年革命中萌发，经过对民主革命失败的反思，终于在其较长时间集中思考社会主义革命胜利条件的过程中逐步清晰和明确起来。列宁对社会主义革命的客观条件——资本主义（帝国主义）发展规律的研究形成了关于资本主义经济政治发展不平衡规律的成果；对社会主义革命的主观条件——无产阶级队伍和革命斗争状况的研究形成了他对帝国主义时期社会主义革命形势的一系列新看法。这些，就使得列宁一国首先胜利论建立在明确、相对充分的理论基础上。

因此，一国首先胜利论的内涵和逻辑依据就比较充分了。一国首先胜利论也就有了比较明确的、清晰和坚定的表达：基于经济政治发

---

① 《列宁全集》第 29 卷，人民出版社 2017 年版，第 45 页。

展不平衡这个资本主义的重要的规律，社会主义革命在帝国主义时代是“不能在所有国家内同时获得胜利”的，“它将首先在一个或者几个国家”，特别是一国内获得胜利；然后建立无产阶级政权，并与其他的资产阶级或封建主义的国家共存；可以开始社会变革、发展生产力；既要对抗国外资产阶级反动势力的联合进攻，又要帮助各国被压迫阶级。

不过，需要注意的是，列宁此时的一国首先胜利论，只是初步的确立和形成。它更多的还是理论层面和斗争策略上的表述，还没有进入真正的实践阶段。一国首先胜利论提出之初，列宁更多的将精力聚焦于无产阶级夺取政权的斗争，但又不仅仅如此，它还涉及了新生的无产阶级政权要承担着一国内的社会主义革命和为其他国家的革命提供直接帮助的任务和使命。而且，具体哪个国家会首先胜利，列宁心中也有一定的倾向性。

第二节　一国首先胜利论与俄国革命实践的良性互动

二月革命至十月社会主义革命期间，俄国社会民主党人和工农兵的实践是列宁一国首先胜利论深化的实践依据。而在直接指导革命斗争的同时，列宁的这个理论也在革命实践当中得到有益的验证。

一　一国首先胜利论走向深化的背景和条件

第一次世界大战给各国人民带来了普遍的、沉痛的灾难，俄国作为主要的参战大国更是如此。面对战争带来的巨额耗费和巨大困难，沙皇政府束手无策，也不思解决之道，不仅不体恤民情，相反更加重了对人民的剥削；资本家则大发战争财和难民财，其利润甚至高达300%—1000%。[①] 这种情况，导致无产阶级和劳动人民的不满急剧发

① 陈之骅、吴恩远、马龙闪主编：《苏联兴亡史纲》，中国社会科学出版社2004年版，第36页。

展。从1915年下半年开始，俄国革命高潮再次出现。工人罢工、农民起义、士兵起义此起彼伏，参与人数众多，声势浩大，波及俄国众多地区。1915年，全国仅工人罢工就超过了1000次，人数超过50万。[①] 1915—1916年两年时间，全国有100万人参加罢工，居世界首位。俄国国内的这些情况，在客观上为革命的再次爆发提供了重要的条件。

虽然战争激起了强烈的对外仇恨，暂时转移了人民的视线，但是这种爱国团结是十分脆弱的，持续不了多久，而"战争的拖延更加剧了俄国社会中原有的大部分矛盾"[②]。社会矛盾尖锐化，俄国劳动人民已经不能像过去那样勉强平静地生活，统治阶级也不能再照常统治下去了，革命形势迅速发展。沙皇政府派往民间的密探报告说，"在各界人民中始终都存在着一股仇恨当权者的浪潮"，这种浪潮"更靠近一场革命"[③]。显然，俄国已经处在新的革命来临的边缘。炸药桶里已经装满了革命的火药，欠缺的只是点燃的火星。而布尔什维克号召的工人大罢工，就是这个点燃火药的火星。

1917年1月22日，彼得堡的14万名工人按照布尔什维克的既定策略，为纪念1905年的"流血星期日"举行了罢工、集会和游行。随后，罢工浪潮迅速波及多个城市、地区，仅1—2月，就有676000名工人起来参与。[④]

2月23日，一场关键性的罢工和游行爆发了，工人们喊出了"打倒专制制度和战争"的口号。这场罢工并非一次普通意义的罢工。随着罢工规模的迅速扩大，24—26日，发展成为政治总罢工，罢工工人

---

① 参见［苏］鲍·尼·波诺马辽夫主编《苏联共产党历史》，人民出版社1959年版，第203页。

② ［美］马克·斯坦伯格、［俄］弗拉基米尔·赫鲁斯塔廖夫：《罗曼诺夫王朝覆灭》，张蓓译，新华出版社1999年版，第5页。

③ Mark D. Steinberg, Vladimir M. Khrustalev, *The Fall of the Romanovs*, Yale University Press, 1995. p. 13.

④ 孙木成：《俄国通史简编》（下），人民出版社1986年版，第420页。

甚至与警察、军队发生了冲突。沙皇紧急调集军队进行镇压，引发流血事件，导致冲突升级。事情的进展很快便超出人们的想象，迅速演变为一场革命。27 日，罢工和游行示威发展为反对沙皇政府的武装起义。当天，起义人民就攻占了警察局和政府机关，解除了沙皇军队的武装，逮捕了未能逃脱的沙皇大臣，沙皇的首都政权机构随即瓦解。3 月 3 日，大势已去的沙皇不得不签署诏书，宣布退位。至此，人民的革命——二月革命以让参加者都无法想象的速度迅速取得了胜利，封建的沙皇专制统治被推翻了。

27 日晚上，吸取了1905 年革命经验的彼得堡工人，迅速建立了苏维埃，召开了第一次会议。会上，选举了12 人的执行委员会，成立了军事委员会，宣布“斗争还在继续，它应该进行到底，旧政权应该彻底推翻并让位于新的人民管理……人民应该建立自己的政权组织”①。同时，会议还发布了著名的“一号命令”。彼得堡苏维埃作为革命领导指挥机构，它的建立使起义的工人和士兵获得了“头脑”，并迅速成为俄国最重要的政治力量——政权机关之一。由于苏维埃中孟什维克和社会革命党的代表占多数，布尔什维克只是少数，所以这个政权实际上掌握在前者手中。除苏维埃外，俄国还出现了另一支政治力量，那就是资产阶级组建的临时政府。这个政府正式成立于1917 年3 月2 日，是一个由大地主、大资产阶级及其代表人掌握的政府。

这样，二月革命造成了两个政权并存于俄国的这样一个独特的局面。相较而言，苏维埃政权力量更强大；临时政府则相对弱小，一开始它只有依靠苏维埃的支持才能维持下去。但不管怎样，二月革命完成了1905 年革命的任务，推翻了沙皇封建王朝，赢得了民主革命的胜利，这是它最重大的历史意义。

早在1905 年革命时，列宁就提出过俄国可以建立工农民主政权，并推动民主革命向社会主义革命过渡的思想和策略，而此时的俄国戏

① Кульчицкий С. В. . Русская Революция 1917 года：новый взгляд // День. 2003. 4 октября.

剧性地达成了列宁12年前的部分预期。不过，措手不及的“革命领袖们”拥有巨大权力却不知如何使用，对革命的前途茫然无措。孟什维克和社会革命党人机械地认为民主革命只能由资产阶级来领导，政权也应当由其来掌握。于是，掌握苏维埃的他们主动限制革命行动和革命范围，压制人民的革命要求，将胜利果实拱手相让。一时间，工兵代表苏维埃沦为听命于资产阶级临时政府的附庸。将要完全丧失政权、丧失胜利果实的革命群众以及俄国无产阶级斗争的新需要，都在呼唤列宁，呼唤强有力的革命理论的指导。

二月革命的爆发成为列宁进一步思考一国首先胜利论的新的起点。新的民主革命斗争实践以及二月革命胜利后工人阶级斗争的实际需要，对一国首先胜利论的发展和深化产生了直接的影响。

二　二月革命后的新思考

当革命到来时，俄国国内的各个阶级、社会力量、政党，实际上都没有做好准备，布尔什维克也是如此。虽然它在二月革命中发挥了积极作用，但总体来说，布尔什维克“未能对局势产生明显影响”①。造成这种后果的原因之一，就是工人党在思想理论方面准备不足。在革命的大好前途即将被“葬送”之际，正是列宁顺势而动，牢牢把握住了革命造成的有利态势，提出了正确的革命策略，将俄国引上了社会主义革命的道路。就是在革命斗争的实践中，列宁的新思考也使一国首先胜利论走向深化。

1.《远方来信》的新思考

二月革命爆发前，尚在瑞士流亡的列宁就时刻关注国内形势，早已对国内革命斗争策略有所思考。当得知二月革命的消息后，列宁就迅速地作出了反应，对这次革命的性质、特点、前途等问题作出了分析，写成了《远方来信》（共5封）。他的新思考的成果都体现在其

---

① 沈志华主编：《一个大国的崛起与崩溃——苏联历史专题研究（1917—1919）》（上册），社会科学文献出版社2009年版，第42页。

中。虽然远离祖国，列宁还是切中了俄国革命的脉搏。

列宁再次确认了他于1905年革命时期提出的俄国革命要分两个阶段走的思想，并指出，其中的第一阶段，即二月的革命已经胜利完结了，但是“这第一阶段想必不会是我国革命的最后一个阶段”[①]。俄国当下的要求，是应由“革命的第一阶段向第二阶段过渡”[②]。这第一阶段的革命就是资产阶级革命，但也正因为革命的资产阶级性，工人和人民就更应该保持清醒，看清资产阶级的嘴脸，更应该利用有利时机增强自身力量，然后依靠无产阶级政党，在成功推翻沙皇制度之后，积极准备，反对现政府，反对资产阶级，再次展现革命第一阶段的那种“奇迹”[③]，争得第二阶段的胜利。

这第二阶段的革命，应是革命无产阶级从资产阶级手中“夺过”[④] 国家政权。列宁明确向俄国无产阶级、人民发出了社会主义革命的呼吁，俄国要在民主革命后继续革命，向社会主义革命转变。

在信中，列宁提出了“工人政府”“无产阶级共和国”“无产阶级国家”等无产阶级新政权的名称，用以替代1905年革命中的“工农民主专政”一词。

列宁指出，临时政府的阶级性质和帝国主义属性决定了它不可能真正结束战争，给人民以稳定的生活和自由。它会继续沙皇俄国时期的策略，并通过小恩小惠和无伤大雅的“改革”来欺骗群众。所以，革命者现在必须做的就是向群众揭露政府的真实面目和性质，让群众打消不切实际的幻想。而无产阶级政党更不能被这个临时政府牵着鼻子走，要独立自主，坚持革命。因此，要改变苏俄困境，改变苏维埃从属于临时政府的现状，“必须对地主和资本家采取革命措施，而能够采取这种措施的只有工人政府。”[⑤]

---

① 《列宁全集》第29卷，人民出版社2017年版，第9页。
② 《列宁全集》第29卷，人民出版社2017年版，第17页。
③ 《列宁全集》第29卷，人民出版社2017年版，第20页。
④ 《列宁全集》第29卷，人民出版社2017年版，第53页。
⑤ 《列宁全集》第29卷，人民出版社2017年版，第2页。

列宁断定，新政府只是由于俄国资产阶级的支持才得以苟延残喘，不可能长久，必须推翻它，由“无产阶级共和国”[①] 取而代之。因为只有这种革命的政府才能满足人民的迫切要求，才能给国家以秩序、人民以希望。列宁指出，绝不能停止斗争，要推动革命向前发展，提出“争取民主共和国和社会主义而斗争的任务”[②]。

在信中，列宁对无产阶级政权的任务作了比较具体的说明。《革命的无产阶级国家制度的任务》（注意：第五封信的标题采用了一个全新的词语——“无产阶级国家制度”），列举了二月革命后无产阶级要完成的数项任务，首先就是走向第二次革命——“从地主资本家政府”[③] 那里夺权，由工人和贫苦农民的政府掌控。但前提是无产阶级必须得到农民们的支持，这样才能“在最近的将来取得胜利”。然后，这个政府要采取打碎资产阶级国家的旧国家机器，建立人民武装，与各国无产阶级一起（革命）争取和平，同贫苦农民一起监督那些重要产品的生产和分配，落实普遍劳动义务制等进一步的步骤。“这些步骤就其整体和发展来看，就是向社会主义过渡，因为在俄国，不采取这些过渡措施，要马上直接实现社会主义是不可能的。”[④]

当时的情况是，《远方来信》共有5封，实际上只有第一封信在列宁回国前被《真理报》发表，而且被删去了部分内容，其他几封并未公开。至于是因通信条件差或其他困难而未送达，还是其他状况，无法确定。能够确定的是只发表了不到一封。因此，俄国国内同志应该只有为数不多的人知晓列宁信中对俄国革命的种种主张、要求和策略安排。而中国学者长期以来对一国首先胜利论的研究，较少有人注意到《远方来信》中的表述和相关内容与一国首先胜利论的重要关系。

---

① 《列宁全集》第29卷，人民出版社2017年版，第24页。
② 《列宁全集》第29卷，人民出版社2017年版，第6页。
③ 《列宁全集》第29卷，人民出版社2017年版，第53页。
④ 《列宁全集》第29卷，人民出版社2017年版，第54页。

2.《四月提纲》的更充分阐述

列宁为俄国革命思考了很多，也为之设定了大方向，但身处国外始终有着诸多不便，无法迅速和清晰地掌握革命的每一步变化，不能直接参与、领导革命。这些不利因素对列宁来说是无法容忍的，对俄国革命则意味着“不忠”和浪费。为了更好地把握国内局势的进展，及时指导、推动革命，列宁必须返回祖国。1917 年4 月 3 日，几经周折的他终于踏上了俄国的土地，向着车站上迎接他的人群，列宁发出了“社会主义革命万岁”的呐喊！

列宁一回到国内，便投入革命工作中。4 月4 日，在布尔什维克党的代表会议，布尔什维克和孟什维克的联席会议上，列宁分别做了报告，这就是著名的《四月提纲》。《四月提纲》是列宁在重要的会议场合、以公开报告的形式发表的重要文件，它的意义和影响自然也就极大。

《四月提纲》比较系统地阐述了革命向第二阶段转变的思想和策略。在这份对俄国革命有着重要历史意义的文件中，列宁以夺取政权问题为核心，分析了俄国当前的形势，阐明了无产阶级的任务，提出了以发展革命为目的的政治和经济纲领，重申了《远方来信》关于俄国要向革命的下一阶段转变的主张，正式、公开地在布尔什维克、孟什维克和俄国人民面前将革命转变问题提上了日程，制定了将民主革命转变为社会主义革命的路线和政策。

列宁号召人民起来反对资产阶级的临时政府，要求“全部政权归苏维埃”，结束两个政权并存的局面。并指出，苏维埃是政府的唯一组织形式，要建立苏维埃共和国（工人、农民、雇农代表苏维埃），不要资产阶级的民主共和国。①

对于实现上述转变的方式，列宁当时认为应该是“和平的”，还不能动用“革命的”手段。因为：临时政府与苏维埃已经形成了相关

---

① 参见《列宁全集》第29 卷，人民出版社 2017 年版，第115 页。

协议，临时政府是得到苏维埃的承认和支持的；俄国此时是最“自由”的国家，临时政府不具备对民众使用暴力的能力，苏维埃的隐形力量还可以在必要时刻限制政府；社会上很多人对临时政府也抱着轻信的态度，没有认清其本性，此时如果号召立刻通过暴力手段推翻它，就“意味着反对苏维埃和脱离群众”①，这是不可取的。所以，列宁认为虽然应该推翻资产阶级政府，但还不能马上就这样做。因此，列宁主张不给临时政府任何支持，同时努力让人民摆脱资产阶级的影响，更多地转到苏维埃方面来，这样就会逐步促使政府垮台，而由苏维埃掌握全部权力。

这时，苏维埃内部的力量对比是：孟什维克和社会革命党人仍是多数派，而布尔什维克仍是少数派，力量相对较弱，列宁很清楚这一点。他认为，必须让布尔什维克掌握苏维埃，当然这也不能在苏维埃内使用暴力的方式，而是要采取迂回的办法。列宁指出，布尔什维克可以通过在苏维埃内的活动，通过同其他派别进行自由斗争，用革命的、人民的政策和行动揭露孟什维克和社会革命党人的妥协性、非革命性，以争取本来支持他们的无产阶级和劳动人民转向布尔什维克，从而使自己成为多数派，获得苏维埃的权力，最终掌握政权。不难看出，包括政权归苏维埃这个口号在内，其实都是列宁的策略，目的就是让革命的布尔什维克获得苏维埃的领导权，进而最终获得整个国家的政权。

就内容和任务而言，列宁关于第二阶段革命即社会主义革命论述的侧重点，由 1905 年革命时期的夺取政权开始转向社会革命，当然，这时候也还是就理论层面而言。列宁此时说的革命转变，是为了更好地执行和实现社会主义革命的任务。在《四月提纲》中，列宁较以往更加具体地阐述了获得政权的无产阶级所要采取的一系列经济措施：土地收归国有、监督生产和分配、建立雇农代表监督的示范农场，合

① 周尚文、叶书宗、王斯德：《苏联兴亡史》，人民出版社 2002 年版，第 32 页。

并银行为一个全国性银行由苏维埃监督，等等。综合起来，就是要实现俄国社会主义革命的胜利，并在无产阶级的领导下进行政治、经济方面的变革。在国际共产主义运动方面，列宁指出，俄国无产阶级肩负着建立新的国际使命。

而且，通过列宁采用的“苏维埃的共和国”“公社国家”等不同于“工农民主专政”名称表述的新提法（包括《远方来信》中提到的），可以看出，他对即将建立的无产阶级政权的目标要求，定位为包括立法权和行政权在内的政权。这样，革命的目标要求更高，表明列宁对夺取政权的信心更强，因此他把关注和阐述的侧重点转向获得完整政权后将采取的社会革命措施。

《四月提纲》提出后的数天时间里，列宁又对其思想进行了补充。

在俄国两个政府并存的局面内部，苏维埃这个处在萌芽状态的政府虽然有着巨大的力量，却让资产阶级临时政府掌握了行政权，占据了主导地位。列宁指出，“无论从革命这一概念的严格科学意义来讲，或是从实际政治意义来讲，国家政权从一个阶级手里转到另一个阶级手里，都是革命的首要的基本的标志。”据此，列宁得出了一个非常重要的结论——俄国的资产阶级革命已经实现了。①

而且，不仅民主革命的任务已经完成了，“工农民主专政”的思想也已经过时了。对于 1905 年民主革命时期所提的工农民主专政，列宁在这个时候的认识是，由于俄国出现了工兵代表苏维埃这种新型国家政权，工农民主专政“在俄国革命中已经实现”并且“过时了”，现在要使“无产阶级分子同小业主或小资产阶级分子实行分裂”。那些还在工农民主专政上徘徊不前的人，是妄图将革命限制在资产阶级范围内，这类人只能被放到“古董保管库”② 中封存。俄国革命到了现在这个时期，小资产阶级能发挥的动力作用已经大为削弱。特别是在农村，由于农村的分化，革命的动力已然左移，不能再

---

① 《列宁全集》第 29 卷，人民出版社 2017 年版，第 137 页。

② 《列宁全集》第 29 卷，人民出版社 2017 年版，第 138 页。

笼统地提整个农民，而是要提贫雇农，即农村无产者与半无产者，他们才是下一步革命中无产阶级所要团结的对象。正是因为这些情况，党更需要适时地开始新的任务。在列宁眼中，俄国工农民主专政使命的完成，代表了这个专政的“未来已经开始”①，毫无疑问，这个未来就是社会主义革命。

上述论述，为列宁的革命转变理论夯实了地基，增强了说服力。既然民主革命实现了，工农民主专政的思想也陈旧了，那无产阶级、革命政党就要跳出民主革命的框架和思维，转向社会主义思维。不这样，就不能促使无产阶级革命群众为了自己的命运而自觉地参加革命运动，无产阶级对革命的领导也是妄想。②

此时，列宁关于俄国革命的策略思想和理论思考，有三个新的特点。

第一，一如既往又愈加重视政权问题——“革命的根本问题”。

为什么进行革命？革命的首要任务是什么？对此，列宁指出，这些问题涉及革命最本质的东西——统治权。进行革命就是为了夺取国家权力，革命阶级只有站在国家高度才能使革命成果巩固下来，实行完全的符合本阶级利益的政策，推动社会向着期望的方向发展，取得革命的彻底胜利。列宁此时着重强调政权的重要性，更提出了著名的“一切革命的根本问题是国家政权问题”③ 的重要论断，目的就是号召无产阶级、劳动群众继续革命，否则，革命是不彻底的。而且，只有明白了政权对革命的重要性，才能够意识到在本能够掌管权力的关键时刻公然将之放弃，其实质就是放弃革命，放弃社会主义。

第二，革命“步骤”的阐述，表现出聚焦社会主义革命具体措施的趋向。

此时，列宁的思想明显受到马克思《法兰西内战》一文的影响。

---

① 《列宁全集》第29卷，人民出版社2017年版，第146页。

② 参见《列宁全集》第29卷，人民出版社2017年版，第131页。

③ 《列宁全集》第29卷，人民出版社2017年版，第131页。

列宁指出，巴黎公社失败的原因（之一）不是它想立刻实施社会主义，它的错误在于没有立刻实施社会主义，正是这点让列宁感到十分"可惜"[①]。他认为，如果巴黎公社实施了必要的社会主义的措施，就很有可能不会失败了。所以，此时列宁的思考聚焦到社会主义革命的具体措施上。

虽然列宁也承认，立刻、直接施行完全的社会主义措施是行不通的。在俄国如此一个小农占主体的国家中，只要居民中的绝大多数还没有形成这样的觉悟——俄国必须进行社会主义革命，那么党"就绝不能提出'实施'社会主义的目的"[②]。不过，他还是在阐述革命步骤时提出了许多比较具体的措施，并指出"这是走向社会主义的一个步骤"[③]。就是说，实施这些措施，使人民得到切实的利益，逐步让社会主义深入人心，从而为俄国向社会主义过渡创造条件。

第三，指出俄国无产阶级已经站到了整个世界社会主义革命斗争"阵地"的前沿。

列宁在《无产阶级在我国革命中的任务》中指出，二月革命在世界范围来看，"将是突破资本利益的战线的开始"，而正是因为俄国的革命和苏维埃的建立，把本国的"无产阶级推上了这种'突破'资本'战线'的阵地"[④]。"突破资本战线"的理论表述，进一步阐明了俄国民主革命与世界社会主义革命的内在联系，阐明了俄国无产阶级革命在世界革命中的地位和价值。还有重要的一点，考虑到俄国的国情，考虑到二月革命后俄国要将革命推向前进，此时，列宁考察谁将获得社会主义革命的首倡者荣誉问题的视角，明显地向资本主义落后的俄国倾斜了。

《四月提纲》的思想一经提出，便引起了轩然大波，在会上遭到

---

① 《列宁全集》第29卷，人民出版社2017年版，第147页。
② 《列宁全集》第29卷，人民出版社2017年版，第166页。
③ 《列宁全集》第29卷，人民出版社2017年版，第148页。
④ 《列宁全集》第29卷，人民出版社2017年版，第160页。

了普遍的质疑和反对。斯科别列夫称列宁为“一个置身于运动之外、完全不可救药的人”，波格丹诺夫吼道，“这是精神病人热昏的胡话”[①]。连众多老布尔什维克都无法理解，斯大林也认为，列宁的提纲中“没有事实，不能令人满意”[②]。会上唯一赞同他的只有柯伦泰。会后，加米涅夫在《真理报》上公开指责列宁，认为他在民主革命已经完成的基础上，试图把革命立刻转变为社会主义革命本身就是错误的。在1917年4月8日彼得堡委员会会议上，列宁的提纲以13票对2票遭到了否决。反对者们的主要观点是，俄国的民主革命尚未完成，经济落后，马上进行社会主义革命无从设想。

尽管支持者寥寥，列宁并没有气馁，始终坚持他提出的道路对现时的俄国而言是最迫切和需要的。机会稍纵即逝，必须迅速在最短的时间内以党的行动纲领的形式将路线方针确立下来，团结布尔什维克的力量，形成合力。因此，在《四月提纲》发表后，列宁连续发表了数篇文章，对革命的策略观点又作了进一步的说明，更加充分完整地表达了自己的思想。由于他的不懈努力和反复的说服工作，在4月底召开的社会民主党代表会议上，列宁关于俄国革命道路的设计，即“把民主革命转变为社会主义革命”以及“拟定的许多开始向社会主义转变的经济措施”[③]等，最终获得通过。如此一来，加速实现革命转变的思想成为党的意志。至此，列宁的方针上升为俄国社会民主党的行动纲领，接下来，列宁的一国首先胜利理论便进入实施的环节了。

3. 新的行动纲领指导下的革命实践为布尔什维克夺取政权奠基

1917年4月底的党代表会议，标志着党的新行动纲领的诞生，标志着俄国革命正式开启了争取社会主义一国首先胜利的征途。按照列宁提出的策略，布尔什维克积极增强自身力量，深入人民群众、军队

---

① Суханов Н. Н. *Записки Революции. Т.* 3. М.: Республика, 1992. С. 48.

② 齐世荣等译：《苏联历史论文选集》第3辑，生活·读书·新知三联书店1965年版，第69页。

③ ［苏］尼·尼·波波夫：《苏联共产党（布）历史概要》第1卷，戴世吉等译，中共中央党校科研办公室发行，1986年版，第306页。

中进行宣传、鼓动，寻找机会不断打击临时政府及其附庸势力。此后的几个月，临时政府先后经历了三次大的危机：四月危机、六月危机和七月危机或称七月事件。由于实行了新的策略，也就是在实践中贯彻了列宁依据一国首先胜利论提出的策略，这些危机被最大限度地利用了起来。布尔什维克从一开始就主动参与其中，并进行了具体的、有目的性的领导，调动了人民情绪，“直接帮助”了俄国无产阶级的革命斗争。到七月危机发生时，无产阶级已经拥有了很强大的力量，一定程度上具备了夺取政权的能力，布尔什维克的军事组织甚至“完全控制了运动，并积极准备、组织尽可能的军事支持”①，无产阶级政权的建立基本上只是一个时间问题了。列宁当时一度产生了借助这次危机，“在局势顺利的情况下，让部队参加行动”②，以夺取政权的想法和行动，但随后的进展并不顺利。在经过认真思考后，列宁认为此时还不是夺取政权的恰当时机，布尔什维克还缺少夺权的基础。所以，在列宁的要求下，布尔什维克主动平息了事态。

七月事件后，临时政府对布尔什维克进行了镇压。同时，苏维埃内部实际控制权力的孟什维克和社会民主党人更加敌视布尔什维克及其领导的革命力量。这次事件造成了布尔什维克在十月革命前遭受了最严重的一次创伤：中央总部遭到袭击，《真理报》编辑部被捣毁，党员人数也停止了增长，一些布尔什维克的领袖和活动家遭到通缉和逮捕，列宁本人也被迫隐匿于拉兹里夫。7 月 11 日，苏维埃在《彼得格勒工兵代表苏维埃消息报》公开发布《告军人书》，明确宣布，“我们认为临时政府是拯救革命的政府，我们承认它有无限的权威和权力。谁……不服从临时政府的命令，谁就是叛徒。”③ 此文一出，标

---

① Рабинович А. Е. *Большевики Приходят к Власти*: *Революция 1917 года в Петрограде* / Общ. ред. и послесл. Г. З. Иоффе. М.: Прогресс, 1989. С. 38.

② Рабинович А. Е. *Большевики Приходят к Власти*: *Революция 1917 года в Петрограде* / Общ. ред. и послесл. Г. З. Иоффе. М.: Прогресс, 1989. С. 38.

③《彼得格勒工兵代表苏维埃消息报》，1917 年 7 月 11 日。转引自周尚文、叶书宗、王斯德《苏联兴亡史》，人民出版社 2002 年版，第 37 页。

志着两个政权并存的局面被打破，苏维埃彻底放弃了自己的一切权力与尊严。

至此，列宁最初的设想——和平过渡（和平的权力移交）已成为不可能，剩下的唯有采取革命的、暴力的方式。面对如此局面，无产阶级只能也必须对自己和革命负责。于是，列宁迅速进行了策略转变，主张举行起义，暴力夺权。“现在，和平发展和使政权无痛苦地转归苏维埃已经不可能……现在只有彻底消灭反革命资产阶级专政才是正确的口号。”① 尽管布尔什维克因七月事变而受挫，但整体上看，经过前几个月的迅猛发展和斗争，它已不是二月革命时期那个力量较小的政党了，其实力和对俄国政治局势的影响力已经比较强大，越来越具备领导革命和夺取政权的能力。

1917 年 7 月 26 日的六大，布尔什维克作出了多项重大决定，迅速调整了斗争策略，确立了无产阶级新的当前任务，给出了俄国首先夺取政权的更可能判断：“很有可能，俄国革命的新的必然的高涨使工人和贫苦农民在西方各资本主义国家发生革命以前就掌握政权”②；否定了处于孟什维克和社会革命党控制下的苏维埃，指出苏维埃正每况愈下，已不能担负起起义机关、国家政权机关领导革命的职责。③

8 月，科尔尼洛夫叛乱为布尔什维克走出 7 月的阴影提供了契机。叛乱声势浩大，科伦斯基政府倍感乏力，不得不求助布尔什维克的力量。布尔什维克得以更广泛、深入地在军队和工人中间扩散自己的影响，迅速增强了自己的实力和声望，赢得了大批的支持者，一跃成为一支能够左右俄国时局的力量。米留可夫说，“现在王牌掌握在布尔

① 《苏联共产党代表大会、代表会议和中央全会决议汇编》第一分册，人民出版社 1964 年版，第 484 页。

② 《苏联共产党代表大会、代表会议和中央全会决议汇编》第一分册，人民出版社 1964 年版，第 481—482 页。

③ 参见《苏联共产党代表大会、代表会议和中央全会决议汇编》第一分册，人民出版社 1964 年版，第 483 页。

什维克手中，政治钟摆急剧地转向左边。”[①] 到 8 月底，原本还处于弱势地位的、少数的布尔什维克首次在彼得格勒苏维埃中成为了多数派。至 9 月 5 日，莫斯科苏维埃中的布尔什维克也成功地夺得了多数，两个首都的苏维埃权力都转移到了布尔什维克手中。以此为起点，很多地方性的苏维埃迅速布尔什维克化。旧的苏维埃开始脱胎换骨，布尔什维克夺取政权的基础正在加速筑牢。

与此同时，俄国于秋天出现的经济危机更使得人民对临时政府的愤懑急剧升温，工人罢工、农民起义此起彼伏。有数据指出，在十月革命前，农民运动已经波及了俄国 91.2% 的县份。[②] 政治、社会和经济的剧烈动荡表明，列宁期待的革命时机真正到来了，这与“七月事变”时的那种局面大不相同了。

4. 十月革命前的新思考

科尔尼洛夫叛乱平息之后，临时政府日渐衰弱，布尔什维克的力量则越发壮大，革命的力量实际上超过了反革命的力量，无产阶级夺取政权的条件客观上已经成熟了。在这个过程中，列宁对于俄国革命和社会主义的关系、社会主义胜利问题的思考也更加深入了。

第一，试图为一国首先胜利论提供社会主义发展阶段的理论依据。

1917 年八九月间，列宁撰写了《国家与革命》一书。书中阐述了马克思关于共产主义社会发展阶段的思想，并对之作出了“列宁主义”的解释，试图为一国首先胜利论提供马克思主义的理论依据。

在马克思的社会发展阶段理论中，共产主义的最终实现要经过三个阶段：第一，从资本主义社会到共产主义社会之间的过渡时期；第二，共产主义社会的第一阶段；第三，共产主义社会的高级阶段。过渡时期的国家实行无产阶级专政，建立生产资料公有制，大力发展社

① 姚海、刘长江：《当代俄国——强者的自我否定与超越》，贵州人民出版社 2001 年版，第 174 页。

② 周尚文、叶书宗、王斯德：《苏联兴亡史》，人民出版社 2002 年版，第 40 页。

会生产力，为消灭阶级、国家和政治现象创造条件；共产主义社会的第一阶段，阶级消灭了、国家消亡了，物质极大丰富了，实行各尽所能按劳分配的制度；共产主义社会的高级阶段，实行各尽所能按需分配。

列宁在《国家与革命》中说："通常所说的社会主义，马克思把它称作共产主义社会的'第一'阶段或低级阶段"[①]。社会主义和共产主义是同一社会形态的不同阶段，都建立在生产资料公有制的地基上，但两者的发展程度存在差异。前者刚刚脱胎于资本主义社会，还保有很多旧社会的痕迹。所以，这个社会还需要国家[②]，即无产阶级专政的国家。这个社会主义还"不是完全的共产主义"[③]。

在这里，列宁对社会主义发展阶段——实际上是对社会主义社会的特征和概念——作出了自己的调整。首先，说社会主义通常被称为共产主义社会的第一阶段，是一个看似简单实则意涵复杂的变化，这绝不仅仅是表述和用词层面的变化。其次，说这个社会主义——共产主义第一阶段——直接脱胎于资本主义社会，还需要国家，实际上是把马克思社会发展阶段论认为的过渡时期的某些重要特征搬到了社会主义阶段，因此列宁的这个社会主义是杂糅了马克思"过渡时期"和"共产主义第一阶段"的两种特征的特殊的社会主义——明显有利于列宁关于社会主义一国首先胜利的设想——这其实对马克思的共产主义第一阶段是一个隐秘但重要的调整。正如英国学者科拉科夫斯基所看到的，列宁所说的社会主义是一种不同于"完全意义上的社会主义"[④]。

第二，胜利的一国完全能够保持政权。

二月革命后，对于无产阶级是否应该和能否夺取并长期保持政

---

① 《列宁全集》第 31 卷，人民出版社 2017 年版，第 94 页。

② 参见《列宁全集》第 31 卷，人民出版社 2017 年版，第 96 页。

③ 《列宁全集》第 31 卷，人民出版社 2017 年版，第 94 页。

④ Leszek Kolakowski, *Main Currents of Marxism*, *Vol. 2*, *The Golden Age*, Oxford University Press, 1981, p. 477. 中译本参见［波］莱泽克·科拉科夫斯基《马克思主义的主要流派》第 2 卷，唐少杰等译，黑龙江大学出版社 2015 年版。

权，俄国革命者中一直存在疑问和争论。列宁虽主张权力归苏维埃，但是在他心中，俄国政权最终是属于布尔什维克党的，是属于无产阶级、贫农和广大人民的。在1917年6月3日召开的全俄苏维埃第一次代表大会上，面对孟什维克反对由苏维埃执掌政权、坚持同资产阶级结盟的声音，以及俄国没有一个政党有决心且能够独自掌握全部政权的叫嚣，列宁毅然走上前台高声答道，有这样的党！"我们的党……每一分钟都准备掌握全部政权。"① 虽然七月事件中布尔什维克暂时放弃了武力夺权，但这不能说明列宁违背了他的初衷，因为"布尔什维克准备了起义，只是时间没有确定在七月初"②。无产阶级夺取政权早已是列宁的既定政策。

在无产阶级夺取政权已经具备充分现实可能性的前提下，列宁把思考的重点放在了能否长期保持政权上。9月初的《俄国革命和国内战争》就给出了回答："俄国无产阶级一旦夺得政权，就完全有可能保持政权，并且使俄国一直坚持到西欧革命的胜利。"③ 列宁还给出了三个原因以增加说服力：俄国无产阶级不会重蹈巴黎公社的覆辙，会在胜利后迅速消灭反革命分子，控制国家经济命脉；胜利的俄国能带来和平，这符合所有人的期待；新政权能够解决农民土地问题，赢得农民的全力支持。这时的列宁，在论述布尔什维克凭借什么能够长期掌握政权的问题上，并没有顾及是否有欧洲无产阶级的直接支援和帮助的条件，而是认为依靠布尔什维克政策的力量、依靠国内全体人民的支持，俄国自己能够做到。

9月底，列宁又在《布尔什维克能保持国家政权吗？》中，逐一批驳了反对派关于俄国无产阶级无法保持政权的理由：如无产阶级和其他阶级难以保持完全的团结、无产阶级没有能力掌握国家机器并使

① 《列宁全集》第30卷，人民出版社2017年版，第240页。

② Суханов Н. Н. *Записки о Революции. Кн.* 4. *Первая Коалиция Против Революция.* URL：http：//www. magister. msk. ru/library/history/xx/suhanov/suhan004. htm.

③ 《列宁全集》第32卷，人民出版社2017年版，第179页。

之正常运转、联合起来的敌人太过强大等。然后，他满怀信心地指出："如果布尔什维克……能夺得政权，那么，地球上就没有一种力量能阻挡他们把政权一直保持到全世界社会主义革命的胜利。"① 列宁认为，俄国无产阶级完全可以依靠自己的力量，掌握并运转新的国家机构，对俄国的经济、社会进行调节，镇压各种敌对力量的进攻，并且"管理俄国"②，将整个国家运转起来。这里，列宁实际上对一国胜利后的任务、内容又作了说明和补充。

而十月革命胜利后的现实，证实了列宁关于无产阶级可以在一国长期保持政权的论断．就像列宁在 1918 年初所总结的那样："社会主义苏维埃共和国……的新的国家制度，现在已得到最终的确认。""苏维埃共和国这个榜样将长期地摆在他们面前（欧洲无产阶级——引者注）。我们的社会主义苏维埃共和国将作为国际社会主义的火炬，作为各国劳动群众的范例而稳固地屹立着。"③

第三，"一国"即俄国可以"先"获得革命胜利的殊荣。

综观这一时期列宁的策略制定、革命活动以及理论思考，毫无疑问更加明确地以俄国为唯一对象，直接的目的就是为当时俄国的社会主义革命顺利发展服务，为社会主义革命在俄国的胜利服务。因此，完全可以说，此时的俄国其实就是列宁心中的那个将获得首先胜利的"一国"。

正如 1918 年 1 月列宁所说："俄国……现在第一个做到了国家管理权转归劳动人民自己。"④ 这是在列宁心中"一国"即俄国较为直接的说明。列宁明确断言：形势发展到现在，已经与马克思和恩格斯所预料的不同了。国际社会主义革命先锋队的光荣使命，已经转移到了俄国无产阶级或者说被剥削劳动阶级的手中，事实让我们可以十分

① 《列宁全集》第 32 卷，人民出版社 2017 年版，第 324 页。

② 《列宁全集》第 32 卷，人民出版社 2017 年版，第 305 页。

③ 《列宁全集》第 33 卷，人民出版社 2017 年版，第 290、283 页。

④ 《列宁全集》第 33 卷，人民出版社 2017 年版，第 290—291 页。

清楚地看到，“革命的发展会多么远大；俄国人开始了，德国人、法国人、英国人将去完成，社会主义定将胜利。”[①] 马克思和恩格斯曾预言社会主义革命将由法国人开始，德国人完成。而在这里，列宁仿照马克思和恩格斯的句式作出了新的判断：这个革命就是由俄国开始，其他国家将落在其后，追随俄国的脚步。这样，就公开宣告俄国革命必然会先于德、法、英等发达国家赢得胜利。这进一步说明，列宁所说的可以首先获得胜利的“一国”，就是指俄国。

而且我们必须注意，既然列宁此时把首先获得胜利的“一国”已经定位到俄国，而俄国当时又是一个资本主义的、相对落后的国家，那么我们就必须逻辑地承认，在列宁的心中，“一国”可以是资本主义落后的国家这一点应该是比较清晰的了。

至此，列宁一国首先胜利论的思想表述可以作出以下修订：基于资本主义发展极不平衡的规律，社会主义在所有国家内同时获得胜利是不可能的，它可以在一个国家中首先获得胜利。首先胜利的一国可以是资本主义落后的国家——俄国。赢得胜利后，这个国家能够依靠自己的力量将政权保持住，并应该实施社会主义革命的一些具体措施，对新的国家进行“管理”。在俄国二月革命至十月革命前的整个革命进程中，列宁一直不间断地为俄国革命制定相应的革命策略，直接指导各个阶段上的革命实践，不断总结革命的经验，在此基础上调整自己的理论，从而形成了对一国首先胜利论的诸多新思考，进而丰富和深化了这一理论。

这样，又经历了 8 月到 10 月的理论思考和革命现实的发展后，俄国这个“一国”，这个注定要登上历史制高点的国家，已经做好了准备。俄国的无产阶级和革命人民将会用饱满的革命精神、高涨的革命热情、无畏的革命行动，迎来属于他们的历史性的时刻，争取革命的胜利，践行列宁的理论，为自己也为世界所有国家开辟一条通往美

① 《列宁全集》第 33 卷，人民出版社 2017 年版，第 283 页。

好未来的崭新道路。

三　十月革命：一国首先胜利论的产物和初次验证

理论一旦被群众掌握，就会转化为巨大的力量。十月革命前一国首先胜利论的深化，直接帮助布尔什维克和革命人民作出了正确的战略、策略选择。伟大的十月革命的胜利，是一国首先胜利论的直接产物；反过来，它也对一国首先胜利论的正确性提供了初次验证，一次经验性的验证。①

革命条件已经具备，布尔什维克必须举行起义夺取政权。9 月 12 日，还在隐居的列宁写信给彼得格勒和莫斯科的社会民主工党（布）委员会，信中说道，由于布尔什维克在这两地的苏维埃占据多数，党已经“可以而且应当夺取国家政权”②。13 日，列宁又在另一封信《马克思主义和起义》中列举了支持党开始革命的诸多因素：先进阶级的党——布尔什维克党的存在；现今无产阶级和人民群众的大多数都跟随在布尔什维克身后；临时政府、孟什维克和社会革命党的联盟摇摇欲坠、空前动摇；快要绝望的人民迸发出伟人的革命热情。所以结论是，“起义已经被客观事变进程提上日程”③。他坚信，只有布尔什维克，只有革命起义才能拯救革命、拯救彼得格勒、拯救俄国。9 月 29 日，列宁发文《危机成熟了》，声明：“危机成熟了。俄国革命的整个前途已处在决定关头……争取社会主义的国际工人革命的整个前途都在此一举。”④ 形势瞬息万变，机会稍纵即逝，列宁疾呼“等待就是对革命犯罪”⑤。

10 月 7 日，列宁回到彼得格勒直接指导起义的准备工作。10 月

---

① 所谓经验性验证，指的是实践证明了理论的正确性，带来了正向的启示。与它对应的是教训性验证。

② 《列宁全集》第 32 卷，人民出版社 2017 年版，第 232 页。

③ 《列宁全集》第 32 卷，人民出版社 2017 年版，第 236 页。

④ 《列宁全集》第 32 卷，人民出版社 2017 年版，第 275 页。

⑤ 《列宁全集》第 32 卷，人民出版社 2017 年版，第 334 页。

10日，列宁出席了俄共（布）中央委员会会议并作报告，指出，“政权转入无产阶级手中的整个政治形势已经成熟”[①]。列宁向全党反复解释起义的必要性及条件的成熟性，并强力批判了俄国还没有能力举行革命起义的错误论调。随后，中央委员会通过了列宁提议的不日举行起义的方针，督促工人和士兵为武装起义加紧进行准备，并于12日成立了准备武装起义的指挥部——军事委员会。

革命的开始。10月24日晚，列宁亲自到斯莫尔尼宫领导武装起义。起义势如破竹，20多万名革命士兵和工人很快就占领了政府机关、火车站、银行等重要据点。到25日清晨，彼得格勒实际上已经被起义者控制。上午10点，苏维埃军事委员会发布《告俄国公民书》，宣布“临时政府已被推翻。国家政权业已转到彼得格勒工兵代表苏维埃的……手中”，苏维埃会“立即提出民主的和约，废除地主土地所有制，实行工人监督生产，成立苏维埃政府”[②]。

此时的临时政府只能龟缩在冬宫之内，苟延残喘。由于无条件投降的通牒没有得到临时政府的回应，25日晚上，“阿芙乐尔”号巡洋舰以炮声发出了攻打冬宫的信号。当晚，这座代表沙皇、临时政府的最后堡垒被攻破了，彼得格勒武装起义取得了最终的胜利。

攻打冬宫的同时，全俄苏维埃第二次代表大会也召开了。这是一次在政权更迭已成事实、布尔什维克及其支持者（如左派社会革命党）占据多数的情况下召开的大会。大会通过了列宁起草的《告工人、士兵和农民书》，正式向全国人民、向全世界宣告，俄国的旧政权已不复存在，权力已被代表大会掌握在手中，各地的一切政权应迅速地归当地苏维埃。在几天的会议行程中，大会又陆续通过了由列宁起草的两个重要法令——《和平法令》和《土地法令》，大会还批准成立了真正的工农政府——人民委员会。

---

① 《苏联共产党代表大会、代表会议和中央全会决议汇编》第一分册，人民出版社1964年版，第511页。

② 《列宁全集》第33卷，人民出版社2017年版，第1页。

至此，列宁所说的和他所追求的俄国革命的第二阶段——社会主义革命完成了。①

十月革命推翻了俄国资产阶级的统治，其直接后果就是历史上第一个社会主义国家——苏维埃俄国的诞生。因为它的出现，整个世界的面貌都焕然一新了，历史掀开了新的一页。社会主义革命在俄国的率先实现，是一国首先胜利论的伟大胜利。社会主义的苏俄就是一国首先胜利论的产儿。这个胜利验证了列宁这一理论的正确性，为坚持、发展和实践这一理论提供了最有力的、最直观的证明。

第三节　一国首先胜利论的逻辑架构

帝国主义时代的来临和帝国主义大战的爆发标志着新时代的到来，列宁对这个时代及其特征明确地给出了自己的分析和阐释，而此时无产阶级的革命斗争也呈现出一个特点，即以分裂为主的特点。置身于无产阶级革命斗争的前沿，列宁对各国工人阶级队伍及其斗争的状况有着深刻的了解。由此，分裂的国际资产阶级——不再是统一的"神圣同盟"——和国际无产阶级的分裂的某种内在关联也就被揭示了；无产阶级解放斗争规律的逻辑起点（侧重点）更新了；一国首先胜利论的逻辑架构也就在此基础上实现了。

一　从国别无产阶级的革命斗争出发

由于帝国主义时代资本主义发展、国际政治新特点和无产阶级革命斗争状况的新变化，列宁社会主义一国首先胜利论理论的逻辑起点，观察的侧重点，不再是整个国际无产阶级反对整个国际资产阶级的斗争，而是国别无产阶级的革命斗争。

1. 资本主义"经济和政治发展的不平衡"规律是一国首先胜利

① 这里所说的社会主义革命，不是一般意义的社会主义革命，而是列宁十月革命时期认为的社会主义革命。

论的立论基础

这一被列宁概括出来的重要规律，是一国首先胜利论的重要基础依据，所以，列宁在表述这一理论的时候，总是把“不平衡规律”置于重要的前提位置。

早在《口号》之前，列宁就论及了资本主义发展的不平衡。在1895年开始写作的《俄国资本主义的发展》中，列宁以俄国为例讲到，资本主义在国民经济的不同部门、俄国的不同地区之间的发展是处于一种不平衡状态的。这表明了资本主义在一国内部发展的不平衡性。列宁不仅注意到了微观层面上的不平衡，而且注意到在宏观层面上，也就是在国际层面上资本主义经济发展也是不平衡的。在指出俄国采矿业的发展比西欧甚至北美还要快后，列宁明确地说，“年轻国家中的资本主义发展，由于有古老国家的先例与帮助而大大加快了。”① 在这之后的一段时间内，列宁对资本主义发展不平衡的分析主要侧重于经济方面。

到了1910年，列宁通过《欧洲工人运动中的分歧》一文，又阐述了其政治发展的不平衡性。② 当然，无论是经济方面还是政治方面，列宁对这种“不平衡”的认识都是以资本主义内部的结构性矛盾和某些越来越普遍的社会危机现象为基本出发点的。随着列宁对垄断资本主义、对帝国主义认识的加深，他敏锐地观察到资本主义的这种不平衡性在增强，已大大超过了马克思和恩格斯时期的限度，各生产部门之间，特别是国与国之间发展的不平衡在加剧。于是，在1915年，列宁把这种“不平衡性”概括为资本主义的“绝对规律”。

“在列宁的理论逻辑中，政治经济发展不平衡规律导致的必然结果，一定是社会矛盾的剧烈对抗和冲突。”③ 基于“不平衡规律”特

---

① 《列宁全集》第3卷，人民出版社2013年版，第449页。

② 参见许宝友《列宁、斯大林与资本主义发展不平衡规律》，《理论建设》2012年第5期。

③ 姜安：《列宁“帝国主义论”：历史争论与当代评价》，《中国社会科学》2014年第4期。

别是政治发展不平衡，列宁甚至提出了“无产阶级革命发展不平衡”[①]的思想。于是，考察无产阶级革命运动形势和时机的侧重点，也就自然地应该放在一个或者几个资本主义国家，即无产阶级革命运动的国别考察上。列宁在较长一个时期内，就是依据各不同国家社会主义革命斗争的具体实际对各国革命形势作出具体判断的。不同国家间的阶级矛盾状况、阶级力量对比、革命态势以及工人阶级的革命情绪高涨程度等，这些都是重要的观察点，并据此判断各不同国家社会主义革命爆发的先后次序以及某个国家可能会首先胜利。显然，“不平衡规律”已是列宁判断革命发展趋势的重要出发点和主要依据。正是在这个基础上，列宁构建了他的一国首先胜利思想的逻辑框架。

2. 帝国主义论是列宁一国首先胜利论的理论准备

由于“不平衡规律”的存在和作用，市场、殖民地、原材料等在各国列强那里的占有比例就是一国资产阶级必然十分看重的变量。这个变量必然导致各国资产阶级之间相互关系的变化。在帝国主义时代，这个变量对各国资产阶级的重要性更加突出起来。由于争夺世界市场、原材料产地和殖民地斗争的激化，列强之间即国际资产阶级内部的矛盾也必然走向激化。不平衡规律加剧了这种激化，激化的结果便是帝国主义战争。世界大战这种帝国主义国家之间最激烈的矛盾表达方式，表明国际资产阶级原本的“团结”，已经由早先模糊的裂痕走向了事实上的完全分裂（分裂为两大对立集团）。

第一，时代已经变换。

第二国际的破产和世界大战的来临，迫使列宁重新认识他当时所处的时代。列宁将这个时代与马克思和恩格斯时期进行了对比，深入思考和探究了两者的不同，从而为其社会主义革命思想的变化奠定了重要基础。

战争开始后不久，1914 年 11 月，列宁在《卡尔·马克思》中声

① 《列宁全集》第 35 卷，人民出版社 2017 年版，第 120 页。

明，资本主义社会必然要被社会主义社会所取代，这是马克思颠扑不破的真理。但同时他又指出，劳动社会化的发展，“在马克思去世后的半个世纪以来，特别明显地表现在大生产与资本家的卡特尔、辛迪加和托拉斯的增长以及金融资本的规模和势力的巨大增长上”[①]。这已经是一个较大的不同了。

1915 年 1 月，在《打着别人的旗帜》一文中，列宁从历史时代入手，着重讲了时代的划分。他指出，有三个历史时代：1789—1871 年为第一个时代，它是一个“资产阶级崛起的时代”；1871—1914 年为第二个时代，它“是资产阶级取得完全统治和走向衰落的时代”；第三个时代则以 1914 年为分界线，在这之后就进入了“帝国主义发生动荡和由帝国主义引起动荡的时代”。这个时代“刚刚开始……这是帝国主义时代”，其“客观的历史环境”与以往相比“已经完全不同了”[②]。此处，列宁明确提出了关于帝国主义新时代的思想。他认为，马克思和恩格斯的时代已然过去了，历史翻开了新的一页。在马克思和恩格斯时代结成密切同盟关系的国际（欧洲）资产阶级，到了第三个时代其内部已经发生了“动荡”，不再是统一的联盟了，而是分裂开来，形成新的集团，互相战争。因此，无产阶级革命斗争相关问题的思考就更要与时代的新特征联系在一起，才能作出正确的革命判断，提出最适宜的指导理论。“首先考虑到各个‘时代’的不同的基本特征，我们才能够正确地制定自己的策略；只有了解了某一时代的基本特征，才能在这一基础上去考虑这个国家或那个国家的更具体的特点。”[③]

在这样一个全新的时代里，对于马克思和恩格斯曾经阐述的社会主义革命胜利的先后规律的判断，列宁根据新时代的特点和具体的革命斗争实际所作出的新的思考，是符合逻辑的、合乎规律的，也是必

---

① 《列宁全集》第 26 卷，人民出版社 2017 年版，第 74 页。

② 《列宁全集》第 26 卷，人民出版社 2017 年版，第 146 页。

③ 《列宁全集》第 26 卷，人民出版社 2017 年版，第 143 页。

然的。这是马克思主义、科学社会主义理论的内在要求，因为马克思主义是指导，不是教条，更不是一成不变的“死的”理论。由于认清了时代主题的转变，即长期的和平发展已经使资本主义世界发生了重大变化，“和平的”资本主义时代已经转变为“战争的”帝国主义时代。而且正是因为不平衡规律的突出作用，因为战争的爆发，以往的资产阶级的国际联合已不复存在，此时的无产阶级面对的是一个与马克思和恩格斯时代不同的、分裂了的国际资产阶级，革命情况已经发生了变化。由此，列宁得以站在时代的高度俯瞰世界，对资本主义国家的整体和每个个体的特点都有了新的认识和把握，从而为自己关于革命胜利规律的新认识奠定了基础。

第二，帝国主义是社会主义革命的前夜。

资产阶级变得更加反动，这是帝国主义时代最主要的特征之一。它迅速没落并走向死亡，相反无产阶级则成为上升阶级，生命力越来越旺盛。列宁认为，从国际阶级斗争方面来看，第三个时代同第一个时代相比，虽然在形式上一样，但是它包含的“社会内容和阶级内容已经根本改变了”①。

列宁已然看到了新时代的到来，并称其为“帝国主义时代”。“帝国主义”一词列宁早在 1905 年就已使用过，但将“帝国主义”真正作为对一个时代的描述，作为对资本主义新的、高度的概括，特别是以此形成一套完整的理论体系，则是在《帝国主义论》中。

1914 年世界大战的爆发，促使列宁更加紧迫地研究帝国主义问题。列宁深刻剖析了帝国主义产生的根源、特征，批判了那些站在非无产阶级立场上的对资本主义发展新阶段的错误认识（如霍布森、希法亭、考茨基的观点）。列宁指出，帝国主义已然是资本主义所能达到的最高程度和阶段，资本主义的发展性和包容性达到了饱和，因而寄生、腐朽和垂死就成为了帝国主义的重要特征和代名词。这样一

① 《列宁全集》第 26 卷，人民出版社 2017 年版，第 146 页。

来，帝国主义不可避免地成为社会主义革命的前夜。列宁认为，帝国主义作为资本主义的最高阶段，虽然这个阶段（时代）的具体持续时间还无法给出断言，但“资本主义社会的存亡问题”① 已摆在资产阶级面前，无法回避。世界革命的危机不仅不会消除，反而在不断增长，帝国主义战争已经宣告了“资本主义的终结”②。

列宁的帝国主义论，其目的就是为即将到来的革命高潮服务。《列宁的一生》的作者路易斯·费希尔认为，列宁帝国主义思想的基本论题就是“前夜论”，他“集中其全部智力并运用大量的材料来证明这个论点”③。这样，列宁对帝国主义的论述便成为他既在世界范围内、又在国家个体语境下开展社会主义革命的重要的“出发点和基础”④，也就“论证了在变动的历史条件下摆在革命的工人阶级及其战斗先锋队——共产党面前的任务”⑤。

第三，帝国主义世界大战会造成可能的“突破口”。

列宁的帝国主义论阐述了这样的思想：世界大战是帝国主义集团之间重新瓜分殖民地的战争，表明了资产阶级两大集团矛盾的激化。同时，其国内无产阶级和资产阶级的矛盾，国际上帝国主义列强和被压迫民族和国家的矛盾都会因此而激化。战争有可能，甚至必然导致帝国主义列强当中的一个或者几个受到削弱，因此出现整个资产阶级统治链条相对薄弱的环节，那里的各种矛盾就更可能迅速激化，更可能出现高涨的“革命形势”，而那里的无产阶级如果组织有力就有可能首先获得胜利。

世界大战从根本上改变了延续数十年的资本主义和平发展的国际

---

① 《列宁全集》第 27 卷，人民出版社 2017 年版，第 297 页。

② 《列宁全集》第 26 卷，人民出版社 2017 年版，第 35 页。

③ ［美］路易斯·费希尔：《列宁的一生》（上），彭卓吾译，北京图书馆出版社 2002 年版，第 160 页。

④ 温辉：《列宁主义批判》，香港：百家出版社 1989 年版，第 132 页。

⑤ Леонтьев Л. А. . *Ленинская Теория Империализма*. М. : Московокий Рабочий, 1954. С. 1.

局势，引发了整个世界的大动荡，对任何国家、任何一派政治力量都是一个严峻的考验，国与国之间、阶级之间、党派之间的相互关系，都备受这一重大事变的影响。作为一个伟大的政治家和革命活动家，列宁敏锐地审视着、分析和思考着这场战争所带来的变化。与宣扬"防御性战争""国内和平""祸首论""国境论"的第二国际机会主义者们不同，列宁从一开始就十分明确地指出了战争的资产阶级、帝国主义性质，指出这是一场两个帝国主义集团为"争夺市场和掠夺其他国家，力图扼制国内无产阶级和民主派的革命运动"[①] 的战争。它的性质决定了战争的受益人只能是各国的资产阶级，无产阶级和广大被压迫人民的地位无法得到改变，反而要付出最大的牺牲。这种情况下，纯粹的战争不会直接破坏现有的反动制度、资本主义制度，也就是说，战争的结果可能只是某个帝国主义集团取得了胜利，剥削与压迫仍会继续。

但是，帝国主义战争可能给无产阶级革命制造机会，对此，列宁在十月革命之前就已有过论述。列宁认为，帝国主义大战可能甚至必然导致产生有利于无产阶级革命斗争胜利的"突破口"。这个判断主要是基于当时俄国革命形势所作出的。事实上，他已经倾向于俄国是整个帝国主义链条中相对最易于被突破的一环。1916 年 7 月，在《论尤尼乌斯小册子》中，列宁针对"帝国主义大国由于大伤元气、由于彼此打仗和对抗而无力进行干涉"等可能是大战造成的情况，指出，这对于民族解放战争和无产阶级革命事业来说，是"最理想和最有利的"[②]。他又说，俄国革命在 1914—1916 年被提上了日程，"革命潜伏在战争中，并从战争中发展起来"[③]。因此，他主张变帝国主义战争为国内战争，从而导向社会主义革命。

1917 年 4 月，在俄国社会民主党第七次全国代表会议上，李可夫

---

① 《列宁全集》第 26 卷，人民出版社 2017 年版，第 1 页。
② 《列宁全集》第 28 卷，人民出版社 2017 年版，第 8 页。
③ 《列宁全集》第 28 卷，人民出版社 2017 年版，第 13 页。

认为："社会主义变革的太阳将从何处升起？我想，根据现有条件，根据居民的生活水平，开始社会主义变革不是我们的事。"① 列宁对此批判道："李可夫同志……是不对的。……马克思说过，法国人开始，德国人完成。可是现在俄国无产阶级的成就比谁都大。"② 在这里，列宁显然已经由资本主义发展不平衡的规律和帝国主义战争导致的革命条件的变化，以及无产阶级革命斗争的不平衡性，确认了某个薄弱环节的出现和存在，确认了俄国一国无产阶级的领先地位，确认了俄国作为世界社会主义革命胜利"突破口"的地位。

帝国主义、国际政治的这些情况，如资本主义发展的更不平衡、世界大战、时代变化、资本主义整体性分裂、社会主义革命前夜、薄弱环节、突破口等，导致了无产阶级革命斗争状况的变化，为之提供了新的、利好的条件。由是，国别革命、国别无产阶级斗争便成为列宁考察的侧重点，成为一国首先胜利论重要的逻辑起点、观察的侧重点。

二 立足于无产阶级解放斗争的主观条件

资本主义的发展，对无产阶级的发育和壮大当然有着决定性的影响。帝国主义战争表明了原本资产阶级的国际"神圣同盟"的分裂，无产阶级自然也没能"幸免"，第二国际的破产也标志着国际无产阶级事实上的分裂。虽然第二国际前期，其内部早就由于各种不同理论、思潮以及机会主义而存在着思想上的分化，1899 年伯恩施坦修正主义又扩大了这一分化，但第二国际始终还维持着统一，哪怕这是表面上的统一。第二国际后期，由于第一次世界大战的爆发，这种表面上的统一也荡然无存。第二国际绝大多数党的领袖背叛了他们早先的反战、反帝国主义的宣言，背叛了马克思主义，背叛了国际主义，转

① Седьмая （апрельская） Всероссийская Конференция РСДРП （Большевиков）: Протоколы. М. : Государственное Издательство Политической Литературы, 1958. С. 93.

② 《列宁全集》第 29 卷，人民出版社 2017 年版，第 361 页。

而同本国政府合作、支持战争。最恶劣的是，他们与资产阶级一道，用保卫祖国的幌子要求本国无产阶级同敌对国无产阶级作战，本应亲密的国际无产阶级战友却要在战场内外为了资产阶级国家而拼个你死我活。这就实际上造成了整个国际无产阶级，原本也是统一的国际无产阶级的真正分裂，以往一直存在的国际上的两大阶级间的整体斗争也就消解了。不难发现，国际资产阶级的分裂和国际无产阶级的分裂，两者是有关联的。

而且，"不平衡规律"和帝国主义时代的来临，使无产阶级解放斗争的不平衡性更加突出。同时，先进国家的资产阶级也拥有了腐蚀工人队伍更强大的物质力量，这是第二国际后期机会主义兴起和第二国际分裂的重要原因。同马克思和恩格斯时代相比发生了重大变化的现实，使列宁把注意力更多地放在无产阶级解放斗争的主观条件上，更为关注国际无产阶级内部的派别斗争、各国无产阶级队伍的状况和各国内部无产阶级解放斗争的具体态势。

1. 无产阶级革命的主体力量本身至关重要

从第二国际后期同机会主义的论战开始，列宁在《无产阶级革命和叛徒考茨基》《第二国际的破产》等一系列论著中，阐述了无产阶级革命的主体力量——工人党、工人阶级队伍、革命群众——的具体状况对革命运动及其进程的直接影响，确立了一国首先胜利论的第二个逻辑起点。

既然无产阶级革命运动是不平衡的，那么无产阶级本身就是最重要的观察点之一。第二国际后期，国际共产主义运动的分裂，更加促使列宁着力观察各国工人党、工人阶级队伍的状况及其与各国工人运动兴衰的关系，这在他的一系列论战文章中几乎随处可见。列宁既阐述了坚持正确的理论对各国无产阶级政党的重要性，也阐述了机会主义理论、机会主义派别和机会主义活动对各国和国际工人运动的负面影响。

列宁认为，革命的理论和国际工人阶级的团结对社会主义革命胜利至关重要；对于各国工人运动而言，理论正确、组织有力的工人阶级政党和团结的工人队伍极其关键。各国工人运动、工人阶级队伍能否健康发展，决定着谁有可能在新的革命高潮来临的时候，获得首先胜利的荣光。

2. 机会主义的危害

列宁认为，机会主义对工人运动危害极大。它在理论和组织上削弱了无产阶级政党的战斗力，影响着国别无产阶级的斗争状况。所以，第二国际后期列宁的理论工作最突出的特点就是同机会主义作斗争。世界大战的爆发致使早就弥漫在欧洲社会民主党内部的机会主义进一步蔓延开来，严重侵蚀着国际社会主义运动，绝大多数社会民主党选择了“保卫祖国”，已然丧失了革命性，丧失了作为无产阶级先锋队的作用，变成了“民族主义自由派工人政党”，公然站到了本国资产阶级的立场上，堕落为资产阶级的帮凶和代言人。

战争和第二国际的破产让列宁越发认清了机会主义的危害。“现在同机会主义者保持统一，实际上就是让工人阶级服从‘自己’国家的资产阶级，就是同资产阶级结成联盟来压迫其他民族和争夺大国特权，就是分裂所有国家的革命无产阶级。”① 列宁确信，“欧洲的社会主义运动……它随着1914—1915年战争而进入了革命行动阶段”，所以，必须首先清除第二国际机会主义的影响，“同机会主义彻底决裂，把它从工人政党内部清除出去的时机，无疑已经成熟”②。否则，无产阶级的真正的革命行动是无法开展的。列宁指出，由于清除机会主义的斗争需要长期的努力，欧洲各国在一段时间内还较难重新建立起能够担负组织、教育广大人民群众，推动革命情绪向革命行动转变的强大的革命政党。

3. 资本主义的发达对工人阶级队伍的“不利影响”

发达资本主义国家有着比较雄厚的经济实力和“超额利润”，由

① 《列宁全集》第26卷，人民出版社2017年版，第335页。

② 《列宁全集》第26卷，人民出版社2017年版，第266页。

于资产阶级的腐蚀和收买，对工人阶级队伍和工人运动产生了重大不利影响。

战前资本主义长时间的“和平”发展，本就培养了一个能够从本国上层分得油水、拥有特权的工人“贵族”阶层，他们早已脱离了本阶级的属性，被“资产阶级化”了。在帝国主义阶段，资本主义的发展不是真正的衰退而是比以往的发展速度更快了，这种快速发展导致了资本主义发展不平衡的加剧。于是，特别发达的资本主义国家也就拥有了拉拢腐蚀无产阶级更多的手段，它们可以用“特殊的威胁和暴力迫使普通的分散的群众同资产阶级实行合作”①，从而使更多的工人政党上层和工人站在资产阶级的队伍之中。

列宁着重指出，这种情况“还特别表现在某些资本最雄厚的国家（英国）的腐朽上面”②。极少数资本主义国家占据了大量的财富，十分富强，他们依赖“剪息票”生存，并通过这种方式掠夺世界，赚取超额利润。这种强大的物质力量作为手段，被资产阶级更好地用来在无产阶级中培植自己的力量、分化瓦解工人和工人运动，以达到扼杀革命的目的。

在分析发达资本主义国家所拥有的雄厚物质力量对无产阶级队伍的负面作用时，列宁主要是以英国这个当时最发达的资本主义国家为蓝本的。结合列宁关于资本主义不平衡“规律”的论述，可以确认：列宁看到了越是发达的资本主义国家，其对国内无产阶级和革命运动的不利影响就越严重，因而本国爆发无产阶级革命的困难就会相应增大的事实。

4. 一个十分重要的概念：“革命形势”

在同机会主义者论战、斗争的过程中，列宁已经充分注意到了无产阶级革命斗争主观条件的重要性，他创立了一个非常重要的新概念——革命形势，用以分析和界定无产阶级政党可以发动革命的那个

① 《列宁全集》第26卷，人民出版社2017年版，第259页。
② 《列宁全集》第27卷，人民出版社2017年版，第436页。

关键性时刻。[①] 在1915年《第二国际的破产》中，他认为，“革命形势”的出现需要主客观条件的共同作用，它内涵四个要素：第一，上层统治阶级危机深重，无法继续维系旧的统治；第二，下层劳动人民的“贫困和苦难超乎寻常地加剧”，无法“照旧”生存下去；第三，革命情绪高涨，群众的革命积极性大大提高；第四，“处于某种风暴时期”是革命的有利时机。具备上述四个条件，表明“革命形势”来临。世界大战爆发不到一年，列宁认为，革命形势“在欧洲大多数先进国家和列强中已经存在”[②]。

这一概念虽然字面上是从爆发革命的主客观条件两个方面考察的，但实际上列宁主要是从“敌”“我”两个方面进行分析和考察的。上文所说的第四“革命时机”，是引者本人分析出来的，在列宁原文中是和第三条合并论述的。笔者认为，列宁在上文中实际上主要是从革命主观方面考虑问题的。

列宁非常重视无产阶级政党的组织、领导和充分的组织发动工作的重要性。列宁认为，无产阶级政党发动和领导的直接的革命行动，对革命形势向现实的革命转变有决定性的影响。他说过，在革命形势来临时，我们还无法得知这种革命形势是否一定会引发革命，无法预知革命运动会在何时爆发，更无法预知革命会持续多久及结果如何。革命形势要转化成行动，必须有真正的、革命的无产阶级组织来帮助、推动“无产阶级转向革命行动”[③]，如此才“能够发动足以摧毁(或打垮)旧政府的强大的革命群众行动”[④]。列宁特别声明，如果没有这种由无产阶级政党组织和领导的革命行动——缺乏这个主观条件——哪怕是在战争造成的资产阶级统治危机时期，无产阶级革命斗争的局势十分有利，也是不会取得胜利的，甚至革命也难以爆发。

---

① 列宁“革命形势”一词，大约等同于我们通常所说的“革命条件成熟”。

② 《列宁全集》第26卷，人民出版社2017年版，第232页。

③ 《列宁全集》第26卷，人民出版社2017年版，第233页。

④ 《列宁全集》第26卷，人民出版社2017年版，第230页。

三　一国首先胜利论的逻辑表述

上述两个逻辑起点的确立，使列宁一国首先胜利论拥有了新的逻辑基础。随后，列宁关于此理论的逻辑框架也就搭建起来了。

首先，列宁坚持了革命胜利的大前提，即这个革命是针对资产阶级和资本主义的。因此，列宁限定了取得首先胜利的国家的大范围——只能是“资本主义国家”，更确切地讲是帝国主义国家。只有它们才具备进行社会主义革命的前提。所以，属于资本主义序列国家的无产阶级才有资格成为革命的先行者，才是列宁考虑的对象。

帝国主义时代，从国际的、整体的层面上看，资产阶级和无产阶级都出现了分裂，导致原本统一的两大阶级间的国际斗争已不存在。因此，无产阶级革命斗争不仅在所有资本主义国家，而且在主要资本主义国家同时发生、同时胜利都是难以想象的。所以，对国别革命的考察也就成为此时研究无产阶级革命斗争胜利规律的出发点和侧重点。

其次，基于资本主义不平衡的规律，列强之间必然爆发帝国主义大战，资本主义国家内部、资本主义国家之间、发达国家与落后国家间的矛盾被激化，导致统治危机的发生，“薄弱环节”和“突破口”也就在帝国主义统治链条上出现了，为特定国家的革命创造了客观上的有利条件。同时，不平衡规律也必然引起无产阶级革命斗争不平衡的现象。而这种不平衡，就使无产阶级革命胜利的“突破口”不再遵循资本主义以往的无产阶级斗争的规律，必须作出新的考察。

再次，各国工人阶级政党及工人阶级队伍的现状，其理论准备、组织状况、党对革命群众的号召力和影响力、无产阶级和革命群众的斗争积极性和行动力等主观条件，成为各国工人运动潮涨潮落的重要决定性力量。国别无产阶级与资产阶级的力量对比，成为决定“革命形势”的重要条件。

最后，资本主义发展的先进程度与无产阶级革命斗争的进展之间，不是简单的正相关关系。即不能理解为：资本主义越发达，工人阶级越强大、越先进、越革命，斗争条件越有利，革命越容易成功；而是有可能存在某种意义上的负相关关系：很可能是资本主义越发达，资产阶级越强大，工人阶级的革命斗争条件和团结程度越差，革命越难以成功。

就像列宁后来总结的那样，“比较容易开始革命运动的，并不是那些能够比较容易地进行掠夺和有力量收买本国工人上层分子的剥削国家。”① 显然，尽管对无产阶级的分化和腐蚀是发达国家资产阶级的惯用伎俩，但不同国家在实施程度和效果上还是有区别的。越先进的国家，其维护统治的力量越强大，分化、腐蚀工人队伍的物质力量和手段越强大，工人革命运动面临的困难也就越大。这极大地限制了发达国家革命的发生。英国学者威赫和菲奥德纳指出，列宁从政治和经济的角度得出结论，认为欧洲帝国主义国家制度已经成为新的革命的参考标准和国际反社会主义革命的温床，其结果就是新兴共产主义运动的反转（即出现另一种极端的表现形式——欧洲国家不会首先爆发革命）。② 所以，在相对不发达、落后的某个帝国主义国家里，无产阶级取得革命首先胜利是更加可能的。

因此，研究和考察无产阶级革命斗争胜利的规律，判断孰先孰后、孰易孰难的根据，不可以简单依据各国资本主义发展的水平，而必须综合各国经济发展、社会和阶级矛盾状况、敌我双方实力对比等要素。在第五封《远方来信》中，列宁就明确地说过：“我们根据对俄国和全世界革命的阶级力量的估计以及 1871 年和 1905 年的经验所拟定的纲领简单说来就是这样。”③ 就是说，必须全面考察革命的主客观条件（特别是后者），来确定“革命形势”并确认革命的最佳

① 《列宁全集》第 33 卷，人民出版社 2017 年版，第 283 页。

② Fabio Vighi, Heiko Feldner, "United States of Europe or Free Trade Zone? No Thanks! Slavoj Žižek on the Future of Europe, UK", *European Journal of Social Theory*, Vol. 9, No. 3, 2006.

③ 《列宁全集》第 29 卷，人民出版社 2017 年版，第 54 页。

时机。

一国首先胜利论的提出及其与俄国革命的互动表现出重要的革命性意义。第一，它把对无产阶级革命和社会主义革命胜利规律的思考作了新的逻辑表述。这对于指导各国工人运动无疑具有重要的影响。第二，它的提出在很大程度上基于对俄国革命的策略思考和俄国革命的实际需要，因此对当时的俄国革命有直接的指导意义。第三，它把关于革命胜利规律的思考建立在对帝国主义时代特征和垄断资本主义发展规律的分析基础上，建立在对整体性的国际阶级斗争、特别是各国工人阶级及其斗争状况具体分析的基础上，给社会主义胜利规律的研究提供了新的视角、逻辑起点和逻辑架构。第四，它对“同时胜利”论既是一个从一定程度上讲的否定，又是一个既合乎逻辑又有充分的现实基础的必要补充。

十月革命的胜利，并不意味着一国首先胜利论的终结，它源于无产阶级革命运动和俄国革命实践，也就必然随俄国革命实践的发展而变化。因此，在苏维埃俄国建立后，特别是在战时共产主义时期，一国首先胜利论开启了它曲折演进的历程。

第三章　一国首先胜利论在苏俄实践中的曲折发展

十月革命的胜利是一国首先胜利论的成功实践，但不是这个理论的终点。在十月革命胜利后的苏俄初期实践中，列宁一国首先胜利论又得到了丰富和发展，其重点从夺取政权问题真正、切实地转向保卫和巩固政权、社会主义改造、社会革命和经济建设，并被付诸实践。外国武装干涉和内战的爆发，致使苏维埃政权面临严峻的考验。战时共产主义成为被迫的和唯一可行的选择，而这一时期极为特殊的战时国情和制度建设实践，又使一国首先胜利论表现出过犹不及的特点，进入曲折演进的通道，就其理论本身而言，表现出明显的"左"倾冒进色彩。

第一节　一国首先胜利论的丰富和发展

苏维埃政权因为十月革命的胜利，成功建立起来，无产阶级（包括贫苦农民）掌握了国家权力，一跃上升为统治阶级；通往社会主义、实现社会主义的政治前提已经具备了，俄国以及整个世界的社会主义时代开始了。

然而，在令人振奋的形势背后也充满了残酷的现实。作为一个首先取得社会主义革命胜利的工农政权，它所面对的必然是一条荆棘丛生的道路：无产阶级刚刚夺取的政权还很不稳定，国家处在资本主义包围之中，外部敌对势力虎视眈眈。在这样的情况下，如何保住革命的胜利果实，迅速地巩固政权？面对孤立无援的局面，又如何在这个经济文化非常落后的国家为进行社会主义建设创造必需的条件，使俄国顺利地走向社会主义？这是苏俄革命实践和列宁一国首先胜利论必须解决的重要而紧迫的问题。

一　首个无产阶级国家政权的建立和初步巩固

社会主义革命在俄国胜利了，无产阶级推翻了资产阶级临时政府，“打碎了”旧的国家机器，建立了自己的政权，但此时俄国的处境仍极端困难。如何落实一国首先胜利论的设想，在夺取政权后巩固政权并开始社会主义革命的任务，是布尔什维克面临的复杂课题。

1. 公布“施政纲领”赢得民众

就在十月革命胜利的当天，第二次全俄工兵代表苏维埃大会召开了。会上，列宁通过《告工人、士兵和农民书》向全国人民郑重承诺：新政府会将地主土地没收并交由农民委员会处理；改造军队为民主化军队；工人监督生产；解决城市、农村粮食和生活必需品的短缺问题；保证各民族的自决权；坚决停止战争，同各国缔结和约。这实际上是无产阶级新政府施政纲领的最初版本，既重复了革命前列宁的诺言，又宣示了布尔什维克政权的施政方向。

列宁代表新政权所作的上述承诺，集中体现了当时民众迫切需要解决的问题，满足了他们对土地、和平、面包的要求，从而赢得了大多数人民群众的拥护。列宁向人民保证，苏俄是能够保卫住祖国、捍卫革命的（在战争停止前），“现在我们已学会了齐心协力地工作。刚刚发生的革命就证实了这一点。我们拥有群众组织的力量，它定能战胜一切”①。

革命胜利的第二天，列宁又接连作了关于和平问题和土地问题的

---

① 《列宁全集》第33卷，人民出版社2017年版，第3页。

报告，即《和平法令》和《土地法令》，再次宣布俄国要退出帝国主义大战，废除地主土地私有制并交给农民使用。这两个关乎千百万人命运的决定以法令的形式、通过国家意志确立了下来。这就为迅速稳定俄国局势，建设苏维埃社会主义共和国提供了有力支撑和保障。“旧的国家机构将被彻底打碎，而新的管理机构即苏维埃组织将建立起来。”①

2. 建立崭新的国家机器，掌控政权

列宁在《国家与革命》中，就秉持马克思和恩格斯关于无产阶级首先要“打碎”旧的资产阶级的国家机器，建立属于本阶级的新的国家机器的原理。在列宁心目中，工农兵代表苏维埃就是符合他以及马克思和恩格斯设想的、能够在俄国建立起来的、足以代替和抗衡资本主义的新的国家机关。布尔什维克要在俄国建设立法权和行政权统一的无产阶级新政权。

在赢得了主要的苏维埃机关的基础上，1917 年 10 月 26 日，新的国家行政机关——“人民委员会”产生了，下设 12 个人民委员部。在列宁领导下，俄国开始逐步建立和健全各级政权机构，建立通过民主选举产生的人民法院和警察机关；成立全俄肃反委员会，即“契卡”作为“锐利武器”来肃清反革命势力，制裁、打击不听从政府命令、对新政权消极怠工的人，维护国内秩序；成立最高国民经济委员会和各地方的经济委员会，以组织国民经济和财政，发展生产，协调经济活动等；彻底解散旧政府、旧军队、资产阶级法院。资产阶级的官僚机构被打碎了，代之以全新的人民政权。

苏维埃机关和国家行政机构的迅速建立，巩固了十月革命的胜利成果，加强了无产阶级的统治地位，强化了布尔什维克党和政府的政策、政令的推动和施行，一个崭新的无产阶级全国性政权得以迅速确立。

① 《列宁全集》第 33 卷，人民出版社 2017 年版，第 2 页。

3.“被迫”独掌政权

新政权建立之初，由于理论和政治分歧，孟什维克拒绝参加新政府，布尔什维克和左派社会革命党人实现了联合。不久，左派社会革命党人也宣布退出人民委员会，布尔什维克不得不“独掌”政权。孟什维克派和社会革命党人拒绝承认新政府，一起提出了建立所谓“清一色的社会主义者政府”（相对于他们认为的“清一色的布尔什维克政府”）的政治要求。同时，布尔什维克党内部也出现了要求同政治反对派妥协的不和谐声音。为更好地落实布尔什维克的方针政策，稳定无产阶级政权，列宁对上述错误的政治主张予以了坚决回击。

11 月 1 日，布尔什维克就组织苏维埃政府的问题召开中央委员会会议进行讨论。会议强调，必须建立一个统一的政权，肯定清一色的布尔什维克政府的合法性，要求树立新政府的权威，坚定不移地贯彻新政府的所有政策。如此，“社会主义在俄国和在欧洲的胜利是有保证的”①，这个人民政府定会得到俄国人民的全力支持。中央委员会对此充满信心。列宁更是着重指出，新政府是人民选举出来的，拒绝新政府就等于背叛苏维埃、背叛革命。因此，列宁领导的新政府运用人民赋予的权力，坚决镇压了党外的反革命分子，撤销了党内妥协者的职务，取得了护卫政权的阶段性胜利，加强了党和人民对国家权力的掌控。而不甘失败的孟什维克和社会革命党人又以立宪会议为阵地，继续与布尔什维克政权抗衡。

立宪会议，是布尔什维克的一贯口号。列宁曾设想“工具化”立宪会议，由掌握政权的党来召开，以承认苏维埃政权，实现执政党的一切主张。然而，11 月 12 日立宪会议代表选举的结果，却是布尔什维克处于劣势，反对派占据了绝对多数。大为振奋的反动势力企图利用多数优势将权力收归立宪会议，推翻苏维埃政权。对此，列宁指出，这些代表是按照革命前的候选人名单选举出来的，没有反映革命

① 参见《苏联共产党代表大会、代表会议和中央全会决议汇编》第一分册，人民出版社 1964 年版，第 515—518 页。

后阶级力量对比的变化，因而是不具备客观性和适用性的。为了遏制敌对势力的嚣张气焰，列宁适时地提出了罢免权法令草案，赋予苏维埃代表大会罢免立宪会议代表的权力，指出“苏维埃作为国家观念即强制观念最完全的体现者，应当享有罢免权”①。

1918 年 1 月 3 日，列宁发表《被剥削劳动人民权利宣言》，并严正要求立宪会议“宣布俄国为工兵农代表苏维埃共和国。中央和地方全部政权属于苏维埃”②，要求它批准和实施苏维埃政府的一切法令。5 日，由社会革命党操控的立宪会议否决了列宁的《宣言》。6 日，列宁宣布，为了革命能够延续不至倒退，为了战胜剥削者保存胜利果实，必须解散立宪会议。立宪会议随之被解散。之后，于 10 日召开的第三次全俄工兵农代表苏维埃大会通过了列宁的《宣言》。如同列宁在大会的闭幕词中指出的那样，“这次代表大会巩固了十月革命建立起来的新的国家政权组织，为全世界、为各国劳动人民画出了未来的社会主义建设的路标。”③

至此，布尔什维克政权的政治合法性和统一性得到最终确立，党真正开始独掌政权、领导国家，新的国家制度也得以固定下来。社会主义在俄国这片土地上的建设和发展有了初步的政权保障和制度保障，列宁也有了施展自己抱负的最初条件。

4. 退出大战，实现“和平”，为巩固政权创造条件

革命胜利伊始，列宁就明确表示：“我们当前的任务之一，就是必须立刻结束战争。”④ 这也反映了俄罗斯人民的愿望。按照这个既定目标，按照列宁《和平法令》——缔结不割地不赔款的公正民主合约——的策略要求，苏维埃政府开始呼吁各交战国进行和平谈判。

然而，苏俄的呼吁只得到了德国的回应，苏维埃俄国便只能同它

① 《列宁全集》第 33 卷，人民出版社 2017 年版，第 112 页。
② 《列宁全集》第 33 卷，人民出版社 2017 年版，第 224 页。
③ 《列宁全集》第 33 卷，人民出版社 2017 年版，第 290 页。
④ 《列宁全集》第 33 卷，人民出版社 2017 年版，第 2 页。

单独媾和。由于俄国的军事劣势地位，签订公正民主合约已无可能。和谈从12月9日开始，其间德方提出了割让大面积的领土，赔款30亿卢布等十分苛刻的要求。此时，摆在俄国面前的只有两条路，要么接受这些“丧权辱国的”条件，要么继续苏俄政府和人民已经完全无法承受的战争。面对抉择，布尔什维克党内爆发了激烈的争论。对此，列宁从俄国衰败的客观现实、保卫俄国这个社会主义革命策源地和进行社会主义革命的长远目标出发，力排众议，主张忍辱签约，尽快退出大战。

列宁认为，必须接受德国条件以立即换取条约的签订。他很清楚俄国的现状，更知道俄国人民和新政权最迫切需求的是什么，那就是“和平”的环境和一定的喘息时间。1918年2月20日，列宁斩钉截铁地说，“我们无论如何要给疲惫不堪的俄国人民以和平，这样我们才能巩固革命并开始建设年轻的新俄国。”[①] 俄国如若不付出利益的牺牲以摆脱战争泥潭，为恢复秩序、恢复经济赢得时间和空间，就无法完全稳定全国局势，巩固新政权。只有缔结了和约，赢得了和平，俄国才能有效地“处理国内事务和深入进行社会主义革命，就能顺利地完成那些必将使我们在俄国尽快实行社会主义制度的根本改革”[②]，哪怕因此承受极大的损失。而且，只有屹立不倒的苏维埃俄国，才是对他国革命的最大支持，才符合世界社会主义运动的最高利益，才是坚持真正的国际主义。列宁指出，从国际上看，目前保卫社会主义俄国的任务是“高于一切”的！俄国已经成为、未来也必定是各国的“活榜样”！这种定位不可改变。

由于列宁的坚持和努力，终于，他的主张被全党接受。1918年3月3日，俄国与德国的《布列斯特和约》正式签订，俄国退出了大战。

列宁达成了他的目标，将俄国无谓的牺牲和破坏降到了最低，苏

① 《列宁全集》第33卷，人民出版社2017年版，第356页。
② 《列宁全集》第33卷，人民出版社2017年版，第354页。

维埃政权得到了拯救。“和平”为俄国赢得了时间保障和空间保障，为俄国社会主义革命的进一步发展和苏俄的建设带来了可能、创造了条件，极大缓解了国家和人民的压力，释放了本用于军事方面的物力、人力和财力。从此，苏俄能够将更多的力量调用到国家的建设和发展上，占据了战略上的主动。

可以看出，从建国伊始，列宁就着眼于如何在单独一个国家内巩固政权，以深入开展社会主义革命和社会主义制度改革的长远目标。基于此，列宁充分发挥了布尔什维克党和无产阶级作为政权掌控者所应有的地位和作用，成功地实现了苏维埃政权的初步稳定和巩固。一国首先胜利论也在俄国无产阶级夺取政权后得到了实践上的应用。

二 理论和实践的侧重点转到巩固政权和加速社会改造

从十月革命胜利后到武装干涉和内战爆发的几个月里，布尔什维克党一方面加紧建设新政权，另一方面开始坚定地推行所有制变革、监督生产等步骤和措施。由于所期盼的欧洲革命并未来临，面对孤立无援的形势，苏维埃政权转向依靠俄国工人阶级自己的力量。一国首先胜利论的“一国”由此在实践上锁定为俄国一国，其“胜利”二字的内涵则更侧重于在俄国加强无产阶级的政权建设、巩固保持政权、进行生产资料社会主义改造和发展经济。

1. 国际支援无望，必须依靠自己的力量保持政权，开始国内改造

在全俄工兵代表苏维埃第二次代表大会上，列宁曾希望英法德三国的工人能够在胜利的俄国的激励下采取“果敢行动”，响应俄国工人的壮举。此时，在列宁的眼中，双方的关系是，俄国用自己的经验来帮助、推动他国爆发一场能赢得胜利的革命。而他国工人成功的革命则能反过来帮助保卫俄国的胜利果实。苏维埃政府主管外交的人民委员契切林曾说，从革命胜利到1918年初，苏俄的策略是“发动革命攻势”，即通过言论和行动向世界各国的无产阶级发出呼吁，以激

发他们的国际革命斗争。[①]

但形势的发展很快就使列宁的思想发生了变化。在党内讨论对德和约问题时，有人强调，俄国的希望在于他国革命（特别是德国），如果没有欧洲革命的支援，俄国革命是没有希望的，苏俄是不能生存下去的。列宁坚决否定了这一说法，认为不能把保存苏维埃政权的希望完全寄托于他国身上。这是列宁对俄国革命、对人民的基本的尊重和信心。虽然列宁也迫切希望欧洲革命高潮能够迅速到来，并坚信欧洲的革命一定会到来，但是他对欧洲革命爆发的实际可能性保持了足够的理性，"到其他国家也爆发社会主义革命，也许还要经过不少的时间，究竟要经过多少时间，我们不知道"[②]。德国工人的罢工、苏维埃的成立、柏林流血冲突的消息确曾给他带来很大希望，甚至认为德国革命已经开始，但事的情发展并非如此。列宁看到了也反思了，清楚现在的国际革命局势并非如想象的那般乐观。对于"把一切希望寄托在欧洲社会主义的胜利上"的口号，列宁的解释是，这个胜利指的主要是"社会主义的彻底胜利"[③]。俄国无产阶级既要看到革命的远景，也要重视俄国的现实，这是苏俄实施各项行动的重要出发点。所以，俄国现在要做的就是做好在一段时间内（谁也无法说清楚这段时间是多久）因无法得到他国革命的直接支援而进行独自战斗的准备，依靠自己来解决面临的革命胜利后的诸多后续问题和困难。列宁是做了两手准备的。要么是欧洲革命迅速到来以配合俄国，这样俄国可以获得更多、更好的资源，同发达国家一起走向社会主义；要么是欧洲革命延后，俄国只有孤军作战一条路，独自开展保卫政权、改造社会的任务。前一种情况对俄国来说当然是最好的、最有利的情况，但后一种情况也一直存在于他的设想之中，并不畏惧。

---

① Jane Degras, *Soviet Documents on foreign Policy Volume 1, 1917 - 1924*. Oxford University Press, London, 1951, pp. 83 - 85.

② 《列宁全集》第 33 卷，人民出版社 2017 年版，第 305 页。

③ 《列宁全集》第 33 卷，人民出版社 2017 年版，第 414 页。

1918年3月，列宁指出："尽管西欧无产阶级一定会来援助我们，但毕竟是没有及时到来。"[①] 在认定还无法得到欧洲工人的直接的革命援助后，列宁坦诚苏俄是"孤立无援"[②] 的，真正定下了俄国只能孤军奋战的基调。特别是在同德国签订和约、退出大战后，列宁更是暂时"忽略"了国际支援问题，忽略了他国对苏俄的影响和作用，将注意力集中于苏俄内部，解决当务之急的，也是最困难的问题——国家建设问题。"我们面临的任务是坚定不移地竭尽一切力量去进行新的创造性的工作。"[③] 只有这样，才能一面独自搞好国内建设，一面通过国内建设展现自己，进而影响和带动欧洲。"我们对西欧……的社会主义革命能给予多少重大的援助，全看我们对面临的组织任务解决得如何。"[④]

十月革命前列宁就曾预言，俄国即将开始的革命能够取得胜利且无产阶级能够保住政权。十月革命胜利后，列宁对此越发笃定。在《谈谈不幸的和约问题的历史》中，列宁依据俄国革命形势和人民情绪，指出因为赢得了工人和绝大多数农民的支持，"俄国社会主义革命的成功是有保证的"[⑤]。列宁认为，俄国无产阶级需经历为镇压本国资产阶级进攻（包括叛乱、怠工、在社会党内部收买代理人来破坏革命事业等军事和非军事的行为）的混乱时期，这个时期至少也要几个月的时间。显然，这个工作也只能是独自完成的。也就是说，俄国无产阶级可以凭借一己之力打击反动势力，整肃社会秩序，实现政权的稳固。

苏俄建立后，列宁很快便开启了单独一国奋斗的模式，也即一国不仅要而且能够保持政权，进行社会主义改造和国内建设。此时，俄国成为列宁一国首先胜利所论之"一国"自然而然的唯一对象，其相关论述再也找不到"数国"的字样和意涵。

---

① 《列宁全集》第34卷，人民出版社2017年版，第92页。
② 《列宁全集》第34卷，人民出版社2017年版，第232页。
③ 《列宁全集》第34卷，人民出版社2017年版，第219页。
④ 《列宁全集》第34卷，人民出版社2017年版，第153页。
⑤ 《列宁全集》第33卷，人民出版社2017年版，第251页。

2. 加速进行比较全面的社会主义改造成为此时的理论重点

革命胜利之初，列宁就把施行社会主义改造的任务提上了日程。进行社会主义改造，建设新社会的所有制基础，是列宁一国首先胜利论本来就有的内容。不过，此前更多的是一种理论设想，现在，不仅关于此内容的理论设计越发细化、全面，而且更是俄国无产阶级和苏维埃政权要切实去做的事情了。

当国家政权转移到工人阶级和贫苦劳动者手中后，在有所准备的情况下，列宁便开始采取措施对困难最大的国民经济进行社会主义改造，以求“创立建成社会主义的……经济前提”①。这些措施也包含了革命前列宁在《四月提纲》和布尔什维克党第六次代表大会上提出的经济纲领。在十月革命当天，他就郑重宣布：“在俄国，我们现在应该着手建设无产阶级的社会主义国家。”② 1917 年 11 月 22 日，列宁又指出，“人民推选出真正的人民政府，并且支持这个政府。摆在被压迫群众面前的极其艰巨的任务，就是自己动手来建设国家。”③ 不论他国革命是否爆发，苏维埃俄国在接下来要走的各个步骤是不能被阻断的，放弃革命的胜利成果、放弃建设社会主义崭新国家的努力是不可取的。列宁多次强调，苏俄进行社会主义改造和建设的力量源泉是人民群众，要充分发挥人民的主观能动性，“生气勃勃的创造性的社会主义是由人民群众自己创立的”④。

社会主义改造涵盖了比较全面的内容。

首先，对整个生产实行全面有效的监督和计算，将其视为社会主义改造的重要内容和步骤。

这一点列宁非常看重。1917 年 10 月 26 日，列宁起草了《工人监督条例草案》，对工人监督的范围、内容、强制性、惩罚措施以及企

---

① 《纪念弗拉基米尔·伊里奇·列宁诞生一百周年（苏共中央提纲）》，国家政治书籍出版社 1969 年版，第 17 页。

② 《列宁全集》第 33 卷，人民出版社 2017 年版，第 3 页。

③ 《列宁全集》第 33 卷，人民出版社 2017 年版，第 113 页。

④ 《列宁全集》第 33 卷，人民出版社 2017 年版，第 57 页。

业的任务等作出了说明，赋予了工人监督机构以极大的权力。这个条例刚一实施，便遭到了资本家的激烈反抗，他们甚至采取同盟歇业的方式来威胁政府。对此，苏维埃政权进行了坚决的打击，促使工人监督得以迅速推广、扩散。到1918年3月，工人监督在全俄绝大多数企业中已经成为常态。对于计算，列宁要求计算劳动数量和产品分配，要细致到计算“每一件产品、每一俄磅粮食”，“因为社会主义首先就是计算”[①]。监督和计算是全面的、包罗万象的，它的成功运作可以帮助劳动人民同资本家作斗争，帮助工人掌握管理技术，学会如何组织生产，帮助“实现基本生产资料和流通资料的社会主义公有化”[②]，从而促使苏俄在完成社会主义改造、“走向社会主义”[③]的道路上加速前行。这里，列宁不仅将计算和监督视为改造的措施，也将之视为社会主义的措施，甚至提出了“社会主义就是计算”[④]的说法。认为这是“社会主义的开端”[⑤]，也是“社会主义改造的实质”[⑥]，甚至可以说是“社会主义的实质”[⑦]。这其实体现了列宁对监督和计算、对改造的实现甚至是对社会主义追求的迫切。

其次，实行土地、银行、工业国有化，对生产资料所有制进行社会主义改造。

革命胜利的第二天，《土地法令》就宣布，没收地主土地归苏维埃国家所有，同时宣布矿山等资源实行国有化。由于革命前就已经有大规模没收封建地主土地的前提，土地国有化的实现是相对顺利的。而在十月革命当天接管国家银行的基础上，12月，赤卫队又占领了彼得格勒所有私人银行。银行国有化法令颁布后，到1918年1月，银

---

① 《列宁全集》第33卷，人民出版社2017年版，第57页。

② ［苏］波梁斯基等编：《苏联国民经济史讲义》，秦文允等译，生活·读书·新知三联书店1964年版，第447页。

③ 《列宁全集》第33卷，人民出版社2017年版，第99页。

④ 《列宁全集》第33卷，人民出版社2017年版，第63页。

⑤ 《列宁全集》第33卷，人民出版社2017年版，第61页。

⑥ 《列宁全集》第33卷，人民出版社2017年版，第210页。

⑦ 《列宁全集》第33卷，人民出版社2017年版，第196页。

行国有化全面实现。

1917 年 11 月，列宁提出了大工业国有化的要求。对于大工业的国有化，列宁原本设想采取一种比较温和的“和平赎买”手段来完成，如采用计算与监督的方法，不完全剥夺资本家的财产，且资本家还享有经营权和管理权，只是从国家层面在各个方面对其活动进行严格限制，在这之后再逐步实现国有化。然而因国内形势问题，国有化速度加快了。从 1917 年底到 1918 年初，大批企业在极短时间内实现了国有化。工业国有化的迅速完成，为苏维埃政权的巩固创造了物质条件，为无产阶级政权掌控下的苏俄经济建设准备了重要的基础。

最后，生产资料所有制的改造以较短的时间迅速完成。

列宁曾明确表示要“采取渐进……的步骤”① 实现社会主义改造的各项措施，他也曾设想从计算与监督再到国有化需要经历一个较长的过渡期。

但是，由于遭遇资本家的激烈反抗，由于国民经济遭到的比较严重的破坏，苏维埃政府在实际操作中采取了组织“赤卫队”向资本发动进攻、坚决镇压资产阶级的反抗这种“非常的革命措施”②，和平改造的方法被修改为直接没收其工厂，剥夺剥夺者的办法。这就大大加快了国有化的进程，助其高速、高效地完成，早早地（或者说过早地）实现了预期目标。这样一来，可以加速苏俄国内社会主义改造就成为一国首先胜利论的理论重点。

用强制手段剥夺剥夺者所取得的良好“战果”，实际上为列宁打了一针兴奋剂，提供了一种方法论。这种方法让列宁看到了俄国迅速完成改造的可能，客观上加速了苏俄从资本主义向社会主义过渡的进程，这对列宁以后思想的发展有可能产生了某种基础性影响。

---

① 《列宁全集》第 33 卷，人民出版社 2017 年版，第 75 页。
② 《列宁全集》第 33 卷，人民出版社 2017 年版，第 180 页。

三 理论内涵的丰富和发展

十月革命胜利后到武装干涉和内战爆发之前，在急促却内容十分丰富的苏维埃国家政权建设、社会主义改造实践以及苏维埃经济、政治和社会管理制度建设中，列宁一国首先胜利论的理论内涵有了新的丰富和发展。

1. 实现国家职能的转变在一国首先胜利目标中的细化和具体化

苏维埃俄国诞生后，建立和巩固无产阶级的人民政权成为最紧迫的任务。随着社会主义改造的顺利和迅速进行以及一系列改造成果的获得，国内形势出现的对苏俄的利好变化，苏维埃政权已经争得了绝大多数劳动人民的拥护。加之《布列斯特条约》为苏俄提供了相对稳定的外部局面。列宁认为俄国夺取政权的时期已经结束，镇压剥削者反抗的斗争大体上完成了，新生政权得到了巩固。

尽管情况仍然极端困难，但布尔什维克已经在苏俄打开了局面。因而，俄国接下来将要进入一个新的发展时期。列宁强调由国家直接控制和推动国民经济发展，直接管理各项经济事务和社会事务。这实际上提出了新国家要实现国家职能转变的问题。从明确细致地安排对整个国家生产的监督和计算、实行工业国有化并组织生产、实现苏维埃政权对国民经济的有效管理，到组织劳动竞赛等，这些具体而又切实的法令、政策和主张，表明列宁一国首先胜利论的内涵中，过去并不十分具体的关于国家职能转变内容得到了明显的细化和发展。

2. “管理”俄国

革命的任务从占领俄国转变为管理俄国。1918 年 3 月初，布尔什维克召开了掌握政权后的第一次代表大会，也就是党的第七次代表大会。列宁在会上指出，在继夺取政权、建立政权的任务之后，苏维埃俄国面临的任务是内部组织任务和国际任务，要大力发展社会生产力，促使俄国由资本主义关系转变为社会主义关系，从说服、占领俄国进到管理俄国。当然，这个任务对俄国这个首先取得社会主义革命胜利的落后国家来说，显得尤为困难，列宁对此也十分清楚。

为达成国内目标，列宁通过连续发表的《苏维埃政权的当前任务》初稿、《苏维埃政权的当前任务》和《论“左派”幼稚性和小资产阶级性》等文章，设计和论述了他关于社会主义建设、向社会主义胜利进军的蓝图，进一步阐述了他对如何管理俄国的构想。在一定意义上，此时的列宁已经有政治任务让位于经济任务的认识。特别是他指出，赤卫队进攻资本，即剥夺剥夺者的阶段已经基本结束，不能再继续了，俄国现在需要转变工作重心，即转到社会主义（经济）建设上来，也就是列宁说的管理国家的任务。“管理国家的任务现在首先是归结为纯粹经济的任务：医治战争给国家带来的创伤，恢复生产力，调整好对产品的生产和分配的计算和监督，提高劳动生产率。”①

3. 建设社会主义的经济关系

在这一时期苏俄的建设和列宁的理论思考中，建设社会主义所需要的经济关系：所有制基础、生产组织、管理、监督和计算、新的产品分配制度（供给制和配给制）占有重要的地位。

贯彻社会主义经济政策，独立地着手建设社会主义社会。1917 年 12 月，列宁在为人民委员会起草的一个草案中，已然直截了当地提出了“贯彻社会主义经济政策”的要求。1918 年 1 月，在《怎样组织竞赛》一文中，列宁又指出，劳动大众多数都具有组织才能，是能够胜任那些本来属于资本家的工作的，能够“独立地着手建设社会主义社会”②。此处，列宁用了“建设社会主义社会”的说法。从内容上来看，这篇著名的文章说明，列宁充分估计到了用经济政策和国家组织的手段，帮助经济恢复和推动经济建设的作用，表明他已经在着力思考如何在俄国开始社会主义建设的问题。

事实上，此时的列宁已经开始追求全面建设社会主义的生产关系。在充分论述社会主义改造的意义并在实践上予以大力推动的基础

① 《列宁全集》第 34 卷，人民出版社 2017 年版，第 122—123 页。

② 《列宁全集》第 33 卷，人民出版社 2017 年版，第 209 页。

上，苏俄很快实现了生产资料所有制的改造。列宁迅即转向提出由国家直接管理经济、组织和集中生产。1918 年 3 月初，列宁在《党纲草案草稿》中为苏维埃政权提出的经济任务包括：在整个国家范围内，用社会主义方式组织生产，用有组织、有计划的分配来代替当时的“贸易”，强迫全体居民参加消费生产公社，实行普遍劳动义务制，工资和薪金部分行业取平，用公共伙食代替家庭单独料理[①]，坚持社会主义劳动纪律，等等。6 月初的《国有化企业管理条例》，列宁在对这个草案所提的意见里指出，“共产主义要求全国大生产的最高度的集中。因此，应无条件地授权全俄中心直接管辖该部门的一切企业。”[②]

4. 高度评价国家资本主义对社会主义革命的意义

对于国家资本主义，列宁给予了高度的肯定，认为它对发展苏俄的经济，对苏俄向社会主义过渡都有重要的意义和价值。1918 年 5 月，列宁分析了当时俄国的经济结构，指出苏俄存在五种经济关系[③]，这是苏俄过渡时期经济关系的特点，也就是说当时的俄国，除了有资本主义因素外，还有社会主义因素。列宁认为，相对于占优势的自然经济、小商品经济以及私人资本主义，国家资本主义虽然也是一种资本主义，但它具有更大的先进性，而前三者则更落后。国家资本主义即处在国家监督和掌控下的资本主义，因为其有生产集中、社会化程度高、有计划有组织有秩序有统一技术标准等优点，再加上苏维埃国家的“计算”和“监督”，所以它是更接近社会主义的东西，对过渡到社会主义有重大意义。列宁指出，“如果我们俄国有了国家资本主义，那么过渡到完全的社会主义就会容易，就会有把握。”[④] 正是国家资本主义这一经济关系提升了列宁的信心，认为这是为俄国找到的一

① 参见《列宁全集》第 34 卷，人民出版社 2017 年版，第 69—70 页。

② 《列宁全集》第 34 卷，人民出版社 2017 年版，第 367 页。

③ 这五种经济关系是：宗法式的农民经济、小商品生产、私人资本主义、国家资本主义和社会主义。

④ 《列宁全集》第 34 卷，人民出版社 2017 年版，第 236 页。

条进入社会主义的捷径，他甚至断言，“如果国家资本主义在半年左右能在我国建立起来，那将是一个很大的胜利，那将极其可靠地保证社会主义一年以后在我国最终地巩固起来而立于不败之地。”[①] 这足见列宁对在俄国实施国家资本主义的高度期望，以及他当时对俄国社会主义革命前景的乐观。

5. 提出“消灭”资产阶级的任务

苏维埃政权初步稳固后，在提出工作重心转移的同时，列宁提出了停止赤卫队进攻资本的要求。这不是简单的退却，其中包含了列宁关于在俄国开始消灭资产阶级的思想和策略。

他说，我们虽然暂停了向资本家的进攻，但不代表放松了同他们的斗争，反资本的战争并没有停止。我们这样做是为了对从资本家手中剥夺来的所有企业加强管理，真正组织好计算和监督，从而发展社会大生产，提升劳动生产率，以便更好地战胜资本。

列宁认为，当时的俄国已经进入了无产阶级同资产阶级斗争的新阶段，要在俄国造成这样的条件：那就是让他们——资产阶级不仅不能生存下去，也不能再次在社会中产生，并指出，如果做不到这一点，社会主义是没有希望的。[②]

列宁关于造成让资产阶级无法再产生的条件的思想，既包含了消灭资产阶级（消灭阶级）的内容，又包含了一个非常有“列宁主义”特点的新内容，即对小生产、小商品经济和小资产阶级的态度。后来列宁关于消灭小生产的极端做法和理论，应该是在此时就有了思想的萌芽。

四　急于求成的理论苗头

透过列宁使用的“着手建设社会主义社会”[③] 和不同语境下各种

① 《列宁全集》第 34 卷，人民出版社 2017 年版，第 274 页。

② 参见《列宁全集》第 34 卷，人民出版社 2017 年版，第 157 页。

③ 《列宁全集》第 33 卷，人民出版社 2017 年版，第 209 页。

关于"共产主义分配"的表述，可以看出这个时期列宁一国首先胜利思想的一个新的苗头，即急于过渡、趁早过渡到社会主义，甚至"现在"就实行某些共产主义原则的过于乐观的思想和情绪：在列宁眼里，俄国不仅可以率先完成社会主义改造，也应该能够实现直接过渡，开始社会主义建设；甚至可以开始运用"共产主义"的分配手段。

1. 向社会主义直接过渡

对于俄国的情况，列宁是有过正确判断的，即俄国目前还处在向社会主义过渡的时期，"我们甚至远没有结束从资本主义到社会主义的过渡时期"①，它的终点是建成完全的社会主义社会，而社会主义改造所扮演的角色则是这整个"漫长的、比较困难的"② 过渡阶段的最初阶段和步骤。

不过，这一时期列宁的全部著作中，完全没有谈到社会主义经济同资本主义要素——市场和商业的任何关系，说明此时他的思想中是把私有经济、市场和商业看成社会主义对立物的，认为俄国不需要经历一个旧的经济与社会主义两者相适应的过程，就可以直接建立真正社会主义的经济，"只要建立了国家生产和国家分配制度以后，就可以直接进入一个与以前不同的生产和分配的经济制度。"③ 在这里，向社会主义经济制度直接过渡的思想，列宁已经比较明确地表达出来了。

从实践上、具体操作上看，列宁关于向社会主义过渡的思想通过一系列政策措施在俄国也已经得到了体现。在一国内首先完成无产阶级革命，建立并且巩固苏维埃政权，首先开始并加速实现社会主义改造，首先开始建设社会主义的理论也在实践中系统化了。

当然，此时的列宁还坚持认为，单独一个国家是不能取得社会主义的最终胜利的。他也强调，俄国社会主义的最终胜利需要欧洲先进国家革命的配合，"除了俄国和欧洲资产阶级的完全覆灭以外，怎么

① 《列宁全集》第 33 卷，人民出版社 2017 年版，第 276 页。

② 《列宁全集》第 33 卷，人民出版社 2017 年版，第 268 页。

③ 中国人民大学马列发展史研究所：《列宁思想史》，人民出版社 1988 年版，第 483 页。

能设想社会主义的胜利呢?”① 显然,列宁还是比较客观和理性的。然而,面临恶劣的斗争条件特别是严重的粮食困难,新政权不得不采取了粮食强制收购制度,并在全国范围内进行国家调节和分配。这对这一时期列宁的思想带来了重要的影响。

2. 实行共产主义的分配

粮食和燃料的短缺直接威胁着苏俄,工人和城市居民面临着饿死的危险。列宁指出,要挽救俄国,必须同饥荒作斗争。为应对粮食危机,1918 年 5 月,苏俄发布法令,强制要求持有粮食的人不能存有余粮,余粮必须以国家规定的价格交售,禁止私粮贸易。

同时,“必须实行最严格的计算与监督”,以便更好地计算余粮,将粮食和燃料公平合理地分配给人民。列宁指出:“这已经不是‘一般革命的’任务,而正是共产主义的任务。”②为此,“一切都必须精打细算。这是共产主义分配的教训”③。而要做到这些,只能依靠俄国的无产阶级和贫苦农民的双手,依靠他们的联合“努力来完成一切”④。因为他们有着共同的目标,那就是争取社会主义制度的胜利。

尽管如此严厉的粮食政策、计算分配政策是由于严重的饥荒,是特殊困难条件下的非常措施,但列宁确实看到了这种措施的巨大潜力,并过于乐观地评价了它的理论价值。

在谈到社会主义改造的最终目的时,列宁说,目的就是“建立共产主义社会”,还说,“共产主义社会不仅仅限于剥夺工厂、土地和生产资料,不仅仅限于严格地计算和监督产品的生产和分配,并且要更进一步实行各尽所能、按需分配的原则”。⑤ 1918 年 6 月,列宁在一次联席会议上作报告,他分析了当时的国际局势,并在回顾了苏维埃政权同饥荒作斗争的过程和采取的措施之后,欣喜地讲到,俄国正在

① 《列宁全集》第 33 卷,人民出版社 2017 年版,第 272 页。
② 《列宁全集》第 34 卷,人民出版社 2017 年版,第 339 页。
③ 《列宁全集》第 34 卷,人民出版社 2017 年版,第 345 页。
④ 《列宁全集》第 34 卷,人民出版社 2017 年版,第 343 页。
⑤ 《列宁全集》第 34 卷,人民出版社 2017 年版,第 41 页。

“打下共产主义分配的基础，为真正奠定共产主义社会的牢固基石而奋斗”[①]。而计算和监督，正是“使共产主义社会正常地运转所必需的主要条件”[②]。显然，列宁将粮食分配制度、计算和监督制度与共产主义分配甚至共产主义社会都紧密地联系在了一起。

此外，列宁还曾对俄国社会主义改造所需时长给出了估计。他说：“依靠无产阶级专政，在银行和大工业国有化的基础上，在城市同农村小农的消费合作社实行实物产品交换的情况下，只要保证有几个月的和平工作，那么，俄国的改造在经济上是完全可能的。而这种改造将使社会主义既在俄国又在全世界都立于不败之地。”[③] 以为只需要“几个月”的时间，整个俄国就可以完成社会主义改造，俄国一国的社会主义就能够得到完全巩固的观点，现在看来无论如何也是太过乐观的估计，显然超出了当时俄国的现实。这比较明显地反映出当时的列宁希望用最短的时间完成对俄国经济的改造，尽快开始社会主义建设的非常迫切的心情，也反映出存在于列宁脑海中的急于向社会主义社会过渡的思想。

在这个时期列宁的理论著述和苏维埃政策实践中，迅速完成社会主义改造、向社会主义直接过渡甚至实行“共产主义”的分配，已经表现出“急于过渡”的“左”倾思想和超越阶段的思想苗头。这为一国首先胜利论随后的曲折发展埋下了伏笔。

新经济政策时期列宁的反思，证明了笔者上述观点。在莫斯科省第七次党代表大会上作的关于新经济政策的报告中，列宁承认，从1917年底到1918年初这段时期，尽管当时也知道革命的发展可能很漫长，但在实际操作中，自己对革命的困难、任务的艰巨和时间的漫长还是估计不足。他说自己在设想革命发展道路时，“都是从直接过渡到社会主义建设……出发的”，而且“甚至不记得有什么例外”。

① 《列宁全集》第34卷，人民出版社2017年版，第386页。
② 《列宁全集》第34卷，人民出版社2017年版，第246页。
③ 《列宁全集》第33卷，人民出版社2017年版，第258页。

列宁明确指出，自己于1918年三四月间涉及“社会主义建设”[①]的那些文章更能说明这个错误。

第二节　一国首先胜利论的曲折发展与战时共产主义

1918年夏，外国武装干涉和国内战争爆发，俄国进入战时共产主义时期。此后近三年的时间里，为保卫新生的无产阶级政权，为在极度艰难困苦的条件下赢得战争的胜利，布尔什维克在全俄范围内广泛而严厉地实行了战时共产主义政策。与此同时，一国首先胜利理论也向前迈进了一大步，由一国开始社会主义建设跨入一国建成社会主义甚至共产主义。然而过犹不及，这一大步是列宁和布尔什维克党“急于求成”“超越阶段”的“左”倾错误的理论表现，在实践上也不可避免地失败了。

一　外国武装干涉和国内战争与战时共产主义

1918年夏天爆发的外国武装干涉和内战，“暂时打断”了苏俄进一步完成社会主义改造和进行经济建设的进程，使苏维埃政权的工作重心不得不回归谋求生存和巩固政权的努力。为此，俄国走上了战时共产主义道路。

1. 外国武装干涉和内战爆发造成苏维埃政权的特殊困难

对帝国主义列强武装干涉和扼杀新生无产阶级政权的可能性，列宁一直抱有警惕。国际局势瞬息万变，列强们不可能对这样一个脱离了帝国主义序列，破坏了原本国际秩序原则的社会主义国家置之不理，“布尔什维克既然是世界造反的中心，西方协约各国自然不会对它太客气”[②]。因此，将苏维埃俄国“扼死在摇篮里”就成为它们必

① 《列宁全集》第42卷，人民出版社2017年版，第231页。

② ［英］霍布斯鲍姆：《年代四部曲·极端的年代1914—1991》，郑明萱译，中信出版集团2021年版，第80页。

然的选择。列宁也说，苏俄与实力强大的帝国主义势力不可能和睦共处，这是由后者的客观地位和经济利益决定的。列宁曾指出，谁也无法估计我们刚刚赢得的这个和平时期会持续多久，“可能比较长，也可能只有几天”①。1918 年 5 月，俄共布中央发出警告：“从西方到东方，强盗们正准备对我们下手。”②

早在 3—4 月，英法美就曾派遣少量军队在俄国北部和远东地区进行武装行动，挑衅苏俄政府。5 月，它们策划了捷克斯洛伐克军团的反苏维埃叛乱。

6 月，协约国加强了对俄国的军事行动，英法美意包括日本在内的十多万军队全面入侵俄国本土。德国见有机可乘，直接撕毁了和平条约，再次出兵俄国。同时，还“存活”的俄国地主、资产阶级和反革命分子也趁势兴风作浪，组织白军，同外国反动势力相勾结，妄图内外夹击，消灭苏维埃政权。于是，新的战争开始了。在很短的时间内，苏维埃政权控制区的四分之三沦陷，战略空间被不断压缩，重要的粮食产区、原料燃料产区的丢失更加剧了俄国的困境，供应断绝，物资极度缺乏。苏俄政权处于敌人的包围之中，形势十分危急。

苏维埃政权建立后，经济的破坏和困难一直困扰着苏俄，特别是饥荒的阴影更是挥之不去。在国内战争前，列宁就屡次对这个问题发表论述并采取了相应的措施，如粮食垄断。但形势依然不乐观，5 月的粮食采购计划只完成了预定的 12.2%，而莫斯科和彼得格勒两大城市的粮食供应计划完成度更低，只有 5.7%。国内战争的爆发和前线的暂时失利，使俄国的粮食和能源状况雪上加霜，饥饿甚至成为比反动军队更为凶恶的敌人。

---

① 《列宁全集》第 34 卷，人民出版社 2017 年版，第 21 页。

② 沈志华、于沛等主编：《苏联共产党九十三年——1898 至 1991 年苏共历史大事实录》，当代中国出版社 1993 年版，第 177 页。

2. 应对极其残酷的战争和特殊困难的特殊措施统称战时共产主义政策

面对来势汹汹的敌人和险恶的形势，列宁果断宣布俄国进入战争状态，开始全国总动员，积极迎战。这是一场“俄国各民族的工人和农民反对苏维埃政权内外敌人的战争”①。苏俄国家机器全力围绕战争运转，所有活动都必须服从于军事任务，所有人力物力都必须用于战争需要。7 月 29 日，列宁指出，摆在俄国面前的是整个资本主义（帝国主义）世界和国内反革命势力联合起来的进攻，在这个时刻，“我们的迫切任务，再说一遍，就是保持住这个政权”②。即，苏俄必须集中全部力量，一切为了战争，为了战胜敌人，为了苏维埃政权的长存。没有了苏维埃共和国、没有了布尔什维克，不仅俄国的革命、国际社会主义革命的前途都会被葬送。“我们必须把我们整个宣传鼓动工作转到这方面来，并相应地把我们全部苏维埃工作的重心转过来。”③ 这场战争列宁其实早就预见过了，它实际上就是列宁在《口号》和《军事纲领》中提出一国首先胜利论时讲到的，那个胜利的一国将会面对的保卫祖国的正义战争。

为此，战争状态下的苏俄必须转而执行以保卫祖国、赢得胜利为目的的一系列新的方针政策。外国武装干涉和国内战争，这个苏俄成立后最大的危机并没有将列宁打垮，相反却激发了他无穷的革命热情和创造力。在经历了极其短暂的“慌乱”之后，列宁领导苏俄政府迅速转变了国内政策，从而使苏俄进入了一个新的时期——“战时共产主义”时期。④

战时共产主义政策是从实行严格的余粮收集制和配给制开始的。

① 苏联（布）中央特设委员会编：《联共（布）党史简明教程》，中共中央编译局译，人民出版社 1975 年版，第 251 页。

② 《列宁全集》第 35 卷，人民出版社 2017 年版，第 8 页。

③ 《列宁全集》第 35 卷，人民出版社 2017 年版，第 7 页。

④ “战时共产主义”这个叫法，是列宁在 1921 年 4 月《论粮食税》中回顾这个时期的思想和各项措施时首次使用的。

从解决粮食问题入手，苏俄在各个方面施行了一系列政策，由此形成了战时共产主义政策。鉴于粮食问题的严峻性，1918 年 8 月 2 日，列宁提交了《关于粮食问题的提纲》，拟定了基本的粮食政策。提出：必须采取紧急措施，征购全部工业品进行商品交换；合作社成为粮食上交和换取工业品的部门；农民必须向国家登记多余的粮食，否则严惩。在这之后，列宁还提出过征收实物税的办法。

然而，征购粮食的工作很不顺利，加之反动势力的加紧进攻，形势危急，无奈之下，只得采用更加激进的办法。1919 年 1 月，列宁和人民委员会决定实施余粮收集制，并颁布了《关于在产粮省份收集国家粮食和饲料的法令》，这就是著名的余粮收集制法令。法令要求，将国家垄断和粮食收集扩大到一切主要食品，并由国家全权负责对居民的供给。列宁在讲话中，把这个粮食政策称为俄国“自己的共产主义粮食政策的原则”[①]，要求必须坚决地贯彻下去。

1919 年 12 月，全俄苏维埃代表大会将“所有农产品”都列为征收范围。为此列宁指出，要“更严格更全面地贯彻征收原则”[②]。粮食不再根据农民的实际情况而是根据国家的需要来征收，这就意味着一部分口粮也在征收之列。以往的粮食收集还用货币和工业品作为补偿和交换手段，但由于工业品短缺，货币在当时也已变得毫无价值，余粮收集也就变成了一种强制的和无偿的剥夺。至此，强制性的、无偿的、覆盖所有农产品的余粮收集制就上升为“救命”的措施，成为苏俄战时共产主义政策中的关键一环。

余粮收集制是“战时共产主义的核心”[③]，代表了“一个新时期的开始”[④]。由它引发，1918 年到 1920 年，苏俄接连推出和实施了一系列涉及政治、经济、社会等各方面的“非常”政策，在俄国实行了

---

① 《列宁全集》第 35 卷，人民出版社 2017 年版，第 412 页。

② 《列宁全集》第 38 卷，人民出版社 2017 年版，第 53 页。

③ 《列宁全集》第 35 卷，人民出版社 1985 年版，前言第Ⅳ页。

④ ［苏］埃·鲍·根基娜：《列宁的国务活动 1921—1923》，梅明译，中国人民大学出版社 1982 年版，第 25 页。

全面的战时共产主义制度：工业国有化速度加快，包括5—10人的小企业在内都被全盘国有化；建立严厉的军事化的总管理局体制，实现整个国家经济管理的高度集权；实行商业国有化，取缔市场，取消自由贸易，实行实物化交换，建立城乡间直接交换；对劳动实行军事化管理，强制普遍义务劳动；由国家各级机关统管分配，按最低标准实行平均主义分配，按战争所需实行严格的供给制和配给制；等等。就这样，战时共产主义政策逐步地形成了覆盖全国、覆盖各行各业和全体人民生活的政策体系。

战时共产主义就是采用军事的、国家强制的手段保证其实施的战时体制，它的出现和形成具有应急性和临时性的特点。列宁使用“战时”一词也表明了其时效性，是属于苏俄战争时期的一种特殊现象。战时共产主义政策并不是事先制定好的，而是随着俄国内战需要和战争进程逐步形成的。在此期间，战时共产主义政策的实施和制度建设的实践，促使列宁的一国首先胜利论发生了大的跨越。可以说，战时共产主义大幅催化了列宁关于向社会主义（共产主义）直接过渡的思想，而一国可以首先建成社会主义甚至共产主义的思想，也被确立并被积极、坚定地执行下去。

一国首先胜利论，由此进入其发展演进的曲折期。

二　一国（可以）首先建成社会主义

战时共产主义时期，列宁和苏维埃政权一天也没有放弃追求社会主义革命胜利的努力，坚持“尽力做到在一个国家内所能做到的一切”[①]。在宣布苏俄全民动员进入战争状态后的第二天，也就是1918年7月30日，列宁还高度赞扬了8个月来苏俄所取得的社会主义改造和建设成就，并强调要继续完成“管理、组织和监督”[②]的任务，以充分发挥人民的经营管理能力。借助于战时的特殊条件，列宁把社

① 《列宁全集》第35卷，人民出版社2017年版，第294页。
② 《列宁全集》第35卷，人民出版社2017年版，第18页。

会主义革命在俄国的任务作了进一步的提升，提出了一国首先建成社会主义的目标并为此付出了实际的努力。

1. 那个著名的公式背后

1918 年 4 月，列宁在《苏维埃政权的当前任务》中提出了一个著名的公式："苏维埃政权 + 普鲁士的铁路秩序 + 美国的技术和托拉斯组织 + 美国的国民教育等等等等 + + = 总和 = 社会主义。"① 从中，我们可以看出至少两点。其一，社会主义在俄国最终是可以实现的。有了苏维埃政权之后，资本主义的各项"技术性成就"都可以直接用来作为社会主义的建设"材料"，而且，这些都是完全可以通过"吸取"，即引进和学习做到的。当俄国能够实现上述各项要求的时候，社会主义社会就会到来。也就是说，列宁希望在俄国通过不断地寻找、学习、建设和积累这些社会主义性质的因素，以达到由量变向质变的飞跃。其二，在"等等等等"后面，列宁还附了两个加号，说明这个公式还远远没有完结，还会随着资本主义的发展而不断涌现新的内容，社会主义俄国需要不断地学习。因此，列宁在这里其实也把俄国的社会主义建设表述为一个时间漫长、内容丰富的过程。

据此可以说，列宁有过俄国一国可以建成社会主义的设想。不过请注意，这是国内战争前列宁的看法。

2. 消灭阶级及其理论意义

革命胜利后，苏维埃政权就开始了在农村废除封建土地所有制、消灭地主阶级和在城市剥夺剥夺者的努力。经过斗争，城市大资本或者说资产阶级的主体事实上已经被消灭了。到战时共产主义初期，更为激烈和彻底的国有化措施，使得整个资产阶级存在的经济基础（资本）完全瓦解。1919 年 10 月，列宁又提出了一个社会主义公式——"社会主义就是消灭阶级"②。无产阶级政权的当然任务就是推翻资本家，让所有人都去劳动，成为平等的劳动者并消灭工人和农民的差别，

① 《列宁全集》第 34 卷，人民出版社 2017 年版，第 520 页。

② 《列宁全集》第 37 卷，人民出版社 2017 年版，第 274 页。

消灭脑体劳动差别。这是列宁和当时的社会主义理论基本一致的看法。

十月革命之后，就全国范围而言，农村和城市的革命进程并不一致，农村还是民主革命。到 1918 年夏天，农村开启了反对资本、农村资产阶级（富农）的社会主义斗争。① 这个时间与国内战争爆发几乎同时。通过严厉的军事手段，城市资产阶级和“农村资产阶级”的被“消灭”已成为事实，“消灭资产阶级”的任务主体上迅速完成。这也就表明，俄国实际上基本或者说正在满足列宁为在本国实现社会主义设定的一个重要条件。之后，列宁又将其工作重点转向农村改造和实现小商品经济到公共大经济的转变，这可以说是他为社会主义的建成提出的又一个要求。列宁指出，加速这种转变的办法，“只有帮助农民大大改进以至根本改造全部农业技术”②。

虽然列宁关于消灭阶级的思想并不系统和完整，但作为无产阶级专政的任务和社会主义建设、实现的重要前提，无论在理论上还是在当时的实践中，都是列宁社会主义胜利思想中非常重要的内容。而且，苏俄在这方面已经取得了较大的成绩。

3. 社会主义制度建设

战时共产主义时期，列宁在理论和实践两个层面上对社会主义制度建设付出了特别的努力。正如他在 1919 年所说，两年的战争 =“两年的社会主义建设”③。

第一，每当战争形势有所好转，列宁就会大力强调经济建设，并且表现出较强的信心。

列宁指出，一旦苏俄获得和平建设的机会，“我们可以保证说，在和平建设事业中我们在最初几年就会创造出奇迹。”④ 1919 年初，红军粉碎了英、美干涉军的进攻，迫使列强放弃了直接派兵武装干涉

① 《苏联社会主义经济史》第 1 卷，生活·读书·新知三联书店 1979 年版，第 259 页。
② 《列宁全集》第 37 卷，人民出版社 2017 年版，第 275 页。
③ 《列宁全集》第 37 卷，人民出版社 2017 年版，第 280 页。
④ 《列宁全集》第 37 卷，人民出版社 2017 年版，第 399 页。

的念头，国内战争赢得了初步胜利。1919 年底，红军打败了高尔察克、邓尼金、尤登尼奇的军队，解放了大片领土，取得了国内战争的阶段性胜利。鉴于此，英、法、美等国在 1920 年 1 月解除了对苏俄的封锁。

与过去相比较，此时的苏俄已经具备了更加有利的条件：国际隔绝状态被暂时解除，俄国有机会同外部世界产生联系，特别是同先进国家的联系，从而得到一定的援助。如此，列宁期望和等待的一个加强建设社会主义的时机到来了。对此，列宁迅速作出了回应，指出俄国有可能借此同欧洲各国进行商品交换，获得苏俄目前所需的技术、物品等资源，它们完全可以被我们应用到俄国的社会主义建设上。列宁曾指出，要建设社会主义，甚至未来的共产主义，资本主义的优秀文化是必不可少的，必须加以利用。而现在，机会已经出现了。

第二，战时共产主义时期，列宁更多是在制度层面上强调社会主义建设。

从革命胜利初期推行农村土地国有化和银行国有化、向资本进攻，到 1918 年下半年对中小资本的没收，苏维埃俄国已经初步建立了社会主义经济制度的所有制基础。后来，随着生产和分配的监督和计算、强制性的有组织的劳动制度的建立，随着余粮收集制为代表的分配制度的建立，苏维埃俄国的新型经济制度已经初步建立起来。而在这个过程中，无产阶级的政权——苏维埃的国家机关、政府架构、制度建设已先行实现。整个战时共产主义时期，列宁社会主义革命任务的主要表现为社会主义制度建设，而在列宁当时的语境中，“社会主义社会”和“社会主义制度”是同一个概念，社会主义制度的确立就等于俄国社会主义的一国首先胜利。考察这一时期列宁的具体论述，更多的是指向社会主义经济制度的建立。

1919 年 8 月，列宁宣布，在现在的苏俄，社会主义社会正在诞生[①]。

---

① 参见《列宁全集》第 37 卷，人民出版社 2017 年版，第 164 页。

他指出，贯彻好余粮收集制就能“保证社会主义的生产和分配”，就能“保证彻底的社会主义制度的确立”。只要国家的粮食收集能够有保障，并将之正确地、合理地分配出去，红军就能战胜敌人，俄国的工业就能得到恢复①，俄国就能有计划地实现社会主义。1919 年底，列宁又讲道：“社会主义的前提是在没有资本家帮助的情况下进行工作，是在劳动者的有组织的先锋队……施行最严格的计算、监督和监察下进行社会劳动。”② 而这些正是俄国正在严厉实行的措施。显然，“社会主义的前提”在俄国是完全有保证、可以实现的，因而可以说社会主义在俄国的建成也是能够完成的。1920 年 3 月，列宁在一次苏维埃会议上说，苏维埃政权国内建设的任务不仅要振兴国家、恢复经济，还要“组织社会主义社会”。

苏俄已经用事实证明，它有能力对抗国内外联合势力的疯狂进攻，守卫苏维埃。这样一来，苏俄的社会主义建设就多了一层重要保证。苏俄会坚定不移地遵从国家既定的计划，特别是现在的它已经“走上了社会主义的道路”③。1920 年 5 月，列宁还明确地讲，“我们要向所有的人证明我们能够完成组织劳动者的社会主义社会这一任务。”④

这表明，列宁认为当时的苏俄已经在实行社会主义分配制度、生产管理制度和普遍劳动制度，“组织社会主义社会”的任务，可以理解为不断从经济生活和社会管理的各个方面加强社会主义制度建设。

4. 弥补争取俄国社会主义胜利的短板

苏俄要实现社会主义，农业（农村）是一个主要的短板，列宁自然非常重视。因而在战时共产主义时期，对农村的社会主义改造被提上日程并加快了速度。

---

① 《列宁全集》第 37 卷，人民出版社 2017 年版，第 162 页。
② 《列宁全集》第 38 卷，人民出版社 2017 年版，第 36 页。
③ 《列宁全集》第 37 卷，人民出版社 2017 年版，第 297 页。
④ 《列宁全集》第 39 卷，人民出版社 2017 年版，第 96 页。

1918年11月，列宁就提出了个体经济向共耕制过渡的命题。这个思想，就是促使小农经济转向公有制经济、社会主义大农业方向，从而迈进社会主义。到12月，列宁认为苏俄的农村已经“转到建立社会主义制度”[①] 上来了。1919年2月，全俄执行委员会作出《关于社会主义土地整理和过渡到社会主义农业的措施》的决议，要求按照社会主义原则组织农业，将个体农业转为协作模式，利用苏维埃农场、共耕制、农业生产公社等使国营的和集体的经济来替代个人对土地的使用形式。就像决议的名称，在农村，苏俄的工作就是让农业、小农经济快速地向社会主义农业、社会主义经济过渡，为“完全过渡到共产主义农业创造条件”[②]。列宁主张用国家说服和强制的办法来帮助农民，提高农业劳动生产率，发展农村公共大经济。此后，社会主义大经济在农村得到了发展，农业合作社也随之发展起来。[③] 1920年，当列宁决定实施电气化计划时，他对小农经济就更“不满”了，急迫地想对小农经济进行进一步的、更大规模的改造，用新的技术将之转变为大工业经济的基础。如此，上文所说的通过“改造农业技术”，以加速向公共大经济的转变也就可以更快地实现了。

这样，农村中的社会主义成分有了相当程度的增加。苏俄实现社会主义的最大一块短板也就得到了一定的弥补。到了这个时候，苏俄的社会主义革命就在农村和城市之间变得比较平衡了。

通过上面的考察和分析，我们可以基本确认：这一时期，列宁的一国首先胜利论被比较明确地表述为一国可以首先建成社会主义的思想，尽管他并没有直截了当地说出来。三年的战时共产主义使苏俄政权得到了比较充分的巩固，同时在社会主义革命、建设上前进了一步，与欧洲革命相比拥有了更大的优势，因而苏俄的发展也会又先于

---

① 《列宁全集》第35卷，人民出版社2017年版，第351页。

② 《苏联共产党和苏联政府经济问题决议汇编》第1卷，中国人民大学出版社1984年版，第120页。

③ 在实践中，农村的改造更多采用了强制的而非说服的方法，而合作社也变成了单纯的分配机关。

他国一步。而且，苏俄的种种成就都是在本国范围内通过自己的力量取得的。因此，列宁在很多时候强调和主张依靠无产阶级国家政权，依靠布尔什维克和本国人民的奋斗精神，以便在俄国争取社会主义更大的胜利。这个胜利，就包括了一国建成社会主义的胜利。此外，列宁不单单是对俄国如此“高标准、严要求”，对其他国家也提出了社会主义的要求。1919 年，列宁主持建立了新的国际——共产国际。国际的主要目的之一，就是推动他国建立“工人阶级（有的地方则是农村半无产阶级即贫农）的专政”①，指导他国“如何用革命的方法把资本主义社会改造成社会主义社会”②。国际要求，各国党要用实际行动加速革命的到来，进行革命的准备，即准备“取得国家政权，并且是取得无产阶级专政形式的政权”③。

三　一国（可以）首先建成共产主义

托洛茨基曾说：“在物质资料极端贫乏的情况下，创造性思想达到极为大胆的程度，特别是列宁个人的思想。”④ 在战争造成的极度艰苦环境中，列宁和苏维埃政权仍然十分重视并大力推进社会主义改造和各项建设，不仅将之视为赢得战争、巩固政权的必要条件，而且视为社会主义在俄国胜利的内容。随着战争态势逐渐向有利于苏俄的方向转变，列宁也对社会主义、共产主义建设倾注了更多的心血和关注。在战时共产主义时期，列宁一国首先胜利的思想也达到了极致。

---

① 戴隆斌主编：《国际共产主义运动历史文献》第 29 卷，中央编译出版社 2012 年版，第 6 页。

② Александров В. И. . *Ленин И Коминтерн*: *Из Истории Разраб. Теории и Тактики междунар. ком. движения*. М. : Мысль, 1972. С. 83.

③ *Коммунистический Интернационал в Документах. Решения, Тезисы и Воззвания конгрессов. Коминтерна и Пленумов ИККИ*. 1919 – 1932 / Ин – т Маркса – Энгельса – Ленина при ЦК ВКП（б）. М. : Парт. изд – во, 1933. С. 93.

④ ［苏］托洛茨基：《被背叛了的革命 苏联的现状及前途》，柴金如译，生活·读书·新知三联出版社 1963 年版，第 13 页。

1. 高度评价“星期六义务劳动”

看到英、法、奥、意工人发起的“不许干涉苏俄”运动，看到国内反对外国干涉的战争局势正在好转等情况，1919 年 10 月底，列宁坚定地说，在国际上，全世界资产阶级想用武力打倒俄国是不可能办到的。抛开主要国家资产阶级统治面临的内部瓦解和国内工人、农民和军队对战争的抵制等原因，还有一点特别重要，那就是就苏俄而言，“从无产阶级专政的基本经济问题来看，共产主义战胜资本主义在我国是有保证的”①。

苏俄国内外情况发生的一些利好变化，刺激着列宁的神经，让列宁的视点更加集中到俄国的国内建设上。而苏俄内部自发生长出来的各种共产主义因素，更使他看到了无产阶级解放事业在俄国表现出的巨大潜力。从 1919 年 4 月开始，喀山火车站的工人为支援前线，自愿放弃休息时间，在下班后继续工作，不要任何报酬。此后，星期六义务劳动迅速扩散为群众性运动。

对于这场群众性的义务劳动运动，列宁听闻后大加赞扬，给予了高度的评价，特别强调：这是共产主义精神的重要体现，“是共产主义的实际开端”②。列宁认为，目前的情况是，俄国的共产主义的萌芽（因素）已经产生，只是它们还比较弱小。只要保护好这些幼芽，并促使其茁壮成长，它们终将会发展为“完全的共产主义”③。其实，就像列宁之前列举的那个社会主义的重要公式一样，他也将这种逐步积累因素的方法用在了共产主义上，将之变成了一个“看似简单”的加法。当各种共产主义的萌芽、因素在俄国足够多的时候，共产主义社会就会实现。曾有俄国学者这样分析那时俄国的特点，“就是把尽可能多的‘共产主义’因素注入社会经济制度之中”④。

---

① 《列宁全集》第 37 卷，人民出版社 2017 年版，第 272 页。

② 《列宁全集》第 37 卷，人民出版社 2017 年版，第 19 页。

③ 《列宁全集》第 37 卷，人民出版社 2017 年版，第 22 页。

④ ［南］马尔科维奇、［美］塔克等：《国外学者论斯大林模式》（上），李宗禹主编，中央编译出版社 1995 年版，第 373 页。

到1919年12月，列宁对共产主义作了一番解释，指出，共产主义就是一种无须强制，人民就会自愿、习惯地履行义务，无须报酬也会为所有人的公共利益工作的制度。① 按照列宁的这个定义，可以看到施行了战时共产主义的俄国，已然在接近这个标准，在向共产主义靠近，或者也可以说共产主义已经在这个国家开始了它的成长。

1920年10月，在《青年团的任务》中，列宁又说道，共产主义社会＝公共的土地和工厂＋实行共同劳动。② 通过这个公式，列宁既再次表达了他对共同劳动的肯定和重视，又对共产主义实现的可能性进行了肯定。而且，列宁这个关于共产主义的加法公式对目前的俄国来说显得更“容易”“简洁”。他甚至预言：苏俄15岁的这一代年轻人，10—20年后将会“看到……也要亲手建设”共产主义，他们将“生活在共产主义社会里”③，列宁连时间都已经为俄国共产主义的实现预算好了。

在这里，虽然是基于宣传鼓动的需要，通篇也是演讲的语气，不免有些夸张，但是列宁已比较明确地表述了这样的思想：通过苏维埃青年和广大人民积极热情的努力，通过俄国现在的道路，共产主义社会将会在俄国建成。

2. 借助电气化加速共产主义建设

国内战争对俄国造成了极大的破坏，必须尽快医治战争创伤，挽救濒临崩溃的经济。欧洲先进国家已经实现了电气化的现实，给列宁带来了一个重要启示——通过加速实现电气化迅速恢复经济，推进俄国的共产主义事业。

1920年初，内战尚未结束，列宁就提出了以电气化为经济建设基础的伟大计划——全俄电气化计划，要求全力发展大机器生产和工业化，以恢复和推动国民经济的发展。

① 参见《列宁全集》第38卷，人民出版社2017年版，第37页。
② 参见《列宁全集》第39卷，人民出版社2017年版，第343页。
③ 《列宁全集》第39卷，人民出版社2017年版，第346页。

列宁对“电气化”寄予了极大期望。2月，列宁指出：“实现电气化将是走向按共产主义方式组织社会经济生活的第一个重要阶段。”① 1920年底，在全俄苏维埃第八次代表大会上，列宁将电气化计划的地位上升为第二个党纲，认为它是一个关乎苏俄远景的重要计划，“是一个为期不下十年的、表明怎样把俄国转到共产主义所必需的真正经济基础上去的伟大的经济计划。”② 随后，列宁又提出了另一个意义重大的公式，即“共产主义就是苏维埃政权加全国电气化”③。他还说：如果俄国建成一个由大量电站和技术设备组合而成的密网，“那么，我们的共产主义经济建设就会成为未来的社会主义的欧洲和亚洲的榜样”④。

从列宁对电气化计划的论述中，我们可以得到五个重要的信息。其一，“电气化计划”是与共产主义建设的目标联系在一起的，上述公式已经表明，“电气化”是列宁为苏俄找到的走向共产主义的基础性因素。没有基础，共产主义是没有希望的。全俄电气化计划付诸实施，就是共产主义基础建设的开始。其二，“电气化”在全俄实现后，俄国通往共产主义的大门就会打开，共产主义就会很快来临。苏俄现在要做并且能做的，便是借助战时共产主义的有力手段，集中力量，尽快地奠定共产主义所需的基础。其三，列宁为苏俄电气化计划的完成预设了10—20年的限期。这表明，列宁对于苏俄的发展很有“野心”，他认为俄国电气化计划的完成只需要十多年的时间，最多不超过20年。“我们的电气化计划预定10年完成，如果情况非常顺利的话。这就是我们建立新制度的最短期限。”⑤这足见列宁的强大自信。甚至，在列宁目光可及的未来，共产主义已经在向苏俄招手了。其四，列宁关于在俄国建设共产主义绝不仅仅是纸上谈兵，而是具体明

① 《列宁全集》第38卷，人民出版社2017年版，第176页。
② 《列宁全集》第40卷，人民出版社2017年版，第158页。
③ 《列宁全集》第40卷，人民出版社2017年版，第159页。
④ 《列宁全集》第40卷，人民出版社2017年版，第161页。
⑤ 《列宁全集》第39卷，人民出版社2017年版，第124—125页。

确并已付诸实施的建设计划。正如列宁所说："共产主义现在已经不再只是我们的纲领、理论和课题了，它已经是我们今天的实际建设事业了。"① 其五，在此时的列宁看来，一旦电气化在苏维埃俄国的全面实现，无产阶级专政的国家政权加上发达的经济和富裕的人民生活，这样一个崭新的"共产主义"国家就会出现在欧洲的东方。现在还经济落后的俄国就会在社会主义革命的进程中大大领先西欧资本主义先进国家，甚至领先一个社会发展阶段，为欧洲以及亚洲的社会主义树立榜样。

那么我们可以得出，此时列宁的思想是：一国可以首先建成共产主义，至少是接近建成共产主义。这一点，还可以从著名历史学家波克罗夫斯基那里得到佐证。米哈伊尔·尼古拉耶维奇·波克罗夫斯基（1868—1932），十月革命、布列斯特和约谈判和俄国内战的亲历者，十月革命期间曾任莫斯科苏维埃主席，战时共产主义时期任苏维埃政府副教育人民委员。他在回忆当时的情景时说："我们觉得，当时的速度已经可以使我们依靠自己的力量，让共产主义指日可待，完全不必等待西方无产阶级的胜利。"②

但是，需要特别指出的是，此时列宁的"共产主义社会"的概念，与列宁《国家与革命》中所说的共产主义社会是存在微妙的区别的。

第三节　过犹不及——一国首先胜利论遭遇严重挫折

战时共产主义政策本来是战争时期的临时性的、不得已而为之的特殊政策，应该随战事的缓和、战争的胜利而放缓和结束。但是，由

① 《列宁全集》第39卷，人民出版社2017年版，第450页。

② 参见陈新明《苏联演变与社会主义改革》，中共中央党校出版社2002年版，第57—58页。

于列宁和苏俄政府将其认定为可以用来实现向共产主义过渡的捷径，反而被更加坚决地加强和推广了。这就导致了战争后期广大农民严重的不满和反抗，导致新的全国性的经济危机并因此引发政权危机。在这种情况下，一国首先胜利论遭遇严重挫折。

一 战时共产主义的困境

从当时的实践来看，战时共产主义政策最大限度地集中和动员了全部的人力物力资源，保证战争之所需，为军队和前线提供了最大支持，为胜利创造了条件。同时，它也为新生的苏维埃政权和战略后方的巩固，提供了有力的经济手段。就像列宁所说的，它“是一种功劳”①。

战时共产主义并不是一开始就已经成熟的政策，而是同战争的发展、同各项政策的实施一道，逐步形成和完善起来的。诚如列宁讲的，它最早是一种在特殊环境下被迫的、不得不实行的临时的办法，是一个应急的政策。然而，战时共产主义的表现与成效带给列宁和俄国太多的惊喜，于是，它便从暂时的政策上升为了苏俄社会的“常态”。

可是，抛开它的功劳，战时共产主义政策长期的、越来越严厉的执行也带来了严重的问题：如高度集中的管理体制，企业受制于计划和任务，排除了效益核算，自身活力无法发挥，也就不能调动起生产的积极性，而低层次的管理水平也造成经济效益的低下；由于工业产品的匮乏和货币的贬值（最终毫无价值），余粮收集制实际上是在无偿地向农民过度索取，而且是强制性的，农民的利益受到严重侵犯，处于被牺牲的地位，生活十分困难，难以忍受的他们最终爆发了激烈的反抗。列宁也承认，在俄国，农民暴动是普遍现象；由于饥荒，众多工人为获取粮食而流向农村，导致产业工人队伍人数下降，苏俄阶级关系发生巨大变化；取消自由贸易，国家全权、全面地负责分配，强迫个体小农直接转到社会主义道路上，违反了农民和小农经济的

① 《列宁全集》第41卷，人民出版社2017年版，第208页。

“天然属性”；等等。战时共产主义政策带来的种种问题，最终酿成了苏俄重大的经济政治危机。

理想是美好的，现实却是残酷的。在一个经济落后且被破坏严重、文化水平不高、社会化大生产不发达的小农国家中，通过国家垄断、计划、行政命令的方法强行越过市场和商品经济的发展阶段，打乱所应遵循的客观经济规律，一下子拔高到按照社会主义共产主义原则调整国家的生产和分配，以期直接地、彻底地摧毁旧经济制度、建立新社会的各项制度。尽管在特殊时期——战争时期——可以一时获得相当大的成绩，但这只是表象和短暂的，无法长久。因而，“争取深刻而重要的社会主义制度”① 在当时的俄国是难以实现的，向共产主义过渡自然更是千难万难。即便最终勉强建成了，由于基础不牢固，也只能是一个低标准的、不完全的、揠苗助长的社会主义（共产主义）社会，它的未来必然堪忧。

三年战时共产主义时期，是列宁最大胆地发展、发挥他的思想，采取行动的时期，他的“野心”展露无遗。在当时的人们看来，列宁领导下的俄国确确实实处于一个最有希望达到社会主义和共产主义的最好时期，苏俄本身是第一次，也是全世界第一个国家，离所有社会主义革命者梦寐以求之地如此之近，仿佛伸手就可触及。然而，我们现在不得不说，当时的列宁以及布尔什维克对社会主义共产主义建设的进程和估计都过于自信，也太过盲目了。对俄国而言，在当时的情况下，一国直接建成社会主义共产主义是不可能的。

最终，列宁不得不承认失败，宣布“退却”，停止实行战时共产主义，同时也就不得不放弃了向共产主义“直接过渡”的努力。

二　一国首先胜利论遭受重挫

战时共产主义政策在实践上遭遇严重挫折的背后，反映了列宁和

① 《列宁全集》第34卷，人民出版社2017年版，第383页。

布尔什维克理论认识的误区，也反映出一国建成社会主义共产主义的理论困境。

应该说，在战时共产主义时期，列宁很是敢想敢干，但同时，他也有过理性的思考。列宁经常谈到，在俄国开展社会主义共产主义建设的长期性和艰巨性。1920年4月，列宁指出："要像在军事任务方面取胜那样在经济任务方面取胜是不可能的……这方面需要进行长期的工作。"[①] 在论及农业政策、农村社会主义建设问题时，列宁指出："无产阶级国家政权只能十分谨慎地逐步前行……才能实现向集体农业的过渡。"[②] 列宁的这些说法是中肯的，对俄国国情、民情的认识也是正确的。一句话，这样的思想和主张才应是架构一条符合苏俄国情的社会主义道路所需要的。然而，列宁表述更多的却是他对俄国即将建成社会主义的乐观言辞。理想因素和现实因素交织在一起，构成了列宁这一时期思想中所存在的一对内在矛盾。

在当时苏俄热火朝天的社会主义建设的相对短暂和片面经验的刺激下，一国首先建成社会主义共产主义的急于求成的心理、盲目乐观的情绪和思想还是占了上风。列宁指出："我们为热情的浪潮所激励……我们曾计划依靠这种热情直接实现与一般政治任务和军事任务同样伟大的经济任务。"[③] 这体现了包括列宁在内的当时绝大多数俄共领导人和普通民众对共产主义狂热向往心态的来源，他们主观上视战时共产主义为捷径，认为越快建成社会主义越好。

对于这种极度狂热的情绪，战时共产主义的推动者之一，奥里明斯基对当时的心理作过这样的描述："似乎现在对我们来说，没有什么不可能的事，只要我们想做，我们就会'瞬间'做到。"[④] 这也可以用来解释，为什么苏俄在1919年底和1920年底两次得到和平建设

① 《列宁全集》第38卷，人民出版社2017年版，第340页。
② 《列宁全集》第39卷，人民出版社2017年版，第174—175页。
③ 《列宁全集》第42卷，人民出版社2017年版，第187页。
④ 参见闻一《凯歌悲壮》，江西人民出版社2006年版，第17—18页。

机会，苏维埃政权却没有改变战时共产主义政策，反而变得更加严厉，继续追求向共产主义过渡。

战时共产主义政策的困境——严重的经济危机和政治危机的爆发，十月革命和打败内外敌人主力军的俄国工人、农民和士兵起来暴动，反对“自己的”政权的残酷事实，毫不留情地教育了思想已经明显“左”倾的布尔什维克们，迫使他们最终放弃战时共产主义，认清了错误。这实际上也就宣布了一国建设成社会主义共产主义理论的失败。1921 年 10 月，列宁总结战时共产主义的教训，进行了深刻的检讨：“我们先前……曾设想过……旧的俄国经济将直接过渡到国家按共产主义原则进行生产和分配。”① 正是因为这样，“在经济战线上，由于我们企图过渡到共产主义，到 1921 年春天我们就遭到了严重的失败，这次失败比高尔察克、邓尼金或皮尔苏茨基使我们遭到的任何一次失败都严重得多，重大得多，危险得多”②。这些都说明了，一国首先胜利论发展到这个阶段，出现了一次大的曲折。

通过本章的考察，我们有理由确信：列宁确有一国可以首先建成社会主义共产主义的思想。但需要指出，此时的一国首先胜利论表现出如下特点。

第一，一国首先胜利论的理论表述和战时共产主义时期特有的策略语言交织在一起，许多时候“社会主义”“共产主义”和“胜利”三个用词常常是一词多义，有时是相容的，有时是矛盾的，这极易引起歧义的理解。

第二，一国可以首先建成社会主义共产主义的思想，是一国首先胜利论演进过程中的一次重大挫折。从理论逻辑、实践结果和列宁后来的反思三个方面综合考察，可以肯定，列宁思想中一国建成社会主义和一国建成共产主义是存在的，但这一思想从实践到理论都遭遇了失败，可以说这一时期的一国首先胜利论是“向前多走了一步的真

① 《列宁全集》第 42 卷，人民出版社 2017 年版，第 192 页。

② 《列宁全集》第 42 卷，人民出版社 2017 年版，第 195 页。

理”，是思想理论上“左”倾冒进的结果，是战时共产主义政策归于失败的理论原因；而战时共产主义政策对赢得战争胜利和巩固政权的突出作用所引起的极度自信、盲目情绪，是多走这一步的心理基础。

第三，此时列宁所用的“共产主义社会”一词，其内涵与《国家与革命》中对社会主义社会一词的使用相似，“杂糅”了过渡时期(无产阶级专政)、社会主义阶段（薪酬制度）和高级阶段（普遍劳动、按需分配、消灭货币和商品、消灭三大差别）三者的特征。因而看起来似乎是可以实现，甚至是可以很快实现的。

第四，此时“胜利”一词的内涵，在这里则更多地体现为“制度性指标”，如土地国有化、银行国有化和工业企业国有化，似乎等于社会主义共产主义公有制；建立严格的监督与计算制度和总管理局制度，似乎等于管理经济的制度；供给制和配给制的实行，似乎等于按需分配制度；强制的义务劳动制，似乎等于普遍劳动的制度；全部产品的无偿征集制，即余粮收集制的极端做法，以及物物交换，似乎等于产品经济；等等。所以，列宁所说的建成社会主义、建成共产主义就其现实可行性而言，应该指的是政治经济社会各方面制度的建立。这就使一国首先建成社会主义共产主义的目标，在列宁看来更加具有了现实可能性和可操作性。

第五，“左”倾冒进的一国首先胜利论遭遇了重大挫折和失败，必然在实践上要求新的经济政治政策和战略策略转变，在理论上要求修正。于是，就有了新经济政策的提出和实践，有了一国首先胜利论修正和完善。

第四章　一国首先胜利论的理论反思和修正

新经济政策的理论实践，实质上既是对战时共产主义政策的反思，又是对超越阶段、急于求成的一国首先胜利论的反思。这一政策的顺利实施、俄国经济的迅速恢复和社会主义建设的顺利进行，为过犹不及的一国首先胜利论在新时期的理论修正打下了基础，提供了动力和丰富的思想材料。列宁临终前对苏联社会主义建设的经验总结和俄国社会主义未来的展望，帮助他完成了对一国首先胜利论的理论修正。

第一节　转向新经济政策

随着反对外国干涉和内战的胜利，俄国社会，农民、工人和士兵对严苛的余粮收集制及其造成的生活困难的忍受程度已经达到了饱和，而俄国经济也面临着更加严峻的困境和危机。此时，喀琅施塔得水兵的暴动又酿成了苏维埃政权历史上第一次革命人民起而反对苏维埃政权的严重政治危机，苏俄进入危急时刻。为此，布尔什维克迅速而正确地作出反应：退却，转向新经济政策。

一　严重的经济政治危机

随着国内和平的真正到来，正当苏维埃政权依据其过于乐观的估计和良好愿望，希望借此继续大步迈向共产主义的时候，国内形势却出现了巨大的反转。

1. 本应改变的政策

1920 年 11 月，俄国人民终于打垮了最后一个反革命势力——弗兰格尔，结束了长达三年的内战，迎来了和平。在苏俄这样一个落后的、经历了四年帝国主义战争、满目疮痍的新生社会主义国家，能在联合起来的内外敌人的进攻下奋战三年并取得胜利，的确是一个伟大的奇迹。其间，战时共产主义政策及其有力实施功不可没。1920 年底，苏俄真正进入了和平建设的阶段。

11 月 21 日，列宁郑重宣告，“即使全世界的社会主义革命推迟爆发”，苏俄也完全有能力生存下去。不过，苏俄能够屹立不倒不是现在才得出的结论，而是在外国武装干涉前就有的“预言”①，如今更被事实所证明。这也说明，三年来不论俄国局势怎么变化，不管革命进程中出现了怎样的跌宕起伏，这个信念是一直深存于列宁心中的。“能够在国际上生存下去”，是苏俄进入新阶段的一个重要特征，苏俄用自己的力量赢得了新的喘息和发展时机。

此时按理说，战争时期所施行的各项“应急”措施和政策的时效性应该结束了，苏俄需要转变国家的大政方针，一国可以建成社会主义的热度也应该相应的降温。

然而，战时共产主义所造就的俄国内部的“大好形势”蒙蔽了俄共的眼睛，一时还难以将之抛开，加之政策本身具有的惯性，因此列宁和苏俄政府决定继续推行战时共产主义政策。12 月召开的苏维埃八大作出决定，加强国家在发展农业上的强制性作用，采用摊派的办法强化余粮收集，加强粮食收购工作；由国家规定播种面积，分配种子，限期完成播种任务；加快实现电气化计划，尽快转到工业化大生产上，铲除小农经济。不难发现，这些措施进一步强化了战时共产主

① 《列宁全集》第 40 卷，人民出版社 2017 年版，第 22 页。

义政策，其要求也超出了本就已经达到极限的农民的能力。

这些都说明，此时的列宁还是极度自豪和骄傲的，但是很快，现实就给他上了惨痛的一课。

2. 经济政治危机的普遍发生

三年的破坏性战争，致使俄国的工业和农业生产遭受重创，国民经济退回到了“19 世纪下半叶沙皇俄国的经济水平”①。到战时共产主义后期，苏维埃俄国陷入了空前的经济危机：与 1913 年相比，1920 年耕地面积平均减少 7%，粮食产量仅相当于 54%，工业品产量仅为七分之一，石油产量减少了二分之一。② 一直在全力支持布尔什维克的人民群众，他们的不满情绪也迅速高涨起来。

在战争时期，基于对苏维埃政权和布尔什维克的认同，俄国广大工人和农民用自己的热情和坚韧，忍受着艰苦的生活而共同奋斗，他们支持“一切为了前线”的口号，甘于作出牺牲。但在战争结束后，面对苏俄政府更严厉的战时共产主义政策，完全无法看到生活改善希望、早已不堪重负的他们，不再保持沉默而是开始采取行动。从 1920 年底开始，农村的暴动迅速在全国蔓延开来。坦波夫省、伏尔加河流域、乌克兰和西伯利亚等地都相继爆发了农民暴动，参加者不仅有富农，还有中农和贫农，暴动的规模也越来越大，波及的范围越来越广。

在没有发生暴动的地区，农民也通过大批的投诉信和请求信表达了这种不满情绪，其中相当一部分是代表整村、整社甚至整县人民提出来的。仅 1920 年 3 月至 1921 年 3 月一年间，粮食人民委员部根据农民投诉发出的征询信函就有至少 578 封，涉及 38 个省。这些征询函一般是由于来信投诉了当地官员或余粮征集队员腐败、滥用职权或

① ［苏］鲍·尼·波诺马辽夫主编：《苏联共产党历史》，人民出版社 1959 年版，第 359 页。

② Институт Истории АН СССР. *История СССР с древнейших Времен до Наших дрей. Т.* 8. М.：Наука，1967. С. 24.

借助战时政策欺压人民的行径，引起重视，而致专函进行调查并责令解决的。由此可以想象，类似的各种来信和上访事件在俄国是多么普遍的一个现象！

来自萨拉托夫省谢尔多勃斯克县巴库雷乡的党组书记伊万·彼得罗维奇·土库年的投诉信，因为得到了列宁的亲自答复而广为人知。在反映了巴库雷乡承担着“无力负担的余粮收集任务”、当地粮食委员会甚至“不给农民留下一磅粮食来养家糊口”的极端情况的同时，他说，“我不能沉默不语”，这是我在“道义上的责任”。来自坦波夫省叶拉托姆县穆克罗叶村的一位红军战士彼得·特罗菲莫维奇·西平，则在来信中投诉了当地征收余粮时滥用职权的情况，并且说，农民的不满情绪已经达到了“必然爆发暴动”的程度，“这将……是对正义的胜利丧失了任何希望的劳动居民的暴动”①。

在城市，得不到足够的粮食和燃料、口粮定量被不断削减、各种物资极度匮乏、工厂无法开工或开工不足导致失业人数飙升等原因，致使被认为是苏维埃中流砥柱的工人阶级也对苏维埃产生了严重的失望和不满，工人的罢工和骚乱时常发生。1921 年 2 月 9 日，彼得格勒电车库、波罗的海造船厂、彼得格勒电缆制造厂等发生工人罢工。11 日，彼得格勒 93 家企业宣布在 3 月 1 日倒闭，共有 27000 名工人失业。这些失业工人成为举行抗议示威的重要力量。莫斯科等其他大城市也发生了类似的情况。显然，在工人和市民中，不满情绪和躁动在迅速扩散和激化。

3. 重大政策调整已在酝酿

反对外国干涉和国内战争每一次重大胜利的来临，也会伴随着国内要求改变战时共产主义政策的声音。布尔什维克党内一直有人在呼吁调整战时共产主义政策，转变经济发展方法，缓解农民压力，应对存在的问题。尽管这些人只是少数。

---

① ［苏］埃·鲍·根基娜：《列宁的国务活动 1921—1923》，梅明等译，中国人民大学出版社 1982 年版，第 50 页。

1920 年 2 月，托洛茨基就批评了苏俄现行的粮食政策，指出它有使国家经济生活彻底瓦解的风险，应按比例收取粮食而不是没收全部余粮。在 9 月的《真理报》上，奥新斯基把农业生产下降的原因归结为粮食政策出现了问题，认为国家必须调整农业，不能急于向社会化大农业过渡。而要让小农经济得以活下去，就要有“公开的自由市场”①。现在看来，两人的说法是正确的，符合苏俄当时的国情，可谓真知灼见。但是很可惜，他们的提议在当时并没有被采纳，反而遭到了严肃的批评，这显然是战时共产主义主导下的“正常现象”。

此外，波格丹诺夫、谢列达、斯特卢米、沃尔斯基等人也就农业问题和农民的困境进行了分析和讨论。只是他们的思维都是以余粮收集制原则为出发点，立足于一国建成社会主义共产主义，没有要求对其作出根本性的政策调整。不难看出，多数苏俄高层虽然看到了俄国暴露出来的隐患和非同寻常的人民政治情绪，但他们对苏俄的现状还是过分看好，还在幻想社会主义在俄国的实现。

面对严峻的国内经济困境和危机，列宁把思考问题的重点放在了恢复经济上，认为俄国必须最快速地稳定沸腾的民意和国内局势，挽救经济。1920 年 12 月，在苏维埃八大上，许多农民代表表达了废除余粮收集制的意愿。在整体上坚持战时共产主义政策的同时，列宁在会上也作出了小幅调整农村政策的回应：要对小农经济的基础进行改造，改善小农经济，否则经济建设就是一句话空话；集体农庄、国营农场组织得并不好，没有起到应有的作用；要用农民可以接受和理解的措施发展农业，反对只用强制而非援助的办法；采用诱导的、实物奖励的方式鼓励农民生产；个体经济仍占最大比重，而且近期不会发生变化。正是在这个会议上，列宁指出：“现在还不能设想向社会主义和集体化过渡。”② 这表明，在农村和农业社会主义改造方面，列宁

---

① 沈志华主编：《一个大国的崛起与崩溃——苏联历史专题研究（1917—1919）》上册，社会科学文献出版社 2009 年版，第 136 页。

② 《列宁全集》第 40 卷，人民出版社 2017 年版，第 180 页。

正在放弃一国建成社会主义的判断。

苏维埃八大过后，列宁又进一步阐述了农村政策的新思路，认为要采用“捐税＋奖励”的方法，而“捐税＝余粮收集制”[①]。即，用捐税的方式代替余粮收集制，也就是说，列宁已经有放弃余粮收集制而采用粮食税的想法了。此外，列宁还提出了重新配备工人和农民的力量，找到促进两者全国团结的新形式的要求。

此外，对国内建设进程的估计，列宁也不再像过去那么乐观了。他原本认为在短时间内就可以完成的电气化计划，现在改说要几十年，甚至几代人的时间。“要实现一个大国家的电气化，无论如何要有几十年的时间才行”，“改造小农，改造他们的整个心理和习惯，这件事需要花几代人的时间”[②]。如果俄国没有打下社会化大生产的基础，如果无产阶级还没有掌握大工业及其生产的产品，也就无法让自己的人民看到苏维埃国家“同资本主义制度的差别”[③]，也就无法提前“向共产主义制度继续前进”[④]了。

在上述思考之外，列宁还采取了一定的行动。1921年2月，在莫斯科五金工人扩大代表会议上谈到粮食征集的困难处境时，列宁说国家已经采取了措施，余粮收集制已在13个省份停止了，布尔什维克“必须竭尽全力处理好工农关系”[⑤]。

2月8日，具有重大意义的《农民问题提纲初稿》发表。列宁从照顾、满足农民需求出发，给出了关于实行粮食税制的四点建议，首次正式提出结束余粮收集制，转行新政策：粮食税代替余粮收集制；降低征收粮食的额度；改变农民的积极性与粮食税税率的负相关关系；如果农民缴足税额，他们手中余下的粮食可以投入地方经济流转中。迅即，列宁提出的粮食税问题被交由全党公开讨论。于是，停止

---

① 《列宁文稿》第3卷，人民出版社1978年版，第390页。
② 《列宁全集》第41卷，人民出版社2017年版，第53页。
③ 《列宁全集》第41卷，人民出版社2017年版，第108页。
④ 《列宁全集》第41卷，人民出版社2017年版，第23页。
⑤ 《列宁全集》第40卷，人民出版社2017年版，第318页。

战时共产主义政策，改行新的粮食政策被提上了日程。

4. 最大政治危机的来临

矛盾的不断积累和激化的必然结果：一个影响苏俄历史进程的重大事变发生了。因为经济问题危机而引发的政治危机——喀琅施塔得水兵暴动促使列宁和苏维埃政权迅速转向新经济政策，也就等于宣布了战时共产主义政策走到了尽头。

1921 年 2 月 28 日，喀琅施塔得水兵发动兵变，提出了包括改选苏维埃、取消征粮队、劳动者平等供给、农民自由使用土地和处理农产品等 15 点要求，喊出了“要苏维埃不要布尔什维克”的口号。他们成立了“临时革命委员会”来掌握当地的全部权力，并将上述要求付诸现实，原喀琅施塔得的党组织全部瓦解。委员会宣称这是基于人民群众的意志，因为执掌国家政权的共产党脱离群众，已无力拯救国家于全面的崩溃中。[①] 这一突发事件发生后，举国震惊，苏维埃政府立即调集军队进行“平叛”。

事实上，喀琅施塔得人大多数是穿军装的农民，同情农民的遭遇。他们的行动是俄国人民特别是农民对战时共产主义、对上层政策和高压手段不满情绪的一次总爆发。虽然布尔什维克最后成功地镇压了兵变，但不可否认，这场事变有着很深的群众基础。再考虑到之前苏俄频频发生的农民暴动、工人罢工，我们完全可以这样说，这时的布尔什维克党和苏维埃正在失去人民的信任。在人民看来，布尔什维克也已经“变质了”，不再是无产阶级的先锋队，革命人民再也不把它们看作“自己的”政权和利益的代表了。

喀琅施塔得事变是当时整个俄国局势的缩影，它为布尔什维克敲响了警钟，帮助其真正看到了人民的内部矛盾，听到了人民的呼声。事变给列宁和布尔什维克党带来的冲击是不言而喻的。列宁无法否认，苏俄“第一次在一定程度上遇到了内部的政治上的动摇”，这是

---

① 参见沈志华主编《苏联历史档案选编》第 7 卷，社会科学文献出版社 2002 年版，第 28 页。

“由工人阶级和农民之间的关系造成的”①，这种动摇是致命的，比外部威胁还要危险一千倍。这场事变犹如当头棒喝，打破了布尔什维克一直在做的“美梦”：战时共产主义是苏俄迈向社会主义共产主义社会的捷径。列宁意识到，苏维埃政权仍然面临着生死存亡的问题，只是这一次危机来自内部，来自人民，来自政策错误。必须调整政策让人民休养生息，重拾对俄共的信任和信心。这成为列宁和苏维埃政权当前最紧迫的任务。

喀琅施塔得叛乱的突然发生，造成了列宁瞬间的“迷茫”和“慌乱”。在列宁的相关论述中，我们可以比较清晰地看到他对一国建成社会主义共产主义、对俄国的信心出现了很大摇摆：已经建立的无产阶级政权即便打败了外国干涉和国内敌对势力，但也可能因经济上的垮台而丧失，“如果没有资本的帮助，要保持无产阶级政权是不可能的”②。列宁此时将政权的稳固同资本（主义）联系在一起，甚至上升到革命成败、苏维埃政权能否生存下去的高度；苏俄无法彻底扭转经济颓势、恢复经济，无法建立大工业基础。他指出，苏俄是一个农民占多数而且还是破产农民占多数、经济处于崩溃边缘、人民疲惫以致不能工作的国家，“我国的经济危机十分深重，没有外国的装备和技术援助，我们单靠自己的力量就无法恢复被破坏了的经济。”③

喀琅施塔得事变使列宁毫不犹豫地、迅速地选择了结束余粮收集制，实行粮食税制的政策转变。事变当天，列宁就说了这样的话：党的决策要符合群众和农民的利益，“要使农民看到好处，不然就不行”④。到1921年3月初，列宁又强调：“用收税的办法加以挽回”⑤农民对苏维埃政权的信任。这些内容，再加上列宁在之前讲到的那些关于解决农民和农业经济、如何处理工农关系、改变粮食政策、允许

---

① 《列宁全集》第41卷，人民出版社2017年版，第299页。
② 《列宁全集》第41卷，人民出版社2017年版，第61页。
③ 《列宁全集》第41卷，人民出版社2017年版，第17页。
④ 《列宁文稿》第3卷，人民出版社1978年版，第387页。
⑤ 《列宁全集》第50卷，人民出版社1988年版，第142页。

地方自由流转等问题，表明从1921年2月初列宁提出改变余粮收集制，实行粮食税起，经过了一个月的党内大讨论和酝酿，在“平叛”喀琅施塔得暴动的同时，放弃战时共产主义政策，实现国内政策的重大转变的准备工作已经完成了。

二 退却：新经济政策的提出

新经济政策的提出，标志着苏俄的革命事业开启了一个新的历史阶段。这一政策为解除经济危机、恢复经济、发展生产找到了新的途径；为走向社会主义找到了新的道路；一国首先胜利论也随着新经济政策的“退却”和“再退却”而开始了理论的修正。

1921年3月8日，在异常严峻和复杂的形势下，布尔什维克党召开了第十次全国代表大会。列宁为这次大会确定的基调是：这是一个让全党认清现实、正视问题，提出处理办法进而变行俄国大政方针的大会。

在这次大会上，列宁总结了当下的国内局势，一针见血地指出，苏俄在经济计划、经济建设以及各阶级关系上面临重大困难。苏俄没有适应战争到和平的变化，暴露出了政策方面的失误，特别是“引起了一系列不可避免的经济危机和社会危机”①。这些危机十分严重，已经影响到了政权的稳固和对衰败不堪的经济的拯救。解决的方案就是：立即实行新经济政策，取消余粮收集制，实行粮食税，满足农民要求，恢复农业经济，重建无产阶级与农民、工业与农业的经济关系，允许自由流转。15日，列宁又专门作了《关于以实物税代替余粮收集制的报告》，对上述政策再一次进行了肯定。报告进一步指出，农民对他们目前的极度贫困十分不满，这种状况不能再延续，党必须同农民妥协；要恢复贸易自由和流转自由，让小业主能够进行商品交换，这符合农民的小私有者天性，对他们而言是“刺激、动因和动力”②；贸

---

① 《列宁全集》第41卷，人民出版社2017年版，第6页。

② 《列宁全集》第41卷，人民出版社2017年版，第63页。

易和流转自由代表着“倒退到资本主义”[①]，但这并不可怕，因为国家能够将资本主义的发展控制在一定限度而不会造成过多危害；流转自由要在地方上推进，而非全国范围内；工业和农业要建立正常的流转关系，实现产品互换；要利用合作社作为分配和进行城乡商品交换的机构；大力发展租让以获取俄国需要的资源，弥补国内产品的不足。可以看出，新经济政策实际上是一种“退却”。

列宁的报告由大会讨论并一致通过，形成了决议。列宁急切地说，今晚就必须把这份决议通告全世界[②]，向所有人表明布尔什维克正在为人民的现在和未来努力，要让广大群众知道我们的决定和决心，给小农以新的鼓舞。

3 月 21 日，全俄中央执行委员会发布法令，将粮食税政策以国家法令的形式正式确立下来。这样，以俄共十大为开端，苏俄实现了经济政策、政治策略的重大转变，新经济政策在整个俄国迅速推行起来。

综合来看，新经济政策主要包括：用粮食税替代余粮收集制；优先考虑农民，切实解决农民面临的困难，解放他们的生产力；承认商品交换和贸易自由；利用资本主义，将之纳入国家资本主义中；一开始先利用合作社进行地方性的城乡间产品交换，后发展为国家调节买卖和货币流通，放开市场，活跃商业；国营企业、工业中采取经济核算的管理原则，大型工业托拉斯化；承认个人利益，恢复工资制，实行按劳分配；中小工业非国有化；允许私人资本主义在一定程度上的发展；吸引外国资本进入俄国，比如租让。

在转向新经济政策初期，列宁和布尔什维克党在很大程度上只是停止了过于严苛的余粮征集政策、消灭一切私有财产、推行军事管制体制下的共同劳动的做法，转而允许有严格限制的私有财产、市场和交换、自主经营和贸易。显然，在认识深处，他们依然担心资产阶级

① 《列宁全集》第 41 卷，人民出版社 2017 年版，第 54 页。

② 参见《列宁全集》第 41 卷，人民出版社 2017 年版，第 65 页。

和资本主义死灰复燃，担心小资产阶级会对社会主义造成危害。布哈林就认为，党和苏俄面临的最严重危险，就在于“小资产阶级的病原体，它把坏疽病传染给一部分工人阶级”[①]。列宁也是如此。在俄共十大上，列宁指出，“小资产阶级的即无政府主义的自发势力，它利用自由贸易的口号，无时无刻不在反对无产阶级专政”[②]。不难发现，此时虽然提出了新经济政策，但在思想上，对待“自由贸易”、对待小资产阶级的发展等仍然有很大的抵制和不信任的成分在内，如限制流转的范围——仅放开地方流转，强调工农业产品交换而非商品交换就是表现。

不过无论如何，新经济政策实现了苏俄的“退却”，苏维埃俄国的崭新历史时期开始了，新的道路开启了。

三 再退却：新经济政策的全面展开

随着新经济政策的推进，一些问题也逐步暴露出来，出现了列宁不曾预料到的情况，促使他依据实际情况调整自己的思路，提出相应的处理方案。列宁意识到，改变苏俄不像一开始设想的那么容易和迅速，必须放慢脚步，重整步伐。

在农村，由于工业产品不足，合作社缺少商品用于交换，不能满足农民的需求，而政府规定的交换价格又是农业品过低而工业品过高，农民要付出更多的粮食才能换取所需要的物品。各种因素综合起来，招致了农民的不满和抵制，从而自主地采取“自我保障”措施。“背口袋买卖”（产品交换的一种自由形式，交换比率对农民有利）、以高卖低买为特点的私人贸易不仅屡禁不止，而且不可抑制地快速扩散开来，表面上的商品交换已经变了味道。这就造成了新的社会矛盾的出现。显然，经济形势的发展、人民对自由贸易的热情大大超过了

---

① *Десятый съезд РКП（б）. Стенографический Отчет.* М.：Госполитиздат，1963. С. 224－225.

② 《列宁全集》第41卷，人民出版社2017年版，第19页。

列宁的预期，人们不愿意按照政府的规定用剩余的农产品去交换工业品、日常用品，不认同、不接受国家规定的地方性的流转，而是更喜欢依照传统习惯，直接将余粮投入市场进行交易买卖。这就带来了市场的兴起和繁荣，货币的使用也多了起来，市场关系的大发展已成定局，非政府的民间交易行为已悄然成为主流。很明显，这些才是人民真正需要的。

数据统计，1921 年农民对工业品的消费需求并没有比 1920 年增长多少（194∶173）。虽然犁、皮鞋、布、玻璃的产量增加了，但农村只得到了其中较少的一部分。郑一凡在《新经济政策的俄国》一书中认为，这说明“用行政手段恢复基本的经济部门间的联系的尝试没有得到成功”[①]。经济问题是复杂的，企图用强制手段、仅仅依靠恢复“产品”交换来解决所有问题是不可能的。在这里，经济规律不以人的意志为转移的特性得到了突出的体现。

俄国社会经济和人民大众出现的这些新情况，向布尔什维克释放了强烈的信号，不真正放开市场经济和商品经济，不真正恢复自由贸易，就难以适应苏俄当时社会流通的实际需要，就会落后于经济的发展和人民的要求。如果再一味地限制，不放开思想，又会出现和人民断开联系的危险。因此，必须根据实际，跟上人民群众的思路和步伐，再继续妥协、让步，进一步满足他们。

1921 年 10 月底，莫斯科省召开第七次党代表会议，列宁出席会议并作了关于新经济政策的报告，对年初实行的新政策进行了评析。他指出，几个月来，新的政策已经取得了一定的效果。但是，现在回过头来再看，退回到国家资本主义的经营方式，退回到通过合作社进行工农业间的商品（产品）交换是否已经足够了，从而可以停下退却的脚步，进入反攻？列宁的答案是，不够。

列宁向所有人坦承：最初设计的带有些社会主义性质的商品交

---

① 郑异凡：《新经济政策的俄国》，人民出版社 2013 年版，第 114 页。

换，即产品交换没有取得任何预期效果，它的失败已是人尽皆知；尽快恢复大工业也没有实现；地方流转已无法维持；私人市场比国家的社会主义的市场还要强大。列宁表示，这些情况说明我们做的努力还不够，退让得还不够。我们必须继续做让步，继续向后退，向资本主义、向小农经济做更大的妥协、让步，“从国家资本主义转到由国家调节买卖和货币流通”①。12 月，列宁谈到退却问题时又说，要退到“国家资本主义（租让）、合作化资本主义、私人资本主义，以及退到商业”②。就是说，在俄国可以允许和发展私人资本主义，发展自由贸易，由国家领导、调节和监督。

列宁认为，俄国完全能够掌握商业，对它进行监察、引导，并助其成长和繁荣。列宁通过顿巴斯煤矿的成功范例，指出我们正在活跃商业，国家已经开始在掌握流转和私人的批发商业，并且取得了一定的效果。列宁认识到，在以往那种向社会主义、共产主义直接过渡的方式方法行不通的时候，商业虽然是资本主义的东西，但是把它同苏俄一直没有摆脱的小农经济、极落后的宗法经济作对比来看，“如果从经济上认真考虑一下，就会知道这二者之间的距离并不比共产主义同小农的、宗法式的农业的距离更远。”③ 言外之意，商业对这个时候的俄国而言反而距离社会主义更近。必须真正正视和运用当时俄国经济恢复和危机解除必须借助于资本主义的发展这一判断，来审视自己的政策。就像列宁曾指出的，俄国现在是苦于资本主义“发展得不够”④。“再退却”的新经济政策就是要营造一个能够发展资本主义的、相对良好的政策环境，将资本主义的经济关系有效地利用起来，促进俄国内部危机的解决。此时，列宁已然摒弃了长久以来对资本主义经济关系的全面否定和敌视，不再全力排挤和消灭私人资本主义和

① 《列宁全集》第 42 卷，人民出版社 2017 年版，第 239 页。

② 《列宁文稿》第 4 卷，人民出版社 1978 年版，第 304 页。

③ 《列宁全集》第 42 卷，人民出版社 2017 年版，第 259 页。

④ 《列宁全集》第 11 卷，人民出版社 2017 年版，第 32 页。

小生产。

于是，新经济政策就有了更大的“后退”力度，新经济政策的内容和深度也有了新的重要变化：重新确认农村自主经营权和普通农民的土地所有权；充分利用国家资本主义和外国资本，比较全面地允许中小企业的私有化和私营化；在商业和贸易上大幅度后退，在坚持国家调节的基础上，由允许产品交换转为允许商品交换，全面恢复市场，鼓励贸易。其实质是，实行再退却，更多地借助资本主义的东西来发展俄国的社会主义。

列宁将新经济政策比作改良，认为当时俄国经济的特点就是“改良主义”①，即“不摧毁旧的社会经济结构……而是活跃商业、小企业、资本主义，审慎地逐渐地掌握它们，或者说，做到有可能只在使它们活跃起来的范围内对它们实行国家调节”②。既然有改良，那与之相对的自然是革命。列宁指出，我们使用了太久也太多的革命的办法了（风暴般地、根本性地摧毁旧事物，以建立新制度），而“现在的”苏俄却并不具备用革命手段完成过渡的条件和实力，因此必须采取改良的办法，要有灵活性，懂得何时、何地采取何种手段最相适宜。列宁把改良定位为革命斗争的副产品，指出那些“非社会主义性质”的方法也可以运用在一个革命的社会主义国家中。特别是当“革命的方法”不能到达社会主义的彼岸反而渐行渐远时，改良必然成为最佳的和最快捷的道路，看似矛盾却实则道出了事物运行发展的真理。无论是新经济政策初始时的退却，还是这第二次退却，都是一种改良，出发点都是好的，都是为了俄国革命的整体进程能够顺利推进。

布哈林曾评价说，1921 年之初，地方贸易流转的放开仅是一种蜉蝣经济，不仅生命短暂而且只能算是真正的经济政策的第一步、一小步。他认为，这只是一半的新经济政策。而之后实行的政策——再退

---

① 《列宁全集》第 42 卷，人民出版社 2017 年版，第 255 页。

② 《列宁全集》第 42 卷，人民出版社 2017 年版，第 256 页。

却，承认和发展由国家调节的商业、市场、货币关系，才算真正放开了另一半，也是最重要的一半，于是就有了完全的新经济政策。[①] 布哈林所言之新经济政策，正是指由“两步退却”共同组成的这个新经济政策。

20 世纪末，面对休克疗法以后经济转变的现实，俄国政界和理论界对新经济政策的研究和反思成为一个小的热点，那时曾经流行一种观点，认为新经济政策“是一系列连续不断的摆脱危机的措施”[②]，反映的就是这两次退却过程中政策的不断调整。

四 新经济政策的实施效果

俄共十大后，诸多与新经济相关的政策、规定相继出台和实施，为经历了战争和严重经济政治危机寒冬的苏俄吹进了一股春风，带来了重大转变。

粮食税提出后，政府公布了新的税额，撤销原定的按照收集制要求的 4.23 亿普特粮食，修改为 2.4 亿普特，降幅近一半，剩余粮食则通过交换获得。据统计，战前每个农村人口要负担 10.37 卢布的税款，而 1921—1922 年度则下降为 6.11 卢布，一下子减少了三分之一，此后仍逐年降低。这在客观上对减轻农民的压力，改善农民的生活具有重要的作用，大幅缓解了人们对余粮收集制和战时共产主义政策的强烈不满。同时，俄国国民经济有所好转，工业也开始出现了复苏的迹象，为解决政治危机打下了良好的社会基础。[③]

1921 年 10 月，列宁对新经济政策作出新的调整后，经过“再退却”，苏俄的情况出现了新的持续的利好变化。

---

① 参见《布哈林文选》上册，人民出版社 1981 年版，第 355—356 页。

② Соколов А. К. *Курс Советской Истории.* 1917 – 1940: *Учеб. Пособие для Вузов.* М.: Высшая Школа, 1999. С. 110.

③ 虽然政治危机很快得以解除，但粮食危机和农业发展问题却在一段时间里依然存在。粮食危机实际上直到斯大林实行集体农庄化后才得以解决，而农业发展问题的解决则是更远之后的事情。

第一，农村经济社会开始恢复和发展。

由于国家认可农民租佃土地、雇佣劳动，可以多种形式经营和使用土地，鼓励个体经济，因而农民生产的积极性越发地提高了，城市失业和农村劳动力过剩的情况也得到了有效缓解，人民生活水平得到明显提升，农村经济社会得到迅速的恢复和发展。

合作社获得了快速发展：1921 年，合作社的数量比 1920 年的 12850 个，上涨近一倍，达到 24060 个，1923 年，合作社总数达到 31187 个，又比 1922 年增加了 9000 多个[①]；合作社的种类也从农业生产、供销交换发展到信贷业务等多方面；1925 年，农业合作社涉及的成员达到 3000 万人；国营农场和集体农庄这类农业社会主义的生产形式也有了相应的发展；播种面积不断增长，1923 年恢复到 1916 年的 81%[②]；1923 年的耕地面积达到 7000 万俄亩，比 1922 年增加 1140 万俄亩，1924 年又比 1923 年增加了 540 万俄亩。同时，为工业恢复提供原料的技术作物和经济作物的耕种面积和产量也增加了，牲口数量也是如此。而且，粮食总产量也有了较大提高，1922 年到达了战前的 78%。而从这一年开始的好收成，被视为国家摆脱危机的第一个标志。[③]

第二，工业有了显著起色。

1922 和 1923 年的工业生产分别达到了战前的 40% 和 50%[④]，1924—1925 年，工业生产真正有了大的好转。燃料、电力、冶金、机器制造、轻工业、食品工业等，都出现一定程度的复苏和发展。到 1922 年底，重工业也有了增长。工业总产量逐年提高，1922 年为 15.24

---

① Лященко П. И. *История Народного Хозяйства СССР. Т.* 1. М.: Госполитиздат, 1952. С. 142.

② 参见归定康等译《俄共（布）第十三次代表大会（速记记录）》，人民出版社 1987 年版，第 64 页。

③ 黄立茀等：《新经济政策时期的苏联社会》，社会科学文献出版社 2012 年版，第 98 页。

④ Шишкин В. А. *Власть, Политика, Зкономика.* Сб.: Дмитрий Булавин, 1997. С. 195.

亿卢布，1923年为21.26亿卢布。[①] 工业积累逐年上升，1922年是2.4亿卢布，1923年达到3亿卢布，1924年更是跃升到7亿卢布。

第三，商业推进迅速。

农业、工业的恢复发展为贸易的发展也提供了条件，商业状况迅速变好。1921年，就有18.5万人领到了国家发放的允许经商的营业执照，1922年这一数字猛涨到66万多人。其中，农村商业网点更是发展迅速，对满足城乡交流和农民需求起到了重要的作用。1923年，农村的私人销售点多达8.27万个，这一数据到1924年又翻了一倍。同时，批发集市在省、区和地方扩散速度很快，仅1922年就建立了600个大小集市，有力地恢复了"国内各地区之间已被破坏的商业联系，一些甚至成为与邻国进行边境贸易的一种渠道"[②]。商业的扩大并没有引起经济的紊乱、无序和俄国的动荡，反而顺利地实现着列宁赋予商业的联通工业和农业、促进工农结成新联盟的任务，帮助俄国获得了一定的恢复发展重工业的资金。

1922年11月，列宁在共产国际第四次大会上，向全世界的社会主义者们汇报了新经济政策下俄国的成绩，肯定了俄国的进步。列宁说，曾经对我们大为愤恨的农民已经改变了态度。一年多来，饥荒没有了，农民切实得到了实惠，生活水平提高了，他们已经没有什么不满了，暴动到"今天差不多完全没有了"[③]。列宁总结道，仅就农民这一项，俄国赢得的战果就已经很多了。一度膨胀的卢布也终于得到了较长时间的稳定，推动了经济的迅速发展，对商业和商品流转意义重大，俄国得以"真正系统地进行"经济工作。在工业方面，轻工业发展迅速，出现了普遍高涨，一些地区的工人生活状况改善明显。重工业虽然还存在较大问题，但也已经出现了好转的势头。列宁还指出，由于商业的发展，政府已经积累了一点资金，有2000万金卢布。

---

① Белоусов Р. А.. *Экономическая История России XX век.* М.: ИздАТ, 1999. С. 311.

② 唐士润：《列宁的新经济政策与改革》，成都科技大学出版社1992年版，第177页。

③ 《列宁全集》第43卷，人民出版社2017年版，第284页。

虽然很少，但值得高兴，这表明我们已经开了一个好头，以后会有更多的积累，重工业的恢复和大发展已不是遥不可及。

很明显，新经济政策的提出和实施，它的退却和再退却对苏俄的影响是巨大的，一直困扰着俄国的危机被很快缓解了，苏俄获得了新生。这已然证明了政策转变的正确性和有效性。当然，很多问题还需要作新的思考、理解和实践。此后，苏俄开始跳出战时共产主义的框架，在新经济政策的道路上稳步行进。这对列宁、对一国首先胜利论也产生了重大的影响，列宁开始检讨，而经历了曲折发展的一国首先胜利论也开始了它的修正。

第二节　列宁对一国首先胜利论的理论反思

转向和实施新经济政策的过程，同时也是列宁对战时共产主义时期过犹不及的一国首先胜利论的反思和重新规划俄国社会主义革命战略的过程。反思的结果是："直接过渡"的思想被"间接过渡""迂回过渡"取代，一国建成社会主义共产主义的论断，被建设和建立社会主义的"基础"取代。

一　承认一国建成社会主义共产主义的不可行性

战时共产主义的失败，同时也宣布了直接向共产主义过渡的失败。新经济政策的实施和列宁对一国首先胜利论在战时共产主义时期过激实践的反思，使他很快确认：以苏俄的现状，仅仅依靠无产阶级专政的国家政权，依靠战争创造的特殊时机和被战争激发起来的人民革命热情，用军事的和强制性手段，向共产主义直接过渡是不可行的。如此，支撑列宁一国建成社会主义共产主义社会的思想基础坍塌了。

1. 直接过渡的立论基础存在明显不足

这一时期，对战时共产主义政策和"直接过渡"的理论反思是列宁理论工作的重要内容。列宁发现，那时企图直接采取共产主义的分配、直接过渡到社会主义乃至共产主义的思想存在明显缺陷。

战时共产主义的暂时“成功”，在消灭地主、私有制、市场和货币，在国家强制、垄断和计划化方面的“顺利进军”，使得建成没有资本家、人与人平等共处、共同劳动的社会主义社会，已被看作苏俄单独一国短期内就可以首先达成的目标。革命表面上一帆风顺的假象，让列宁和俄共低估了革命的困难，高估了苏俄的优势和条件，忽略了苏俄是一个缺少大工业、大农业、先进技术和生产组织方式的落后国家的现实。不过这样一来，日后转向新经济政策、对战时共产主义时期的问题进行反思，也就成了题中应有之义。在俄共十大上，列宁就深刻反省了九大提出的“我们的运动将沿着直线前进”的错误判断，指出，“事实上，正像在革命史上常见的那样，运动是曲折前进的。”① 同时他指出，俄国在战时建立的那个“严整的制度”，那个为“实现这种过渡（向共产主义过渡——引者注）的严整的制度”，并不是一个“严整的经济制度”，是根据战时实际要求而不是根据“经济的需要、考虑和条件决定的”，在政策的执行上出了问题，也做了许多出格的事，这个在战争时期特殊的制度构建，“没有估计到向小资产阶级实行一系列让步的必要性。”②显然，直接过渡是不能建立在这样的制度基础之上的。

而且，再退却后，列宁还将反思的时间节点延长到战时共产主义之前，也就是建国初期的经济政策。他指出，当时国家资本主义的提出并不是作为一个制度设计，而只是被看作一种手段。它也不是一种战略“后退”，而是在原有基础上的前进，是为了能够快一些“完成社会主义的任务”③，非是用作他途。列宁承认，过去对国家资本主义及其作用的认识和对过渡时期长期性的认识都是存在不足的，直接过

① 《列宁全集》第41卷，人民出版社2017年版，第58页。
② 《列宁全集》第41卷，人民出版社2017年版，第70页。
③ 《列宁全集》第42卷，人民出版社2017年版，第232页。

渡的设想与布尔什维克曾经对从资本主义到社会主义社会需要经历一个很长的过渡期的论断相违背。

2. 直接过渡是不可能的，是错误的

经过两次“退却”的新经济政策的立足点，是尽快恢复和发展经济。因此，列宁此时更加清楚地看到苏俄社会主义经济基础是多么薄弱，这就帮助他越发地明确了：以往试图的“直接过渡”不可能实现。

列宁在1921年10月的《新经济政策和政治教育委员会的任务》中，用大标题的形式直截了当地强调，“我们不应该指望直接采用共产主义过渡的办法”，这种办法被他称为“正面进攻”。事实证明，要想“直接的”完成“共产主义的生产和分配”① 任务，“正面进攻”完全不可取，因为“从小生产到社会主义的直接过渡”是无法实现的。② 列宁坦承，在这方面我们“犯了错误”，“直接过渡到社会主义”③ 的想法是不正确的，而且“失败了”④。这样，列宁就否定了“直接过渡”，否定了俄国一国可以建成社会主义共产主义。

3. 俄国向社会主义过渡只能是间接的、渐进式的

重大的内部危机的出现，不能不让列宁回过头来审视苏俄走过的道路，思考正确的社会主义道路应是什么，进而对苏俄进行重新定位：苏俄是一个农民占绝大多数的国家，从某种意义上讲，他们是国家的主体，无产阶级则是极少数。苏俄虽然已经建立了巩固的无产阶级政权，但在经济和技术方面还很落后。列宁曾经做了一个很有代表性的对比分析，他认为，在一个国家里，大资本主义关系和小资本主义关系（小经济）谁占优势，决定着这个国家从资本主义向社会主义

---

① 《列宁全集》第42卷，人民出版社2017年版，第193页。
② 《列宁全集》第41卷，人民出版社2017年版，第217页。
③ 《列宁全集》第42卷，人民出版社2017年版，第232页。
④ 《列宁全集》第42卷，人民出版社2017年版，第201页。

过渡的形式。如果一个国家有着发达的大工业和农业大生产，这样的国家在无产阶级取得胜利后，直接过渡就是可能的；而俄国，因为没有大工业，甚至基础都还欠缺，农业集体化和大生产也没有完成，小生产即小资本主义关系还占主体，尽管有着无产阶级政权、先进的政治制度，但由于不具备大生产和大资本主义关系，也就不具备向社会主义共产主义过渡的经济基础。所以，绝不可能用“直接的共产主义办法”[①] 实现“向共产主义过渡”[②]。

既然直接过渡走不通，那么就必须换一种方式，这便是“间接过渡”了。亦即，要想走向社会主义，就需要首先着力建设向社会主义过渡所需的物质基础或者经济基础。列宁已然看到了苏俄的不足。俄共十大上，列宁就十分明确地说，“在一个小农生产者占人口大多数的国家里，实行社会主义革命必须通过一系列特殊的过渡办法。”[③] 而这个“过渡办法”，其实就是苏俄正在进行的退却，就是国家资本主义和商业等等办法，也就是新经济政策。如此，列宁便对他长时间坚持的直接过渡、争取社会主义的首先建成的思想进行了修正，转而采取间接的方法——通过新经济政策走向社会主义。1921 年他再次指出，此时的俄国只能用间接的、迂回的、“围攻”（相对“正面进攻”）的办法，必须“通过许多渐进的过渡办法”[④]来完成对过渡条件的建设。这也是列宁给出的最好的、最适合当时俄国的方法。

这种对俄国社会主义道路思考和设计的改变，是列宁前一时期过急过快、过犹不及的一国首先胜利思想的一个重大变化。

二 一国只能建立社会主义的基础

认识到超越阶段的错误并迅速予以修正，提出由直接过渡转变为

① 《列宁全集》第 42 卷，人民出版社 2017 年版，第 195 页。
② 《列宁全集》第 41 卷，人民出版社 2017 年版，第 70 页。
③ 《列宁全集》第 41 卷，人民出版社 2017 年版，第 50 页。
④ 《列宁全集》第 42 卷，人民出版社 2017 年版，第 4 页。

间接过渡的思想，还不是列宁一国首先胜利论反思的最重要的成果。直接改变建成社会主义和共产主义这个目标范畴，转而采用建设社会主义基础来表述，这是列宁对一国首先胜利论的更为重要的修正。

首先，俄国革命面对的主要敌人已经发生了变化。在1921年8月的《新的时代和新形式的旧错误》中，列宁以十月革命为起点，将到目前为止的俄国革命划分为四个阶段进行分析，指出苏俄现在正处于第四个阶段——开始勉强恢复元气的阶段。他强调："当前的敌人"已经发生了变化，不再是要团结一切力量对抗的进攻苏维埃的内外敌人，而"是一个大工业遭到破坏的小农国家中的日常经济现象"[①]。这个阶段的俄国，正在被工业停顿、饥荒、自发势力等包围着。在经历了狂风暴雨式的、简单的政治和军事工作后，俄国迎来的是更高的、最困难的斗争阶段，也就是同经济困难作斗争的阶段。而要战胜这个敌人，就需要在工作中多一些谨慎、多一些让步，要一步一步地踏实前行，这就是俄国此阶段的重要特征。

其次，这一时期党的主要任务是经济工作、经济建设。列宁在《十月革命四周年》中指出，必须学会立足客观条件，急剧地转变现行的策略。在无可改变的小农经济的基础上，俄国要认真学习、执行新经济政策，必须从个人利益、经济核算出发，再佐以革命热情，而不是仅凭借后者来解决问题。"现在历史赋予我们的任务是：在很长的时期内进行……经济工作，以便最终完成极其伟大的政治变革。"[②]唯此，才能在与西方资本主义并存的情况下，联合、引导小农进入更高的发展阶段，通过资本主义、国家资本主义走向社会主义。而且，"在经济工作中，建设必定更加困难、更加缓慢、更要循序渐进。"[③]既然这个经济工作持续的时间将会"很长"，那么相应地，过渡到或者走向社会主义的时间也会变得"很长"，需要"循序渐进"，容不

① 《列宁全集》第42卷，人民出版社2017年版，第117页。
② 《列宁全集》第42卷，人民出版社2017年版，第362页。
③ 《列宁全集》第42卷，人民出版社2017年版，第122页。

得急躁，像以往那样快速地完成某项重大任务已经很难了。

最后，也是最为重要的，是当前的俄国只能建设社会主义的“基础”。既然俄国革命的主要敌人是经济困难，主要任务是经济工作、经济建设，既然苏俄只能渐进、迂回地过渡，那么，以苏俄现在的能力，它能够做到社会主义革命进程中的哪一步呢？那就是“给真正社会主义的经济奠定基础”①。在这里，列宁提出了苏俄现实需要和可以完成的任务，即建立社会主义的经济基础的说法。此时，“共产主义”一词他已很少再用。列宁多次地讲，苏俄的任务是从经济上建设新制度的基础②，建成“社会主义社会经济关系的基础”③，“为社会主义建设奠定基础”④，等等。这些说法的意思是一致的，列宁不断重复的就是“基础”二字。

上述内容表明，列宁不仅在政策上大踏步地退却了，而且在理论上、在一国首先胜利的目标上也大踏步地后退了，由“建成”退到“建设”，由建立“社会主义共产主义”退到建立“社会主义的基础”。同时，列宁还说，在建设基础的道路上，我们还在从事最基本的工作，这个工作还没有完成。直到 1922 年 2 月底，列宁还以可惜的口吻讲到，俄国还没有建成“社会主义经济的基础”，还需要不断前行⑤。而且，即便是上述的“基础”，也不是直达，也需要借助国家资本主义、商业、市场等方法“迂回”实现。

对于这个“基础”，列宁的想法当然不只是就经济而言，而是建立国家所有制和公有制，奠定未来进入社会主义社会的物质和技术基础（如大工业、电气化）。只是因为经济在目前看来是最迫切、最困难、最薄弱的方面，它严重制约着俄国社会主义的发展，所以列宁进行了重点论述。“基础”应该还包括建立无产阶级专政的、工农联盟

① 《列宁全集》第 42 卷，人民出版社 2017 年版，第 123 页。

② 参见《列宁全集》第 42 卷，人民出版社 2017 年版，第 258 页。

③ 《列宁全集》第 42 卷，人民出版社 2017 年版，第 259 页。

④ 《列宁全集》第 42 卷，人民出版社 2017 年版，第 331 页。

⑤ 《列宁全集》第 42 卷，人民出版社 2017 年版，第 461 页。

的、民主的、廉洁高效的政治制度以及社会主义的文化思想等各个方面。

此外，在这一时期，列宁对俄国革命的领先程度也作出了新的估计。他不再认为俄国革命会远远领先于欧洲革命，而是更清醒地看到了自身任务的艰巨性，也就不再过于乐观，而是审慎了许多。列宁指出，俄国无产阶级只是赢得了无产阶级反对资本主义、资产阶级“奴隶主”的第一次胜利，这还不是最终的胜利。“至于哪一个国家的无产者在什么时候、在什么期间把这一事业进行到底，这个问题并不重要。”[①] 可以看出，列宁模糊了“建成”的问题，将它留到日后由各国的实践去验证。而且，考虑到世界的政治经济形势，新经济政策和过渡时期所需要的时间，也要比之前预计的更久，困难也更多。俄国革命进程的客观情况就是这样。

这是一国首先胜利论发生的又一个重大变化。

对比革命胜利之初、战时共产主义时期和刚刚改行新经济政策时期，列宁这个时候对苏俄一国社会主义问题的认识变化不可谓不大。他将原本极为宏大的、单独一国可以快速完成改造和过渡、开始建设社会主义以至建成社会主义社会和共产主义社会的目标，退回到“只是”建立一个经济基础，也就是建立社会主义社会的基础的位置上。

第三节 停止进一步的退却，酝酿新的进攻

在布尔什维克党内，一直有人坚持认为停止战时共产主义政策、转向新经济政策是对资产阶级和资本主义的妥协甚至投降，是错误的、无法容忍的；欧洲国家的共产党领袖们也有不少人持类似看法。从再退却提出之初，列宁就已经对停止新经济政策的退却进行了考虑，在俄共（布）十一大上，列宁则比较全面地阐述了停止退

① 《列宁全集》第42卷，人民出版社2017年版，第186页。

却和重新部署力量的问题。这直接影响了一国首先胜利论的理论修正步伐。

一 对于停止退却的思考

实际上，在决定实施第二次退却的时候，列宁就已经开始思考和关注停止退却的问题。对此，他认为应该走一步看一步，根据这次再退却做得好不好、取得了哪些真正的效果、消解各种矛盾的程度等，来判断是否停止以及何时停止退却。现在还不应过多考虑这个问题，而是应该专心投入战斗，做具体工作。但是，列宁也指出，当苏俄能够站稳脚跟时，就是退却结束的时候。

再退却一个星期后，列宁在《论黄金在目前和社会主义完全胜利后的作用》中又说："现在已经有一些迹象可以使人看到退却的终点了，可以使人看到在不很久的将来停止这种退却的可能性了。"① 显然列宁认为，苏俄在商业、市场方面的政策调整和实际变动进行得比较顺利，很快会踏上经济建设的正轨，所以，也许可以在"不很久的将来"就达到预期成果，创造出停止退却的条件。

很快，再退却提出后还不到半年，1922 年 3 月，列宁在全俄五金工人代表大会上作的苏俄当时国内国际形势的报告中，便首次提出了可以停止退却的问题："我们已经清楚地看到我们这里形成的局势……我们已经可以停止而且正在停止我们所开始的退却。"② 新经济政策本身就是一种退却，是向资本主义作让步，列宁指出，俄国让出的"地盘"已经够多了，无论是国内还是国外，已经有超出控制限度的趋势，不能再后退了。如果不停止退却，我们很可能会保不住已有的成果，将胜利果实拱手让给资产阶级。同时，列宁还对停止退却后党和国家的政策和任务作了说明，即"展开和部署我们的力量"③：

① 《列宁全集》第 42 卷，人民出版社 2017 年版，第 263 页。
② 《列宁全集》第 43 卷，人民出版社 2017 年版，第 8 页。
③ 《列宁全集》第 43 卷，人民出版社 2017 年版，第 10 页。

为了退却，我们的法令和设立的机构已经能够满足需要了，之后要做的是，“考查用人是否得当，检查实际执行情况”[①]。列宁坦言，俄国在这方面做得还很不好。

二 正式提出停止退却和重新部署力量

以俄共（布）十一大为标志，苏俄政府和党将战时共产主义政策到新经济政策的战略退却、将新经济政策本身退却的战线明确了下来。从此以后，再也没有新的让步和大的退却了。

1922 年 3 月，在俄共（布）十一大上，列宁对停止退却和重新部署力量作了全面的阐释。列宁说，一年来，俄国的退却是有序的、是有成就的，没有改变苏俄本身的性质，没有丧失对一个社会主义国家来说主要的和根本的东西。列宁明确了退却的限度：以之前一年所采取和规定的一切措施为界限。一年的时间，新经济政策让出了小生产领域的自由贸易和吸收私人资本意义上的国家资本主义[②]，开始了合作化资本主义、私人资本主义和商业，这些退却所要达到的目的，都已在俄国实现。同时，列宁还回顾了一年来俄国新经济政策的经验教训，进一步指出，俄国已经退的地方够多和退的程度够深了，已经到了不能好好掌控阵地、出现混乱的地步了。

所以，无论在范围和深度上，新经济政策的退却、苏俄的退却已经到达了几个月前列宁所说的“终点”，小农经济、私人资本主义完全可以在现有的基础上发展下去，党和国家不能也不会对资本主义再次让步了。亦即，让步已经到头了，现在应该守住目前的战线。而重新部署力量，就是要将注意力从退却中抽出，转变工作侧重点，将力量用到提高文化水平上，“以保证贯彻党的政策”[③]，完成国家的各项

① 《列宁全集》第 43 卷，人民出版社 2017 年版，第 15 页。

② 参见《列宁全集》第 43 卷，人民出版社 2017 年版，第 431 页。

③ 《苏联共产党代表大会会议和中央全会会议决议汇编》第 2 分册，人民出版社 1964 年版，第 150—151 页。

任务。

三 守住战线，经营好这个战线是停止退却的题中之义

需要特别注意的是，仔细研究列宁此时的思想及其表述，可以发现：所谓“停止退却、重新部署力量”，并不是指停止新经济政策，马上就要进行新的进攻；而是指退却的战线维持在目前的状况，现在的重点是要经营好这个战线，切实落实好新经济政策，充分发挥资本主义关系对于经济恢复和生产力发展的促进作用，为未来新的进攻创造条件，打好基础。

在为俄共（布）十一大报告准备的发言提纲中，列宁就非常明确地提示自己，“停止退却。含义不是：‘已经学会了’，而是：不要急躁，不要杜撰，而要在这个基础上学习”，“重新部署力量”和“向私人经济资本进攻”[①] 这两个则是口号和准备。

在十一大上，列宁更深入、详细地解释了为何要停止退却：过去的一年中，有些人对新经济政策不了解，对新的退却搞不清楚，把握不好退却的限度，随意扩大对退却的解释，甚至无限让步；有的人仍出于革命心理对新经济本能地抵制和反对；一些党员、领导者不懂装懂，只知高谈阔论不能脚踏实地，一味地奔忙，讲“革新”却没做成什么实际工作，纠缠于一些空洞的条文制定和表面功夫，如单纯热衷改组，却对真正的需要视而不见。要么不知道该做什么，要么不懂得怎么去做。

列宁认为，重要的是把第二次退却的政策落到实处，真正学会管理、经营、贸易等各项经济工作。他说，我们还不会管理，不懂经营之道，不会做生意，这是“基本的教训”。这些不良现象是在毒化新经济政策，无益于俄国的建设，无益于社会主义事业。列宁警告说，如果我们一年内还不能证明我们能够经营，就不要想保住政权。他还

---

① 《列宁全集》第43卷，人民出版社2017年版，第405、402页。

明确表示，我们的自身修炼还不够，不足以掌握退却中出现的新问题，需要停下来重新学习，学习经济工作，学会做生意，学会做商人，变成一个真正懂行的人。此外，列宁还建议加强管理，扩大行政机构权限和地方自主权、精简机构、改进机关工作、增加效率、同官僚主义作斗争等，以重新整合无产阶级的力量，建立完备的管理体系，增强经济政策的执行力和完成度。

列宁特别解释说，停止退却不是说俄国已经做得足够好了，没有困难了，现行的政策可以抛弃了。相反，俄国的问题还很多，如纸币泛滥、财政危机、饥荒、破产等，都没有得到有效解决，因而，“决不能把暂时停止退却这句话理解为：我们已经认为，我们的基础（新经济的）已经打好，我们可以放心地前进了。不，基础还没有打好”①。所以，虽然退却停止了，但此时列宁并没有对俄国的情况作过多的乐观判断，认为党和国家仍然要坚持新经济政策，巩固、经营好苏俄现在的战线，继续为社会主义打基础。

第四节 一国首先胜利论内涵的重新确认

新经济政策的丰富实践，为俄国经济的恢复带来了良好收效，在发达国家普遍出现经济危机的背景下，相比他国的不断衰退，“我国的经济状况却在日益好转”②。同时，这个实践也为列宁在新的条件下思考一国首先胜利论提供了丰富的养料，“我们毕竟在为社会主义创造条件的经济领域内开始前进了”③。随着新经济政策的推进与俄国国内状况的好转，列宁对一国首先胜利论的核心内涵进行了重新的确认，基本上回到了内战开始前的表述上。

---

① 《列宁全集》第43卷，人民出版社2017年版，第10页。

② 《列宁全集》第42卷，人民出版社2017年版，第271页。

③ 《列宁全集》第42卷，人民出版社2017年版，第461页。

一 “停止退却”和一国首先胜利论内涵的再确认

停止退却后，在如何巩固俄国无产阶级政权、如何建设社会主义的经济基础两个方面，列宁对一国首先胜利的思想作出了修正，改正了过去的错误和不足，更加符合新经济政策开创的俄国革命和建设的新形势，更加具体和明确。

1. 新的工农联盟是新形势下巩固无产阶级政权的关键

内战爆发之前，列宁已经把社会主义一国首先胜利理论的侧重点之一，放在巩固政权而不是夺取政权上，这是因为夺取政权已成既定事实。那时他就对工农联盟十分重视，认为这个联盟对政权的巩固十分重要，可以赢得农民在政治和军事上的支持。到了三年内战时期，苏俄工农结成军事联盟以抵御反动势力的进攻，保卫政权。对于这个战时的联盟关系，列宁在新经济政策停止退却前就进行过分析：它严重地忽略了经济利益问题，让农民遭受了极大的损害，破坏了工农关系，破坏了经济交往。同时，由于和平建设时期的到来，经济恢复与建设提到首位，国内的主要任务不再是赢得战争；阶级会长时间地存在于苏俄内部，农民的动摇仍会发生，必须将他们同无产阶级牢牢绑在一起。这些在客观上都要求必须调整战时的、已经不合时宜的工农关系，必须从以往的军事联盟转变为新的经济联盟，恢复工人与农民正常的经济联系，实现工农新的联合。1921 年 6 月，列宁明确指出，这是摆在无产阶级面前的主要任务。他还说：“从理论上看，只有实物税才能成为经济联盟的基础……只有这样做才能给社会主义社会建立真正牢固的经济基础。”① 列宁认为，从保卫和巩固苏维埃政权的角度看，新经济政策拥有的全部意义，就是“使我们开始建设的新经济同……农民经济结合起来。”②

列宁说，我们现在做的，就是要让农民知道，党和国家正在用行

---

① 《列宁全集》第 42 卷，人民出版社 2017 年版，第 55 页。

② 《列宁全集》第 43 卷，人民出版社 2017 年版，第 79 页。

动向他们证明，我们是在真正地为他们考虑，是在用他们习惯的、理解的方法提供尽可能的帮助，从他们关注的哪怕最小的事情上贴近，只有共产党和苏维埃政府才能把他们救出苦海。这样一来，俄共就能够通过切实的行动逐步同农民拉近关系，让农民越来越紧密地围绕在无产阶级身边，进而消除工农矛盾，使俄国能够像在战争时期那样，用巩固的工农联盟来克服一切艰难险阻，达到和实现建立经济基础的目的①。这种工农“结合”能够让农民在为自己的生活而奋斗的同时，也在实际上为工人、为国家的社会主义未来而工作、奋斗，从而使对社会主义的崇高追求融入农民的生活中，让他们自觉地加入社会主义伟大建设的事业中。当然，列宁也指出，“结合”到现在还没有完全实现，但是俄国已经找到了实现的途径——新经济政策。

新经济虽然是退却，但在退却之后，俄国是能够获得农民的跟随和支持的，因而现在的情况已经是无产阶级同农民会合起来一道前进②，农民接受无产阶级的领导并受其影响，两者不再是战时共产主义后期那种分裂、矛盾的状态了。列宁说，前进的步伐虽然缓慢，但正在稳定，是一步一个脚印，非常扎实地前行，而非是后退、绕圈或裹足不前。俄国的农民会见证苏俄的发展，从而愈加与无产阶级齐心协力。列宁坚信，照这样走下去，苏俄的步伐会发生质变，前进的速度将达到让人惊讶的程度。

显然，在列宁看来，因为新经济政策的影响，因为新的工农联盟——经济联盟的建立，俄国农民会被迅速地拉向社会主义，其社会主义意识和行动会主动或被动地增强。工农将会更加紧密地团结在一起，沿着社会主义的轨道坚定地行进，完成苏俄的各项任务，使饱经风雨的无产阶级政权得到巩固。

2. 充分利用资本主义建设社会主义

新经济政策的主要经济目标，就是调动一切积极因素，特别是利

---

① 参见《列宁全集》第 43 卷，人民出版社 2017 年版，第 80 页。

② 参见《列宁全集》第 43 卷，人民出版社 2017 年版，第 81 页。

用资本主义关系促进国内经济的复苏、迅速改善经济状况，大力发展生产。所以，必须恢复对生产资料的私人权利，恢复市场和货币关系、恢复自主经营和自由贸易。

第一，利用资本主义建设社会主义是列宁早已有的思想。

第一次世界大战使得许多国家，包括俄国，都走上了国家垄断资本主义的道路，这个意义是巨大的。列宁将国家资本主义同社会主义革命的命运联结在一起，道出了它们之间的辩证关系：国家垄断资本主义是“社会主义的最充分的物质准备”，是社会主义的“前阶”，从它到社会主义之间“没有任何中间级”。正因为如此，“人类异常迅速地接近了社会主义”①。

苏俄建国初期（十月革命胜利到1918年春），在社会主义改造和建设过程中，列宁再次发挥了国家资本主义思想，并用之于实践，取得了一定的效果。此时，列宁对其的关注度就已大大增强，对它在俄国社会主义事业中的作用作出了乐观的估计。不过，到了国内战争时期，在战时共产主义的统治下，关于国家资本主义的各种问题则被搁置起来。

第二，新经济政策的推行和发展，促使和平地利用资本主义来发展本国社会主义的思想再一次重要起来，国家资本主义也成为极其重要的一环。

到了新经济政策时期，列宁才又重提国家资本主义思想。“资本主义，在一定程度上是不可避免的，所以我们应该利用资本主义（特别是要把它纳入国家资本主义的轨道）作为小生产和社会主义之间的中间环节。”② 对此时的俄国来说，强行堵塞资本主义的发展是没有用的，要进行疏导，应该让国家资本主义深入所有具有资本主义成分的地方，渗透方方面面。列宁的目的十分明确，就是要把它完善地利用

① 《列宁全集》第32卷，人民出版社2017年版，第218—219页。

② 《列宁全集》第41卷，人民出版社2017年版，第217页。

起来，以此来“保证在不久的将来把国家资本主义变成社会主义”①。国家资本主义这个因素，又一次被视为俄国过渡到社会主义的重要的中间环节而出现在苏俄的大政方针之中。一则，它是一种策略的回归，是新时期对曾经政策的继承与发展；二则，它是一道拒马栏，对必然发展的资本主义进行必要的限制。

第二次退却后，列宁关于利用资本主义发展社会主义的想法又有了很大的发挥，资本主义生产——大生产、小生产以及外国资本都在利用之列；他还提出要向资本主义学习、社会主义要与资本主义“竞赛”的思想。这表明，此时列宁和平利用资本主义的思想，也就是在无产阶级政权下“尽可能快地增加生产力总量”的手段更加全面、丰富和具体了。

新经济政策的实施，客观上造成了（私人）资本主义的盲目发展，有某种失控的危险，给社会主义经济带来了威胁。列宁看到了这个危险，于是在退却停止后，提出了同资本家进行竞赛的要求。他指出，社会主义和资本主义正在进行一场经济竞赛，俄国的无产阶级先锋队只有证明了他们自己比资本家更会经营，更能取得经济效益，满足各种经济需求，才能够让人民看到谁优谁劣，从而巩固社会主义的经济地位和基础，无产阶级才能获取社会经济的领导权。列宁认为，这个竞赛将是战胜资本主义的最后的斗争，“我们确实是在进行‘最后的斗争’……同俄国资本主义进行这种斗争”②。列宁的目光瞄向的是未来，他正确地看到了这场以竞赛为特点的斗争的意义。这场斗争关系着俄国的前途，因此也就关系着无产阶级政权能否继续得到巩固，经济建设工作是否能够顺利进行，社会主义的事业能否发展下去，社会主义的经济基础是否可以确立等一系列问题的答案。

这时，国家资本主义的地位和作用被提到了新的高度。在俄共（布）十一大报告中，列宁非常明确地指出：“新经济政策的基

---

① 《列宁全集》第41卷，人民出版社2017年版，第211页。

② 《列宁全集》第43卷，人民出版社2017年版，第86页。

本……的任务就是使我们已经开始建设的……社会主义经济……同……农民经济结合起来。”[①] 这里已经开始建设的经济或社会主义经济，从其主体来看，指的其实就是国家资本主义经济。列宁肯定地指出，因为无产阶级了掌握国家政权，国家资本主义便已脱离了原本的资本主义性质，不再是资本主义的垄断、资本主义的东西了，它已然具有了真正的、社会主义的属性，能够用之全力为社会主义服务，为建设、建成社会主义的基础服务。

关于列宁和平利用资本主义的这一思想，是在一国范围内，特别是在经济文化落后的国家范围内，进行社会主义建设的重要的基础性思想，必须加以重视、长期坚持。对俄国之后的各社会主义国家的建设事业而言，也具有十分重大的理论意义和现实意义。同时，此思想也为一国首先胜利论内涵中争取社会主义建设胜利奠定了必要的基础。

二 一国首先胜利论内涵的最后确认

长期的伤病和劳累，最终拖垮了列宁的身体，同时其思想也进入了最后的发展阶段。1923 年 1—3 月，列宁口授了他一生中的最后五篇文章，即《政治遗嘱》[②]，完成了他作为一个伟大的革命家和理论家对俄国革命和无产阶级解放事业的最后思考。经过《政治遗嘱》的再确认之后，一国首先胜利论的核心内涵在这里完成了它最后的一个版本。

1. 一国首先胜利即一国开始社会主义建设或一国建成社会主义的基础

新经济政策的顺利实施和初见成效，使列宁更加坚定了此前已经

① 《列宁全集》第 43 卷，人民出版社 2017 年版，第 79 页。

② 包括：1923 年 1 月 2 日的《日记摘录》，1 月 4 日和 6 日的《论合作社》，1 月 16 日和 17 日的《论我国革命》，1 月 23 日的《我们怎样改组工农检察院》，3 月 2 日的《宁肯少些，但要好些》，共五篇。

开始的关于一国首先胜利论核心内涵的调整，更加坚定了通过新的方式和途径巩固政权，同时争取社会主义建设胜利的信心。

第一，俄国无产阶级能够更加长久地巩固政权，能够建设“社会主义的俄国”。

利用资本主义，社会主义的俄国完全可以做到发展自己，完全可以达成新的工农结合和联盟。俄国的农民现在已不是 1921 年初的样子了，他们现在认同执政的共产党，这已不仅仅是感情上的认同，而且是思想、追求、道路的认同。“农民明白，我们是为工人夺取政权的，我们的目标是通过这个政权建立社会主义制度。所以对我们最重要的是为社会主义经济作好经济准备……我们不得不用迂回的方法来做到这一点。”①

无产阶级的先锋队因为了解自己的缺陷，有着学习的精神，他们愿意学习，也善于学习。俄国无产阶级不仅拯救了自己，更提升了自己，并且已经完全掌握国家经济命脉，拥有国家政权力量。现在很多人都清楚地看到了，运用了“迂回办法”的苏俄，它的效率如何、成效如何。那么，俄国无产阶级依靠自己的力量，采用这种方法来争取社会主义进一步的胜利，也是有可能的。

列宁看到，社会主义的一些因素已经在停止退却后继续发展的新经济政策环境下，在俄国内部、人民生活中得到了新的、较充分的体现。社会主义社会在他那里被视为一个集合体，在坚持社会主义远大目标的同时，列宁也在关注体现在工厂里、街道中、各单位部门里的社会主义成分。列宁认为，由于有了苏维埃政权和新经济政策，俄国社会的各个阶级阶层、每一个人的活动，其实都在为社会主义添砖加瓦。因此他说，“我们把社会主义拖进了日常生活”②，并且指出“社会主义现在已经不是一个遥远将来，或者什么抽象图景”③，“不是在

① 《列宁全集》第 43 卷，人民出版社 2017 年版，第 287 页。
② 《列宁全集》第 43 卷，人民出版社 2017 年版，第 306 页。
③ 《列宁全集》第 43 卷，人民出版社 2017 年版，第 305—306 页。

明天，而是在几年之中……这样，新经济政策的俄国将变成社会主义的俄国"[①]。列宁感觉，俄国离社会主义的胜利似乎比以前靠近了。他特别告诫，不要把社会主义看成高高在上的"圣像"，从而只是膜拜、瞻仰，不去做实际工作，不去切实地建设。现在的俄国已经在"实干"，在脚踏实地地"走向社会主义"[②]，没有什么能够阻挡住俄国前进的步伐。

上述考察可以说明，对于一国首先胜利论的核心内涵，列宁在新的基础上再次确认了两点：其一，由于农民对政权、对社会主义的进一步认同，由于社会主义因素在俄国社会中的新的积累，由于无产阶级先锋队正在努力学习、实干，苏俄政权是可以长久地巩固的；其二，一国的胜利是建设一个"社会主义的俄国"，既然社会主义的俄国还是一个国家，而且它还是一个新经济（多种经济成分并存）的国家，那它就只能还处于完全的"社会主义社会"之前。所以，建设社会主义的俄国应该理解为，为俄国的社会主义建设基础。而此时一国首先胜利论的首要目标，就是建设以及建成"社会主义的基础"。

第二，俄国建设社会主义的两个途径。

如前文所述，列宁明确放弃了直接过渡的思想，转而提出间接的、迂回的、渐进式的过渡思路。不仅如此，列宁还为新的过渡方式提出了相对具体的实现途径。途径有两个，第一个就是通过对资本主义的全面利用，特别是利用国家资本主义这样的手段来发展苏俄的经济，发展大工业、大生产（前文已述，不再赘）；而第二个途径，就是利用合作社改造小农和小生产，帮助俄国争取新的胜利。

在新经济政策条件下，列宁十分看重合作社，将之看作俄国农村、小农经济向社会主义过渡的主要途径和手段。合作社集合了众多的小商品生产者，是一个集体经济组织，是一种联合生产组织、消费组织和交换机关。

---

① 《列宁全集》第 43 卷，人民出版社 2017 年版，第 306 页。

② 《列宁全集》第 43 卷，人民出版社 2017 年版，第 305 页。

1921年初，列宁就指出，旧的合作社不能胜任新时期的任务，需要进行改造，赋予它更大的自由和权力。合作社要从以前的粮食委员部的下属机构变为一个独立的机构，后者将物资全部交给合作社，由前者在国家的监督下负责同农民交换其所需物品，如此，不假于他手（当然也是在一定程度上，自由贸易不可能杜绝）的直接交换就会占据主导地位。而且，随着新经济政策的推进，合作社不单单是在流通领域发挥作用，在生产领域也有所发展，如榨油厂、扬谷站等都统归合作社管理。

正是由于合作社的特殊性和广泛性，它可以组织、联合为数众多的农村劳动人民和城市小生产者，将“生产和流通纳入向苏维埃社会主义经济过渡的轨道”[①]。在列宁看来，合作社是新时期改造小农的重要手段，尽管在操作上会困难一些，可一旦成功，就能够让小经济获得极大发展，缓解苏俄的经济破坏境况，特别是能“使小经济变成使用机器的、建立在电气化基础上的大规模集体企业，即为共产主义打下技术基础”[②]。显然，包括列宁在内的俄共中央对合作社的期许并不仅是渡过当时的难关，还有借助它打造共产主义基础的想法。通过合作社，苏俄就会“比较容易在相当期间内，在自愿联合的基础上过渡到大生产”[③]，也就是从农业、小农的国家资本主义，“进一步过渡到社会主义”[④]。合作制是劳动人民由个体小经济转向大型集体经济的最好办法。

对于合作社的作用，列宁还指出，在国营商业、国民经济目前还较为薄弱的情况下，合作社越是壮大，越能增强社会主义经济的实力，从而帮助无产阶级在同资本主义的竞争中占据优势，保证工农之间正常联系的建立和维系。

---

① 商德文：《列宁的新经济政策学说》，经济科学出版社1987年版，第60页。

② 《苏联共产党和苏联政府经济问题决议汇编》第1卷，中国人民大学出版社1984年版，第249页。

③ 《列宁全集》第41卷，人民出版社2017年版，第215页。

④ 《列宁全集》第41卷，人民出版社2017年版，第214页。

《论合作社》，是列宁集中论述合作社地位和意义的重要文章。列宁认为，合作社是把农民在经济上组织起来的最好形式，也是吸引农民靠近社会主义的最好形式。还有重要的一点，合作社可以帮助苏俄"实际建设这个社会主义"，而不是像以前采取的那些不具备操作性的办法。合作社是那种现实就存在的、可操作的、会帮助俄国过渡到新制度的事物。

合作社的发展可以汇聚成一股强大的社会主义力量。列宁指出，合作社在无产阶级政权下，已经是完全的、社会主义的机构了，"合作社的发展也就等于社会主义的发展"①。列宁认为，在俄国，无产阶级对政权和生产资料的掌握、经济变革和建设走上正轨等都已经做到了，这些为俄国革命进一步发展打下了重要基础。如此一来，列宁就在发展壮大合作社、实现农村合作化同进行真正的社会主义建设之间搭建了一条逻辑桥梁。当然，上述表达并不表明合作社可以代替新经济政策，它是新经济政策的一项重要内容，但列宁对它充满信心。

综上，列宁把合作社的全面普及看作俄国建设社会主义的主要途径之一，对其重要性和作用有充分的认识和肯定。

2. 建设社会主义国家，为"过渡"创造条件

《论合作社》一文中，列宁也分析了合作化面临的困难，认为主要是文化问题。因此，他强调要进行文化革命，并指出，俄国文化革命的目标就是实现全民参加合作社，而这也就等于完全合作化的实现。所以，文化革命实现了，"我们国家就能成为完全社会主义的国家了"②。

列宁进一步指出，俄国现在唯一剩下的任务只是"合作化了"。"难道这不是我们所需要的一切，难道这不是我们通过合作社，而且仅仅通过合作社……来建成完全的社会主义社会所必需的一切吗？这还不是建成社会主义社会，但这已是建成社会主义社会所必需而且足

① 《列宁全集》第43卷，人民出版社2017年版，第371页。

② 《列宁全集》第43卷，人民出版社2017年版，第372页。

够的一切。”[1] 在这里，列宁一方面讲到，通过合作社可以在俄国建设出“完全的社会主义社会所必需而且足够的一切”；另一方面又明确地指出“这还不是建成社会主义社会”。如此矛盾的表达说明，列宁在此处讲的重点，还是在俄国当时条件下如何建设社会主义的途径，或者说如何在俄国为向社会主义过渡、为过渡到社会主义、为俄国未来的社会主义社会创造条件。如果拘泥于建成还是建设，社会主义还是社会主义社会这样一些概念表述上的矛盾，就完全无法弄懂列宁的意思。而非常明显的是，列宁于此阐述了合作社对于俄国社会主义事业的价值。

结合前文，列宁的一国首先胜利论核心内涵的修订可以合成如下内容：在俄国凭借新的工农联盟，可以长期巩固和保持政权；因为苏维埃政权的存在，国家资本主义、合作社都已是社会主义的事物，其发展本身可以说就是社会主义的发展；在无产阶级专政下、在政府调控下大力利用资本主义、发展资本主义经济关系、推广合作社，能够创造出俄国社会主义的政治、经济和文化基础；基于无产阶级政权的强大力量，这个基础的建设可能会在较短时间内完成。

至此，列宁一国首先胜利论思想的核心内涵就实现了自己的修正，总体上回到了内战前的基本表述，并在无产阶级政权的巩固和建设社会主义的途径等方面有所发展。

3. 明确提出了一国首先胜利论的“逻辑”

1923 年 1 月，列宁在病重期间口述的《论我国革命》，向那些认为俄国革命“还没有成长到实行社会主义的地步”[2] 的观点作出了最终的回应。他斩钉截铁地指出，当时的俄国虽然落后，但在第一次世界大战的有利时机下，在俄国人民无法再继续痛苦地生活下去，而无产阶级又已经具备夺取政权的情况下，那么，为什么我们要等待呢？

---

① 《列宁全集》第 43 卷，人民出版社 2017 年版，第 366 页。

② 《列宁全集》第 43 卷，人民出版社 2017 年版，第 374—375 页。

为什么不可以先取得政权，然后再利用这个政权，发展经济，“赶上别国人民”[①] 呢？俄国的实例丝毫也不排斥“世界历史发展的一般规律”[②]。列宁还预言，东方那些国情更加复杂的国家，未来走上社会主义的时候会表现出更明显的多样性。更不要说还有列宁创立的苏维埃俄国和共产国际，它们的存在能够切实推动、指导东方革命的发展，这“对东方革命者是一种激发力量”。[③]

在这里，列宁首次明确地表述了这样的逻辑变化：由资本主义经济发达—无产阶级强大—发动革命夺取政权—社会主义，转而表述为无产阶级强大（特殊条件下）—发动革命夺取政权—发展经济奠定基础—社会主义，更加明确地坚定了自己一国首先胜利的思想。

4. 带着“左”倾色彩的一国首先胜利论

通过《政治遗嘱》，列宁在自己生命的最后阶段完成了对一国首先胜利论内涵的修订和最后确认，在概念表达上使自己的理论基本上回到了 1918 年内战开始之前的表述上。但要注意，在对俄国社会主义革命任务的艰巨性的估计方面，列宁的论述经常性地习惯表现出自信、乐观的革命家和高明的策略家的心理特点，即对困难的藐视和估计不足，总是力图创造奇迹。因此，此时的一国首先胜利论仍然带有“左”的色彩。

“左”倾色彩的第一个表现是，对完成革命任务所需时间估计过短。与对全俄实现电气化所需时间估计不足一样，列宁对 1918 年的社会主义改造，对战时共产主义时期向共产主义过渡的预估，都表现出过短的特点。对新经济政策即向社会主义迂回过渡的时间，也存在估计不足。

希望新经济政策的退却时间越短越好，这是当时党内相对普遍的

---

① 《列宁全集》第 43 卷，人民出版社 2017 年版，第 375 页。

② 《列宁全集》第 43 卷，人民出版社 2017 年版，第 374 页。

③ Александров В. И. . *Ленин И Коминтерн*：*Из Истории Разраб. Теории и Тактики Междунар. ком. Движения.* М. ：Мысль，1972. . С. 327.

现象。在党内，很多人都将新经济政策看作一个暂时的策略和政策，没有设想它会长期存在于苏俄。他们一方面对资本主义的复活充满忧虑，另一方面对战时共产主义的那种雷厉风行的革命精神、军事化的体制和命令主义带来的高度控制力和高效率非常留恋，对放弃近在咫尺、仿佛就要实现的“直接过渡”、社会主义共产主义大为惋惜，认为那时的制度和模式才是社会主义国家该具备的特性。其实，不仅是俄国国内，在国际上、在共产国际和各国共产党内部，一些党和组织的领导者从一开始就对俄国的新经济政策持否定态度，认为列宁推行的新政策是在开革命的倒车。他们的急躁、不甘等情绪十分强烈。1920 年底到 1921 年初，革命高潮的消散已是事实，但这类人仍坚持认为革命高潮还在发展，主张强化革命运动，用大胆的战斗来破除人民的革命消极情绪，“迎接我们的不是缓慢的宣传鼓动时期，而是不断激化的群众革命战斗时期”①。

1923 年，新经济政策施行了两年后，托洛茨基还说，“新经济政策是由世界革命延缓引起的被迫的政策”②。国家计划委员会主席团的拉林不仅不看好新经济政策，对其作用和适用范围也作了最低的估计。他说，新经济政策的代名词不是“进步”，而是“不幸”，“仅仅是在保存和掩护军队的主要基地的限度之内，它才是有好处的”③。这样的认识是比较普遍的。

那列宁呢？在俄共第十次代表会议上，列宁借奥新斯基对新经济政策的分析，肯定了他提出的这是一项“认真地和长期地”④ 政策的说法。而对奥新斯基对这一政策要用 25 年时间的预测，列宁却不认

---

① *ПРАВДА* 1921-4-21. 转引自［苏］弗·维·亚历山大罗夫《列宁和共产国际——国际共产主义运动理论和策略制定史》，郑异凡、杨光远、郑桥译，求实出版社 1984 年版，第 299 页。

② 参见郑异凡《新经济政策的俄国》，人民出版社 2013 年版，第 49 页。

③ 转引自［匈］萨穆利《社会主义经济制度的最初模式》，田大畏译，湖南人民出版社 1984 年版，第 108 页。

④ 《列宁全集》第 41 卷，人民出版社 2017 年版，第 323 页。

可。他觉得25年的预计太过悲观了，认为不需要这么久，苏俄就可以达成新经济的要求，进入社会发展的新阶段。列宁表示，“这是一个要在若干年内长期实行的政策”[①]。而在1921年3月的时候，列宁又说：“只要在10—20年内和农民保持正常的关系，就能保证全世界范围内的胜利。”[②] 相比25年，列宁设定的时间哪怕是采用20年的上限也短了许多，而列宁估计的最短时间为10年，中间“10年”的跨度则是他留下的余地，说明他内心认为所需或许会更短。至于列宁所称之“若干年”，结合上述表达，笔者倾向于认为有可能低于10年。而现在看来，在那样贫穷落后又经过严重战争破坏的基础上，要使俄国经济通过短短10年、哪怕20年的时间就超越发达资本主义国家，是无法想象的。这说明，列宁的估计应该是过于乐观了。

“左”倾色彩的第二个表现是，急于向资本发起进攻。到了俄共(布)党的十一大，新经济政策退却的时间才一年，“再退却”连半年时间都没有，列宁就宣布停止退却，并提出了重新部署力量，准备进攻、“向私人经济资本进攻”的口号。尽管这还不是“马上就要进行”的行动，但已能说明列宁急于夺回失去的“阵地”的心情，也说明他心中把施行新经济政策大力发展经济的时间看得还是比较短。

“左”倾色彩的第三个表现是，再一次提出“单干”。列宁一次次地寄希望于欧洲革命的帮助，却一次次地失望。国内战争结束后，列宁从更客观的角度看待国际革命问题，指出，他国革命必然爆发，这个是不用怀疑的，然而短期内则是很困难，“毫无疑问，如今无产阶级夺取政权的斗争已在世界范围内受到阻碍，速度趋缓。”[③] 所以，列宁由衷地告诫全党，要认清社会主义革命在资本主义世界中的这个现实，结合国内外阶级关系情况合理安排自己的工作，不要把对未来

① 《列宁全集》第41卷，人民出版社2017年版，第333页。

② 《列宁全集》第41卷，人民出版社2017年版，第384页。

③ Коммунистический Интернационал в Документах. Решения, Тезисы и Воззвания Конгрессов. Коминтерна и Пленумов ИККИ. 1919 – 1932 / *Ин – т Маркса – Энгельса – Ленина при ЦК ВКП (б) . М. : Парт. изд – во*, 1933. *С* 179.

的设定寄托于革命速度会变快上，要保持平静的心态。而新经济政策时期，资本主义和俄国的交流与贸易虽然增多了，但外国资本还是在处处抵制俄国，故意设置障碍，俄国需要付出很大的代价。尽管列宁期望从国外获得技术、资金上的帮助，但客观的国际环境和国际关系却无法满足俄国的需求。面对如此境况，1922 年 11 月，列宁在莫斯科苏维埃全会上又一次地喊出了俄国“必须靠单独干来取得成就”“单独干吧”① 的口号。时常会“放弃”考虑欧洲革命形势的联动而“单干”，这既是被迫的选择，也反映了列宁焦急的心情，以及一定程度上的“左”倾。

严峻的经济政治危机致使无产阶级政权受到了来自相反方向的威胁，从而宣告了战时共产主义的失败，也就等于宣告了那个时期试图在一国内建成共产主义社会努力的失败，宣告了过犹不及的一国首先胜利论的失败。新经济政策的提出、实践和这一时期列宁的政策反思和理论修正，结束了一国首先胜利论的曲折发展历程，并且在胜利一词的限定和走向胜利的途径等方面有所发展。

但是，由于新经济政策实施的时间过短，战时共产主义时期急于求成的“左”倾错误并没有得到完全、彻底的纠正，这也就为苏联以及其他社会主义国家急躁冒进、超越发展阶段的“左”倾错误埋下了伏笔。

第五节　列宁逝世后苏共党内对“一国建成社会主义”的论争

一　苏共党内对“一国建成”的态度和争论

1924 年 1 月，伟大导师列宁逝世，离开了他为之奋斗了一生的俄国和世界。

① 《列宁全集》第 43 卷，人民出版社 2017 年版，第 301 页。

此时，苏联面临的国际和国内形势是：国际方面，摆脱了战后政治和经济危机的资本主义世界进入了一个相对稳定的发展时期，各国革命爆发希望渺茫，苏联仍被帝国主义敌视和围堵，很难得到直接的支持和各项援助。国内方面，改行新经济政策的苏联获得了较快的发展，生产逐步恢复，人民生活水平上升，成效可谓显著。但存在的问题也不少，销售危机、工农业产品剪刀差过大、城乡资本主义势力增强、官僚主义等都在困扰着苏联，导致矛盾频生。在这样的背景下，苏联之后的道路应如何走，苏联又该如何建设社会主义、增强对社会主义的信心，成为摆在苏共党和全体人民面前的一个重要问题。因此，对苏联能否依靠自身力量一国建成社会主义社会这一现实性问题的回答就变得十分迫切。

对于这个问题，苏共领导层出现了两种不同的态度，并由此在苏共党内引发了一场大争论。以斯大林、布哈林为代表的多数派和以托洛茨基、季诺维也夫为代表的反对派，分别以“能”与“不能”为答案，展开了激烈的交锋。

斯大林最早提出了单独一国能够建成社会主义的论断。不过他对这个问题的认识，经历了一个从否定到肯定的变化。1924 年 4 月，他在《论列宁主义基础》中谈到苏联社会主义问题时说，无产阶级在一个国家内建立了苏维埃政权，不等于这个国家保证会取得社会主义的完全胜利，“为了获得社会主义的最终胜利，为了组织社会主义生产，单靠一个国家的努力，特别是象俄国这样一个农民国家的努力就不够了，——为了达到这个目的，就必须有几个先进国家中无产者的共同努力”①。显然，在列宁刚刚去世（1924 年 1 月）时，斯大林还持有一国不能建成社会主义社会的观点。但几个月后，到 1924 年底，斯大林就对其思想作出了重大修正。在《十月革命和俄国共产党人的策略》中，斯大林引用列宁《论欧洲联邦口号》中的那段经典语录，

---

① 《斯大林选集》上卷，人民出版社 1979 年版，第 435 页。

指出，早在一战期间列宁就提出了“社会主义在一个国家（即使这个国家的资本主义不大发达）内胜利是完全可能的，是可以肯定的”①。借此，斯大林作出了反思，他认为自己之前关于俄国不能建成社会主义的看法存在很大缺陷，因为他错误地将一国建成社会主义与一国取得社会主义最终胜利混淆在一起，它们应该是两个问题。前者，是单独一个国家可以完成的；后者则不行，需要多国无产者的帮助和共同努力才可以实现。亦即，一国能够建成社会主义社会，但不能取得社会主义的最终胜利。这样，斯大林纠正了他以前的看法并正式提出了一国建成社会主义的观点和思想，而且将之与列宁的一国首先胜利论联系在一起，认为“一国建成”的思想源自列宁。之后，斯大林又从多个方面阐述、重申了自己的这一观点。

1925年5月，斯大林对“一国建成”思想进行了详细的解释。他指出，俄国现存国内外两种矛盾，内部是工农矛盾，外部是同资本主义国家的矛盾。对第一种矛盾，俄国完全有能力在一国内将之消灭，而这种矛盾的解决与否决定着俄国的社会主义能否建成。他说，这个问题的答案自然是肯定的，列宁也是承认的，“我们能够建成社会主义，而且我们将在工人阶级领导下和农民一起去建设”②。但是，对于第二种矛盾，斯大林认为解决起来就很困难了。因为世界上还存在着资本主义，它们还在包围着俄国，所以俄国还无法摆脱被武装入侵的可能，会有资本主义制度复辟的危险。而要克服这个矛盾，单独一国就力有未逮了，只有国际上几国无产者获得了胜利，“才能够有免除武装干涉的完全保障，也就是说，才能够取得社会主义的最终胜利”③。而就在十几天前（4月底）召开的苏共第十四次代表会议以决议的形式，指出“在俄国这样落后的国家中”，即便是没有发达国家在经济上、技术上的援助，也能够“建成完全的社会主义

① 《斯大林选集》上卷，人民出版社1979年版，第285页。

② 《斯大林选集》上卷，人民出版社1979年版，第437页。

③ 《斯大林选集》上卷，人民出版社1979年版，第342页。

社会"[①]，这实际上是对斯大林一国建成思想的肯定。1926年1月，在《论列宁主义几个问题》中，斯大林对建成社会主义作了比较全面的定义。一方面，社会主义可能在一国内胜利，俄国可能利用国内的力量彻底解决工农矛盾，无须他国社会主义革命的直接胜利，俄国的无产阶级也能够夺取政权并利用它来建成社会主义社会。[②]斯大林特别点明，如果不承认这种可能性，就等于承认社会主义建设是没有前途的，就是对建成社会主义丧失信心，也就自然无法再继续社会主义的建设了。另一方面，一个国家内不可能获得社会主义完全的、最终的胜利，因为没有几个国家的胜利作为保障，俄国就无法在国际范围内避免武装干涉，资本主义就有可能在苏俄再现。斯大林强调，对后者的否认就是对列宁主义的背离，就是放弃革命的国际主义。同时，斯大林又搬出了列宁1915年《口号》里阐释一国首先胜利论的话，说列宁口中"组织社会主义生产"的意思"就是建成社会主义社会"[③]，并指出这是明显的道理，无须多作解释。斯大林还以此来反驳季诺维也夫所说的苏俄建成社会主义是非列宁主义的说法。他还特别反问否认一国无法建成社会主义的反对派，如果我们不是打算社会主义的建成，那十月革命又是为了什么，俄国以往所做的又有什么意义呢？

1926年12月，在《再论我们党内社会民主主义倾向》中，斯大林对社会主义一国胜利又增加了一国内的无产阶级战胜资产阶级，或者说克服国内社会主义成分与资本主义成分之间的矛盾的解释，"在苏联建成社会主义就是在斗争进程中用本身的力量战胜我们苏联的资产阶级"[④]。也就是在俄国内部彻底消灭私人资本，建成社会主义。俄国将用自己的力量建立建成社会主义需要的经济基础，把农业与工业

① 《苏联共产党代表大会、代表会议和中央全会决议汇编》第三册，人民出版社1956年版，第47页。

② 参见《斯大林选集》上卷，人民出版社1979年版，第438页。

③ 《斯大林选集》上卷，人民出版社1979年版，第441页。

④ 《斯大林选集》上卷，人民出版社1979年版，第510页。

整合为一个整体经济，工业领导农业，以工农产品交换为基础，调整城乡关系，阻止资本再生和阶级再生，“最后造成直接导致阶级消灭的生产条件和分配条件”①。当然，斯大林看重的还是阶级力量对比的变化。到此，斯大林提出的一国建成理论便完整了。

斯大林的一国建成观点一经提出，立刻激起了党内的大争论。赞同者有之，反对者也有之。布哈林就是其支持者，他也引用了列宁《口号》中的那段话，指出：“这段引文中最值得注意的是……在本国组织社会主义生产的思想。可见，列宁在这里所说的是组织社会主义生产的可能性，也就是说，如果把它从外文译成俄文，是一国建成社会主义的可能性。”② 他断言，俄国不会因为经济、技术等的落后而灭亡，即便是因落后导致社会主义发展、建设速度极其缓慢，俄国也一定能建成社会主义。③ 雅柯夫列夫也是持肯定态度的多数派中的一员，他认为，俄国虽然在国际上还是一个单独的社会主义国家，但它已经开始建设社会主义了，而且一定能建成。④

反对派的观点则是，单独一国不能建成社会主义社会。托洛茨基认为，列宁只是在帝国主义和不平衡规律条件下提出并实践了社会主义一国革命的首先胜利——夺取政权，但这不代表社会主义可以在一国完全建成，两者相距甚远。苏联要想建成社会主义，必须依赖欧洲先进国家革命的胜利，否则，单独的苏联是不可能在资本主义环绕下站住脚的。他曾下过这样的结论，如果欧洲革命推迟几十年，苏联是“注定要垮台”的。1922 年，托洛茨基对俄国的情况作过一番总结：俄国到现在还没有接近建立社会主义的阶段；俄国的经济要想获得大发展，迎来真正的高涨，只有等到欧洲先进国家的无产阶级获得胜利

---

① 《斯大林选集》上卷，人民出版社 1979 年版，第 511 页。

② 《布哈林文选》中册，东方出版社 1988 年版，第 164 页。

③ 参见中共中央马克思恩格斯列宁斯大林著作编译局《“一国社会主义”问题论争资料》，东方出版社 1986 年版，第 57 页。

④ 《斯大林选集》上卷，人民出版社 1979 年版，第 440 页。

以后才有可能[①]；苏联的落后使得它的内部矛盾（工农之间必然发生利益冲突）也只能在国际革命的舞台上得以解决。对此，斯大林反驳道，工农之间虽然有矛盾，但同时也有相同的利益且利益要大于矛盾，因而完全可以让农民服从领导。托洛茨基对斯大林的观点嗤之以鼻。1926 年，托洛茨基又一次对斯大林批评道：一国建成不仅理论上是错误的，在实践上也会给革命带来危险，会掩饰俄国目前出现的种种问题和矛盾，会降低各国共产党的作用和意义，扰乱各国党的任务。[②]

季诺维也夫同托洛茨基站在同一个阵线上。他在 1925 年写成的《列宁主义》一书中，认为苏联建设社会主义是可能的、有保障的，但是要最终建成巩固的社会主义社会，完成共产主义的第一阶段向高级阶段过渡，则是不能想象的，这是难以解决的问题，因为“社会主义制度的最终胜利要同一系列国家的无产阶级革命胜利同时取得”[③]。他驳斥“一国建成”是非列宁主义的、是一种民族狭隘性的思想，是“胡说八道”。不过这种过激的言语，对他和整个反对派都造成了恶劣影响，也无助于问题的争论。加米涅夫的观点也相类似，他认为，一国社会主义理论是右倾的表现，与列宁的思想背道而驰，是把希望放在农民的社会主义能力上的乐观主义，以及对国际革命的悲观主义。[④]

1924 年，斯大林等多数派同托洛茨基等反对派的斗争，最终以解除托洛茨基的军队职务而结束了争论的第一阶段。1925 年，苏共十四大召开，季诺维也夫、加米涅夫又组成新反对派与多数派展开争论。在会上，季诺维也夫重申一国不能建成社会主义的思想，“我们的社会主义建设将最后在国际范围内完成”[⑤]。但斯大林还是在会上占了上

---

① 参见《斯大林选集》上卷，人民出版社 1979 年版，第 290 页。

② Фельштинский Ю. Г.. Коммунистическая Оппозиция в СССР, 1923 - 1927. URL: http://lib. ru/HISTORY/FELSHTINSKY/oppoz1. txt.

③ ［苏］格·季诺维也夫：《列宁主义——列宁主义研究导论》，郑异凡、郑桥译，东方出版社 1989 年版，第 248 页。

④ 参见《“一国社会主义”问题论争资料》，东方出版社 1986 年版，第 277、279 页。

⑤ 《真理报》第 293 号，1925 年 12 月 23 日。转引自沈宗武《列宁逝世后俄共（布）高层领导关于能否建成社会主义的论争》，《重庆社会科学》2001 年第 5 期。

风，大会通过决议，对季诺维也夫等人进行了批评。到1926年初，新反对派也宣告失败。同年春天，托、季、加三人组成联盟，从数个重大政治问题出发，再次同斯大林为首的中央进行斗争。在苏共十五次代表会议上，托洛茨基指责多数派（斯大林）所说的一国建成社会主义"陷入了严重的理论和历史上的错误"①；加米涅夫也指出，列宁关于在一国内建设社会主义的言论针对的是欧洲发达国家，以此批驳斯大林曲解了列宁的意思。但是，由于斯大林此时已占据了优势，政治地位也日益稳固，反对派的最后一次反扑还是失败了，"1927年将托洛茨基开除出共产党的行动就是向世界宣布这个政策获得了胜利"②。至此（1927年11月14日），苏共党内持续了三年的关于一国能否建成社会主义的争论，以斯大林的胜利而告终。

这场争论的实质，既是一场苏联在列宁逝世后的社会主义理论、道路、前途之争，也是一场列宁主义正统之争，同时还是一场权力之争。通过斗争，斯大林坐稳了最高领导人的宝座，坐实了他的列宁主义继承者的地位，其"一国（苏联）建成"理论被确立下来，成为苏共党和国家的指导思想。而且，不仅是在苏联国内，1928年，共产国际六大还将苏联一国可能建成社会主义社会的方针写进了《共产国际纲领》，使之在世界范围内也成为了革命的重要指南。

二 列宁"一国建成"思想与斯大林"一国建成"论的异同

1. 列宁认为俄国能够一国建成社会主义，但并非斯大林所说是一以贯之的

斯大林将一国建成的源头放在列宁身上，指出是从列宁那里继承过来的，这的确有其道理。因为列宁确有过一国建成的思想。但是，

---

① 《真理报》第256号，1926年11月5日。转引自沈宗武《列宁逝世后俄共（布）高层领导关于能否建成社会主义的论争》，《重庆社会科学》2001年第5期。

② ［英］E. H. 卡尔：《两次世界大战之间的国际关系1919—1939》，徐蓝译，商务印书馆2009年版，第61页。

斯大林认为列宁在提出一国首先胜利论时就已经提出了这一思想，这其实是不对的，是斯大林的误解以及出于某种目的（即谁是正统的列宁主义者）下的强行安插。1915年，列宁在《论欧洲联邦口号》中对一国首先胜利论的描述，指的是夺取政权的某国无产阶级可以而且应当开始采取一系列行动，进行社会主义改造和建设，那时候列宁还没有对胜利的这个国家可以建成社会主义有清晰的概念。"一国建成"是列宁社会主义一国首先胜利思想演进过程中出现过的一个子思想、子理论，是与苏俄社会主义实践的特定时期相关的。在这一点上，不得不说反对派的观点更贴近于列宁的思想，认为列宁在一战期间只是提出了一国在胜利后可以在国内进行社会主义建设。不过，他们认为列宁所说的这"一国"不是指俄国而是仅就欧洲发达国家而言的观点，则是不正确的。

2. 斯大林的社会主义社会是低标准的，背离了列宁的新经济政策

对于社会主义社会的标准问题，马克思和恩格斯早有论述，如社会占有生产资料，消灭私有制，无商品货币关系存在，无城乡差别和工农差别，无阶级，各尽所能、按劳分配，国家消亡，等等。不过，列宁并未把这些标准完整套用在俄国身上，而是作出了灵活、务实的变化。在革命胜利初期，列宁曾大力推行无所不包的"计算和监督"，认为这是社会主义的开端[①]，如果能够将计算运用到哪怕是细小的事物上，"那就是社会主义"[②]。显然，对那时的苏俄来说，社会主义的标准可以被概括为"计算和监督"执行的好坏。在战时共产主义时期，列宁则是将国家控制下的、有计划的生产和分配以及直接的产品交换视为重要标准，将义务劳动、电气化视为重要标准，由此，列宁也就有了俄国可以建成社会主义社会甚至是共产主义社会的思想。不难发现，列宁在这一时期实际上将社会主义社会、共产主义社会的标准降低了，也就在客观上导致了对"建成"的肯定。很快，列宁就认

---

① 《列宁全集》第33卷，人民出版社2017年版，第61页。
② 《列宁全集》第33卷，人民出版社2017年版，第63页。

识到了自己的错误，从而改变了原本的设想。到了新经济政策时期，列宁指出俄国只能利用各种中间环节向社会主义迂回过渡。在列宁临终前，他将灵活运用资本主义和合作化、合作社制度视为社会主义的新的重要标准和方法，认为俄国能够建成社会主义社会的基础。当然，这个“基础”的建设是可以在短时间内完成的。

那么，斯大林的社会主义社会呢？早先，斯大林对社会主义社会的看法是典型的马克思主义的观点，其在1906年《无政府主义还是社会主义？》中的表述是：无阶级、无剥削、无商品和买卖、无私有制、无政权，有自由的劳动者，有高度发达的、满足社会需要的生产，等等[①]。然而，到提出“一国建成”论时，斯大林的说法与以往已大相径庭，将社会主义经济建设（“组织社会主义生产”）、解决工农矛盾、战胜资产阶级或者说“彻底消灭私人资本”[②]（消灭资本主义成分）视为社会主义的标准，三个标准既相互交叉又层层递进。而且在斯大林看来，社会主义社会是留有阶级的，且决定社会主义建成的更多的是一种阶级间谁战胜谁的问题，不是建立在比资本主义更高的生产率上，也不需要让人人都过上“富足”[③]的生活，而这实际上是一种贫穷的社会主义。

能够看出，斯大林的社会主义社会是降低了标准的，这样建成的社会主义仅仅是初级阶段的社会主义，或者说是初级形式的社会主义，距离真正的社会主义社会还较远，还需要继续进行建设。而且，与列宁曾经在战时共产主义时期提出来的建成标准相比较，斯大林的标准其实更低，他过度强调了阶级关系和社会经济成分的变革，而忽视了生产力的提高和经济的发展，因而斯大林的社会主义社会也就更要“低级”一些。再对比列宁曾说的，社会主义的胜利不是只靠打倒资本家就能取得的，还需要消灭工农差别。农民是私有者，他们的买

① 参见《斯大林全集》第1卷，人民出版社1953年版，第306页。

② 《斯大林全集》第7卷，人民出版社1958年版，第289页。

③ 《斯大林选集》上卷，人民出版社1979年版，第511页。

卖行为就是在恢复资本主义，只要工人和农民还存在，就不能说社会主义已经实现了[①]，差别就更加明显了。

斯大林曾经严厉批判过季诺维也夫因为俄国缺乏先进技术基础，因而建不成社会主义的论断[②]。斯大林认为，即便是本国经济、技术落后，没有（他认为也不需要）先进国家的技术支持，这些都不会成为“建成”的制约因素，建成主要取决于俄国一国能否达到上述那几个标准。而布哈林的“落后”只会造成建设速度的迟缓，不会阻碍社会主义建成的观点也是如此。斯大林的这些想法与列宁自然大不相同。吃过了战时共产主义时期没能推动生产力发展的苦头后，列宁在新的历史时期强调要用新经济政策来发展生产力，提高国民经济水平，提高生产率，大力发展电气化和工业化，创立社会主义的物质和技术基础，展现社会主义经济较之资本主义经济的优越性，他还希望从外国得到各种援助，主张利用资本主义的优秀“文化”来建设俄国。列宁对苏俄社会主义的设想虽然标准也有降低，然而它是一个“均衡发展”的社会主义社会，不是斯大林那样“瘸着腿的”、经济不发达的社会主义。加米涅夫在讲到同斯大林一国建成的分歧时也指出，建成社会主义必须考虑到经济方面的压力，必须涉及经济发展速度，这与免除武装干涉一样，是俄国“取得社会主义最终胜利的必要前提”[③]。

此外，斯大林的社会主义标准既说要克服工农矛盾，又说要战胜资产阶级，消灭私人资本，要在工农产品交换的基础上来调整工农关系，还说农民是“私有者阶级”[④]。显然，斯大林并没有深入领会列宁新经济政策的精神，如建立工农经济联盟，尊重农民习惯，满足小农经济的需要，实现正常的工农业间的交换关系，发展自由贸易，将

① 参见《列宁全集》第38卷，人民出版社1986年版，第339页。

② 参见《斯大林选集》上卷，人民出版社1979年版，第444页。

③ 中共中央马克思恩格斯列宁斯大林著作编译局：《“一国社会主义”问题论争资料》，东方出版社1986年版，第107页。

④ 《斯大林选集》上卷，人民出版社1979年版，第336页。

不断壮大的资本主义纳入国家资本主义轨道。斯大林在这里把农民笼统地归结为私有者阶级，实际上已隐藏着一种用敌对关系看待农民、“消灭农民”的危险。对资产阶级和资本主义，斯大林也是持片面的绝对否定、要将之迅速、彻底消灭的态度，而这种仅仅简单地将注意力放在迅速改变生产关系和阶级关系上、强调阶级斗争的态度，为他日后盲目地、过快过急地消灭城乡资本主义、把个体经济统合为集体公共经济、消灭个人所有制，强制集体农庄化并过渡到全民所有制埋下了隐患。这不仅背离了列宁新经济政策的初衷和对国家未来道路的安排，而且脱离了新经济是一种相对的、较长期政策的列宁主义方针，更不用说斯大林本来就认为新经济政策只是救急的、短暂的政策，很快就会过时。

果然，1927 年斯大林打倒了反对派后，便开始在苏联实行高速工业化，追求纯粹的社会主义经济，排斥商品经济，消灭非公有制经济。由于俄国国民经济结构不平衡，生产力发展水平不高，国家缺少工业资金，因此，为了保障和推动大工业的发展，斯大林转而强制农业集体化，消灭富农，通过剥夺、牺牲农民利益来获得工业所需要的资金积累，这些实际上是对列宁新经济政策的全盘否定（1929 年斯大林就终止了新经济政策）。斯大林指出，苏联及其社会主义建设不能“过于长期地建立在两个不同的基础上，建立在规模最大的联合的社会主义工业的基础上和最分散最落后的小商品农民经济的基础上”①，必须把农业转到社会主义大生产上去，使其跟上工业的步伐，才能保证俄国社会主义的胜利。虽然他也说过“应当在不断改善基本农民群众的物质生活的基础上实行工业化”②，但是在实际操作中，斯大林还是有意识地遗忘了、忽略了，他不顾现实情况，急于“飞跃到”社会主义社会的想法展露无遗。

---

① 《斯大林全集》第 11 卷，人民出版社 1955 年版，第 218 页。

② 《斯大林选集》上卷，人民出版社 1979 年版，第 529 页。

1936 年，斯大林在工农生活还处于较低水平、国民经济结构严重失衡的情况下，毅然宣布俄国成功进入了社会主义社会。然而这个社会主义实际上是建立在行政手段上实现的两种公有制（国家所有制和集体农庄所有制）、“发达的”大工业和消灭剥削阶级（消灭资本家、富农和商人，不等于消灭阶级）的基础上的。显然，斯大林还是着重在生产关系和阶级关系的变化方面来考虑社会主义问题。而且，既然俄国能够而且很快建成社会主义，那就不应停下脚步。于是，斯大林又提出了“一国共产主义”的理论，试图在俄国的社会主义社会地基上接着建成共产主义社会。这里，斯大林实则又抛掉了列宁主义中的作为一个社会形态的社会主义社会的长期性的论断。1938 年，苏联新的五年计划明确规定：这个计划要完成俄国的社会主义建设，然后开始逐步过渡到共产主义。

已经很明显了，虽然列宁也曾有过“一国建成”思想（只是短暂的），但斯大林所坚持的一国建成，在具体的道路设计和行动上偏离了列宁经过纠正后的方针和路线规划，这实际上是对列宁新经济政策和最后遗嘱的“叛变”。

3. 列宁和斯大林都注重革命的扩展和社会主义建设，但斯大林对社会主义在一国胜利和最终胜利的区分上有缺陷

列宁的一国首先胜利论本身就含有扩展革命、世界革命的思想，它内嵌于俄国革命发展的整个过程，并随之发生变化。列宁在不同时期、不同情况下对革命的侧重点是有所不同的。新经济时期，列宁的注意力主要放在国内建设上，而当国际革命形势有利时，列宁又积极推进他国革命。不过，他始终没有忘记俄国一国革命的世界意义，在方法上也会依据国内外环境而作出相应的调整，有时温和，有时激烈：宣传、号召、直接推动、借助共产国际平台、暴力输出、“软实力”影响等，兼而有之。

斯大林也注重革命的扩展，可以用“能”与“不能”来阐发。一国“能”克服阶级间的各种矛盾（工人与农民、工人阶级与资产

阶级)，赢得社会主义的胜利（从一般胜利到建成社会主义社会)，这是就苏联这个国家个体来说的；一国“不能”凭借自身力量战胜国际资产阶级，因而“不能”获得最终胜利，这是就世界范围而言的。一国胜利是社会主义的阶段目标，最终胜利则是终极目标。斯大林说的“胜利”，简单地说就是一国能否处理好内部矛盾和外部矛盾，处理好国内外阶级关系。很明显，斯大林的一国建成不仅涉及国内还涉及国外，看到了一国胜利的世界意义和国际性质，没有忘记俄国肩负的世界革命使命。而且，斯大林不认为俄国只能被动地、消极地等待他国革命的爆发，也强调必须主动出击，采取行动去推动、支援他国革命，也就是要把革命扩展出去，“发展和援助其他国家内的革命是获得胜利的革命的重大任务”①。俄国不仅要做他国革命的支柱和稳固的后方，更要成为世界革命的主导因素，去追求“最终胜利”。在这一点上，斯大林与列宁是一致的，不过其方式方法更简单和激烈一些。

还有，两人都认为要抓住有利时机，加强社会主义建设，走自力更生争取胜利的道路。列宁在十月革命后，并未把俄国革命的全部希望都系于欧洲革命（世界革命）的胜利，一直没有停下在国内巩固政权和建设社会主义的步伐。特别是1921年后，欧洲革命衰退，列宁更是领导苏俄专心搞建设，致力于俄国的发展和壮大，树立一个社会主义的典型，从而给世界各国革命以巨大的精神鞭策和现实推动力。斯大林也是如此，由于“世界革命的发展进程慢得很”②，因此俄国这个第一个也是当时唯一获得胜利的国家，必须致力于一国建设。斯大林认为，苏联的社会主义越巩固、越彻底，就越能成为扩展革命的基地，世界革命就会进行的越迅速。③“一国建成”是斯大林给出的

---

① 《斯大林选集》上卷，人民出版社1979年版，第213页。

② 《苏联共产党代表大会、代表会议和中央全会决议汇编》第3分册，人民出版社1956年版，第45页。

③ 参见《斯大林全集》第6卷，人民出版社1956年版，第346页。

一个信念，不仅会带给苏联人民希望，也会给全世界人民带去希望。“没有既已开始建设社会主义经济就能把它建设成功的信心”，俄国就不能展开建设活动，而“谁企图缩小我国建设的社会主义前途，谁就是企图打消国际无产阶级对我国胜利的希望”①。

由此不难发现，斯大林的社会主义一国胜利和最终胜利之间也是相联系的。1925 年 6 月他还讲到，“我们是不是一定能够建成社会主义经济的问题。这不仅取决于我们。这也取决于我们国外的敌人和朋友的强弱”②。苏联无产阶级自身的任务与国际任务，俄国一国社会主义建设的利益同各国革命的利益是融合在一起的，一方面苏联一国社会主义需要国际无产阶级的帮助和支援，另一方面苏联的社会主义建设及其胜利，也将对国际无产阶级的革命事业起到巨大的促进作用。

然而，从斯大林一国建成论的发展来看，他一开始并没有将社会主义的胜利进行一国建成和最终胜利的划分，只是在后来才将其区分开来。虽然斯大林讲到了两者的相互关系，但是这种硬性的划分本身就包含着将两者割裂、孤立开来的意味。他也曾说过，社会主义在一国的胜利涉及的是“两个不同的方面”③。如此，也就容易造成思想上的误解和混乱。一则，将建成社会主义与最终胜利混淆起来。1938 年 1 月，有一位叫伊万诺夫的人在阐述斯大林的社会主义国家要想获得最终胜利，“只有在全世界范围内才能”做到时遭到了批判，他的领导和反对者们认为，苏联已经取得了最终胜利，再提这个问题已经不合时宜，苏联已有了免除武装干涉的保障。④这反映的是苏联的一种普遍性的现象，人们（哪怕是干部）对社会主义一国胜利的问题也是不甚了解。二则，忽略两者的联系，片面、孤立地看待这“两个方面”，要么加重苏联的“孤岛”心态，容易造成“闭关自守”，要么

① 《斯大林全集》第 8 卷，人民出版社 1954 年版，第 248、249 页。
② 《斯大林全集》第 7 卷，人民出版社 1958 年版，第 171 页。
③ 《斯大林文集》，人民出版社 1985 年版，第 188 页。
④ 《斯大林文集》，人民出版社 1985 年版，第 194—195 页。

夸大苏联一国的力量，误认为苏联什么都能够做到，实则不利于社会主义革命在俄国的整体推进。

此外，斯大林把获得最终胜利的障碍归结为“免除干涉”（免除武装干涉也就是免除资本主义的复辟，也就是需要几个国家革命的胜利）且唯一化，也存在重大缺陷。其实，斯大林此举无形中进一步降低了社会主义胜利的要求和难度，也降低了一国建成的要求和难度。“最终胜利”的达成不只是免除武装干涉这个外因这么简单，主要还是内因，在于自身修炼，如“内部生产力的发展、人民生活水平的提高、政治民主化的进程”①。他的这个认知遭到过反对派的攻击，如加米涅夫就说过，不能“仅限于指出武装干涉是最终建成完全的社会主义社会的困难”②，只是斯大林置若罔闻，一心只想迅速实现社会主义社会。我们知道，斯大林领导下的苏联社会主义建设，本就已经降低了标准，抛掉了诸多必要因素，再加上这个简单的“最终胜利”，不难想象，这个未来“建成的”社会主义社会（不仅是苏联，还包括其他国家）都将是很不够格的，是存有重大缺陷的。如果在“建成后”又不努力去修补、巩固和进一步加强建设，看不到社会主义需要经历一个生产力大发展、完善社会主义生产关系和上层建筑的时期，看不到社会主义制度还需要改革，反而不顾客观条件一味地拔高社会主义的各项指标，急于提升所有制水平，急躁冒进地追求更高阶段的社会，那么即便是不再有资本主义武装干涉，也很容易因为基础的不牢固，因为内部问题而造成社会主义的垮塌。苏联最后的败亡已经给出了最真实的答案。

斯大林的“一国建成”论同列宁的一国首先胜利论确有某些相似之处，但其自身问题很多，有的甚至很严重。苏共党内在列宁去世后围绕“一国建成”的争论是有必要的，是当时苏联国内国际局势新变

---

① 姜长斌、左凤荣：《读懂斯大林》，四川人民出版社 2001 年版，第 177 页。

② 中共中央马克思恩格斯列宁斯大林著作编译局：《“一国社会主义”问题论争资料》，东方出版社 1986 年版，第 112 页。

化、新要求的能动反应，只是其中掺杂的政治目的、权力目的等额外因素致使争论最后变了味道，也没有起到应有的作用。当然，如果换一个角度，斯大林对俄国、对世界明确提出的这一理论和目标，对苏俄这个孤岛坚持社会主义道路、扩大社会主义的建设成果、争取社会主义的胜利的确起到了很好的推动作用，也为各国的革命人民注射了一针强心剂。在“一国建成”的号召下，俄国人民的积极性被大大调动起来，革命热情再次迸发，从而在苏共的领导下重新用军事的手段、直接进攻的办法，“像在战时共产主义时期那样”①，掀起了一场建设社会主义的高潮。

① 姜长斌、左凤荣：《读懂斯大林》，四川人民出版社2001年版，第173页。

第五章　一国首先胜利论的当代价值

第一节　一国首先胜利论是对“同时胜利”论的必要补充和完善

一国首先胜利论是一个包容性很强的理论，它自提出时就已然表明了其内涵的丰富性和应用的广泛性。恩格斯曾强调，马克思主义是指南而不是教条，这是绝对的真理。列宁遵循了这一真理，强调我们要做忠诚的马克思主义遗产保存者，但这并不是说要死守遗产，被其所局限。[①] 当现实情况发生变化时，要大胆地对已有的思想理论作出突破乃至“改写”，这是因为时空的变换常常带来原有理论和新出现的问题的某种程度的错位，即前者落后于后者的变化或者前者跟不上现实情况的发展速度。面对此种问题，就需要我们坚持马克思主义的方法论，立足新的具体实际，大胆推动理论的前行和创新以指导新的实践。作为指导俄国革命和建设、向共产主义过渡，争取一国社会主义建设胜利和全世界社会主义革命胜利的一国首先胜利理论，完美地诠释了这一点。

所以，一国首先胜利论不是对马克思和恩格斯“同时胜利”论的简单否定，而是必要的补充和完善，是对马克思主义理论与实践的伟大创新。

---

① 参见《列宁全集》第2卷，人民出版社2013年版，第419页。

第一，一国首先胜利论与“同时胜利”论的逻辑差别。

系统全面考察列宁关于社会主义一国首先胜利的思想，不能否认，在社会主义的最终胜利只能“同时”完成这一点上，此理论与“同时胜利”论并无差别。全人类的解放是马克思、恩格斯的最高理想和孜孜不倦的追求，由两人共同创立的科学社会主义便是实现这一终极目标的最好、最有效的方法。在他们的设想中，每个国家都会走向社会主义，且这个社会主义只能呈现出各国“同时”实现的景象，这是历史的必然。列宁的目标自然与马克思和恩格斯是一致的，从他最早提出的一国首先胜利论的内涵来看，那时的他并没有认为单独一个国家可以赢得社会主义最终的、彻底的胜利，只是说，一国取得胜利后应当而且能够保持政权、开始社会主义改造、发展生产力、建设经济。这一思想一直到战时共产主义之前都没有发生大的变化。例外情况发生在战时共产主义时期，由于当时各种因素的综合作用，列宁便有了俄国可以先于其他国家争得更大的胜利——首先建成社会主义共产主义的思想和行动。但事实证明，仅凭借一国的力量是无法实现这个设想的，反而会给国家和人民带来灾难。所以，列宁在最后又回到了一国能够建设社会主义基础的认识上，一国首先胜利论绕了一个圈又回到了社会主义最终胜利需要各国“同时”的论断上。但双方的差别在于：其一，无产阶级革命是只有同时发生、一起发生，才能成功，还是有可能在一国（数国）首先发生，首先胜利？其二，在国别无产阶级解放斗争胜利谁先谁后，谁快谁慢，谁容易谁困难的问题上，是发达国家？还是落后国家？第三，为什么？第四，赢得革命胜利的国家应当怎样做，又能够做到什么？

列宁的结论明显不同于马克思和恩格斯的地方在于：其一，“不可能”在所有国家同时发生，而只能在一国（数国）首先发生；其二，落后国家“有可能”更快更容易获得首先的胜利，并在较长的一段时期内独自建设社会主义。

第二，一国首先胜利论基于明显不同的逻辑依据，更贴近国别革命和阶级斗争的实际。

首先，资本主义经济政治发展不平衡的规律和帝国主义时期资本主义的社会矛盾，决定了国际资产阶级和国际无产阶级的分裂已是必然，决定了国别无产阶级革命斗争的不平衡性。其次，发达资本主义国家的资产阶级有更为高效的手段和强大的物质力量维护自身统治，能够更有效地分化无产阶级队伍，破坏无产阶级的革命斗争。再次，帝国主义战争这一在马克思和恩格斯时期不曾出现的极为特殊的环境，带来了国别资产阶级力量的严重削弱和统治危机，同时也带来了力量对比上有利于无产阶级革命的特殊形势。最后，经济落后的资本主义国家出现这种特殊形势的可能性更高。基于与马克思和恩格斯时代的这些明显不同，列宁认为某个落后国家的无产阶级应该可以先夺取政权，再借助于强大的无产阶级专政组织生产和建设；而不应该消极等待，直到该国资本主义充分发展之后再行革命。

需要说明的一点是，马克思和恩格斯的“同时胜利”论的确同时探讨了国别无产阶级革命的“快慢、难易”问题，实际上也就承认了共产主义运动的不平衡性和国别无产阶级胜利“有先有后”的可能性。这看似与列宁一国首先胜利论的观点一般无二，但马克思和恩格斯认为，这个革命的一国必须在很短的时间内就得到他国革命的直接支援，否则就会遭到联合镇压，单独一国要想战胜资产阶级、夺得政权，或者保住政权是不可能的。所以，在马克思和恩格斯那里，单独一国革命的首先发生和胜利虽然可能，但有着很大的限制：其一，只有一国的胜利是短暂的；其二，多国响应一国革命，然后获得胜利的时间间隔是短暂的。而列宁则将一国保持它的“胜利”的时间大大地延长了，并赋予了更多的国内和国际任务。

第三，一国首先胜利论和“同时胜利”论之于无产阶级解放斗争胜利规律，恰如一个硬币的两面，互为补充。

马克思和恩格斯“同时胜利”论主要依据其关于资本主义社会运

动、发展的一般规律，列宁一国首先胜利论则主要依据其帝国主义理论以及资本主义政治经济发展不平衡规律。二者都是以资本主义运动发展规律作为理论基础的，但马克思和恩格斯侧重于资本主义的发展对无产阶级革命斗争带来的推动作用，因而更多地寄希望于发达国家的无产阶级；而列宁则侧重于不平衡规律影响下帝国主义阵营的国别差异，更多地注意到了资本主义发展对国别无产阶级革命斗争的不利影响，因而把目光转向了落后国家的无产阶级。因此，马克思和恩格斯在讲必须"同时胜利"的时候，又讲了英国"最快最容易"，德国"最慢最困难"；而列宁在讲一国首先胜利时，又认为俄国的最终胜利离不开国际无产阶级的支援。

对于无产阶级解放斗争胜利规律来说，一国首先胜利论和"同时胜利"论并不是完全对立、相互排斥的，而是互为必要补充的，恰如一枚硬币的两面。其正面——"同时胜利"论主要从国际阶级斗争整体的视野，从无产阶级革命和社会主义事业的整个过程和最终胜利的角度，按照历史唯物主义的一般逻辑的要求，作出判断和结论；其反面——一国首先胜利论则主要从无产阶级革命和社会主义事业的局部和国别视野，按照历史唯物主义的个别现象的要求，作出判断和结论。二者都同时注意到了世界无产阶级革命的整体性、统一性和国别无产阶级斗争的特殊性，但其侧重点和逻辑次序存在明显不同。所以，一国首先胜利论是"同时胜利"论的必要补充。将双方相结合，无产阶级斗争、革命的完整规律就被找到了。

第四，列宁对社会主义一国首先胜利的"社会主义"一词作了模糊处理，这种模糊影响深远。

马克思和恩格斯所论之同时胜利，既指无产阶级革命（发生），又指从无产阶级革命至共产主义社会建立整个革命斗争的胜利；列宁所说的"社会主义"一国首先胜利，指的是一个特定的社会主义，或者说是被列宁"改造"过的社会主义。列宁的社会主义与马克思和恩格斯讲的社会主义之间，发生了隐蔽但是重大的变化。其实，列宁的社会主义不完全是马克思和恩格斯所说的社会主义社会，而是“杂糅”了过渡时期和共产主义第一阶段社会特点的列宁式的社会主义(如本文第二章第二节所述)。鉴于其保留了无产阶级专政，笔者认为，列宁所言之社会主义，更大程度上应该是马克思和恩格斯所言之过渡时期。一国首先胜利论所讲的社会主义的“胜利”，与马克思和恩格斯的同时胜利的“胜利”在含义上也是有重大差别的。列宁对无产阶级解放斗争胜利、实现社会主义改造、建设社会主义社会等许多概念，往往都用“社会主义”来指代，这就造成了理论上的模糊。而理论上的这种模糊，对俄国以及后来其他国家的无产阶级革命和社会主义理论，影响重大而深远。从客观上看，一方面，由于这种模糊有助于应对俄国社会民主党内部争论的解决，避免了实践和机会上的无谓消耗，因而有力地推动了俄国革命的进展，促使第一个无产阶级的国家政权得以迅速建立和巩固。第二次世界大战后，又直接影响和推动了东欧和亚洲其他国家的无产阶级革命和无产阶级政权的建立，对世界社会主义运动产生了重大而积极的影响。另一方面，理论上对社会主义概念的模糊，把过渡时期和社会主义社会混为一谈的做法，容易在思想上、实践上降低对社会主义革命特别是社会主义建设难度的认识，对苏联以及东欧和亚洲各国早期社会主义建设过程中超越阶段的“左”倾冒进，产生了直接、重大而深远的负面影响。

第二节　一国首先胜利论的经验启示

1. 立足时代、结合本国与放眼未来

当时间进入19世纪末20世纪初，列宁从马克思和恩格斯手中接过推动社会主义革命的接力棒时，时代特征也已发生了剧烈的变化。不同的时代特征下，世界性的、国别性的、资产阶级和无产阶级自身的表现都呈现出不一样的态势，社会主义革命的逻辑起点自然也就得到了更新，而革命也应该具有新的形势和策略。“首先考虑到各个

'时代'的不同的基本特征（而不是个别国家的个别历史事件），我们才能够正确地制定自己的策略；只有了解了某一时代的基本特征，才能在这一基础上去考虑这个国家或那个国家的更具体的特点。"[①] 这就是列宁阐发的社会主义革命的辩证法。在列宁那里，对革命问题的思考是有着先后顺序的，"个别国家"要让位于"时代的基本特征"，这已然充分表达了立足时代，考究其基本特征的必要性和重要性。一国首先胜利论正是在深刻认识新的时代特征，即帝国主义和无产阶级革命新时代后，基于变化了的社会主义社会概念和新的逻辑对无产阶级解放斗争胜利规律的新表述，对无产阶级革命和社会主义建设进行灵活调整而提出的新的理论，也就有了对马克思和恩格斯"同时胜利"论的发展与超越。立足时代，这是探寻新的革命思想、道路、方法的前提条件和基础，只有先确定了这一问题，才能够考虑其他，否则就会逆时代潮流而动，甚至走向历史的对立面。

但同时，列宁也没有忘记另一个重要因素，那就是各国的具体实际，也即是列宁所说的"在这一基础上去考虑这个国家或那个国家更具体的特点"。时代赋予的先决条件如果没有与俄国自己所具有的特殊性相结合，一国首先胜利理论也不可能在俄国得到实现。"制定策略，必须清醒而极为客观地估计到本国的（和邻国的以及一切国家的，即世界范围内的）一切阶级力量，并且要估计到历次革命运动的经验。"[②] 列宁在争取革命胜利的过程中已然对当时的俄国进行了分析和总结，强调要联系地、全方面地看待俄国问题。正是列宁对1917年俄国具体形势的把握，如社会主义革命能够与结束帝国主义战争结合在一起；能有效利用两大帝国主义集团斗争所制造出来的间隙；无产阶级接过了民主革命的领导权并实现了革命的要求等，十月革命才能够一举成功，最终将俄国推上了首先赢得社会主义革命胜利的宝座。结合本国实际，列宁既看到了大的方面"某一时代的基本特征"，

① 《列宁全集》第26卷，人民出版社2017年版，第143页。
② 《列宁选集》第4卷，人民出版社2012年版，第173页。

又看到不同国家特别是俄国在这一时代中呈现出的“特殊”，才提出了一国首先胜利论，并进行了积极有效的实践。

随着列宁不断深化对人类社会发展、世界社会主义运动和俄国社会主义建设规律的认识，一国首先胜利论得到了新的发展。虽然列宁曾有过俄国一国可以建成社会主义社会、实现向共产主义“直接过渡”的错误设想，但他从未满足于俄国一国所取得的成就，他的目光一直紧盯俄国和世界的未来。列宁也从未认为社会主义的最终胜利、人类的彻底解放只需要俄国一国的力量就可以完成，他始终坚持革命胜利的整体性和同时性，社会主义的胜利是必须有各个国家、各个民族乃至全人类共同参与的历史进程。1920 年 7 月，列宁在为共产国际第二次代表大会所作的报告中说，共产国际“要考虑如何在各个非资本主义国家内为组织苏维埃运动奠定头一块基石”[①]，他还特别指出这是共产国际最重要的任务之一。列宁的信心十足，他讲到在一年前召开共产国际第一次代表大会时，我们还只是向全世界无产阶级进行了革命的宣传，发出了战斗的号召，提出了基本的思想，而一年后的今天，我们已经可以去完成“世界无产阶级革命的事业，建立世界苏维埃共和国的事业”[②]，并强调什么都无法阻止我们的脚步。列宁此时的目的非常明确，就是要将革命的火种撒向全球，燃起社会主义革命的熊熊大火来荡涤黑暗的资本主义世界。

其实，列宁早在 1915 年第一次阐述他的一国首先胜利论时，就给出了这个胜利的社会主义的一国除了在本国内部进行“组织社会主义生产”等各项任务外，还肩负着“反对各剥削阶级及其国家”的重任。列宁在建立俄罗斯苏维埃联邦社会主义共和国这个人类历史上第一个社会主义国家政权后，仍然忠实地执行了自己最初所制定的政策。不仅是追求一国的社会主义革命胜利，而且是希望在俄国、在共产国际的带领下，促进其他国家的苏维埃运动，开展无产阶级世界革

① 《列宁选集》第 4 卷，人民出版社 2012 年版，第 273 页。
② 《列宁选集》第 4 卷，人民出版社 2012 年版，第 274 页。

命，战胜资产阶级，消灭剥削制度，取得世界社会主义革命的胜利。显然，列宁在关注本国社会主义发展的同时，时刻也没有忘记革命的未来，没有忘记人类的最终理想。放眼未来，一国首先胜利论才有了广阔的发展空间和更加强劲的动力支撑。

一国首先胜利论的发生发展、俄国革命的成功和社会主义建设的推进，离不开对新的时代特征的精准把握，离不开与本国国情、本国特色的深度结合和对未来建立社会主义社会、共产主义社会的坚守。一国首先胜利论之所以是正确的，之所以能够指导革命实践并且具有强大的生命力，在于列宁有机地将立足时代、结合本国和放眼未来三者结合在了一起，这也是一国首先胜利论能够突破时空局限，彰显其时代价值的重要原因之一。

2. 积极为世界树立全面的社会主义榜样

在一国首先胜利论的指导下，列宁以俄国为蓝本为新时代的社会主义革命提供了新的理论基础、思考逻辑和革命道路，大大激发了各国无产阶级，特别是落后国家革命者的主动精神和创造力，促进了整个世界社会主义运动的大发展。对列宁来说，俄国为社会主义开创的新局面具有极为特殊的意义，俄国的事业具有重要的指导和借鉴作用。可以说，正是因为有了一国首先胜利论，有了胜利的俄国，世界变得大不同了。

从 1917 年革命胜利的那一天起，列宁就已经形成了这样的认知，俄国作为现时段首个以及唯一的社会主义国家，自然赢得了全世界的瞩目，向世界提供了绝佳的范例和学习的榜样。这样的苏维埃俄国既应是夺取政权、赢得社会主义革命的榜样，也应是巩固政权、进行社会主义改造和社会主义建设等各方面的榜样。

无产阶级革命的榜样。十月革命胜利后，列宁就曾欣喜地说，苏俄这个榜样将长期地摆在欧洲无产阶级的面前，不断地激励着他们，促使他们响应无产阶级的俄国，跟随俄国胜利的脚步。“我们的社会主义苏维埃共和国将作为国际社会主义的火炬，作为各国劳动群众的范例而稳固地屹立着。"[①] 马克思和恩格斯原本设想的是发达资本主义国家首先开始社会主义革命并争得胜利，但历史的发展让原本经济文化落后的俄国站了出来，建立了人类历史上第一个真正的社会主义国家，实现了科学社会主义从理论到现实的伟大飞跃，打破了"欧洲中心论"和"庸俗生产力论"的魔咒，更证明了落后国家超越资本主义国家的可能性和必然性，在资本主义世界建立了社会主义的桥头堡。此后，是东方而不是欧洲，是俄国而不是欧美，成为新的社会主义革命的策源地，20 世纪如火如荼的社会主义革命拉开了序幕。

社会主义"软实力"的榜样。1920 年 7 月，此时的苏维埃俄国已经在资本主义的包围和进攻下孤军奋斗了两年多的时间，不仅独自生存了下来，证明了社会主义的生命力，更巩固了政权，完成了社会主义改造和进行了一系列制度、经济等方面的国内建设，取得了惊人的成果。鉴于此，列宁不无自豪地说："在有了我国的经验之后，在建立苏维埃共和国两年半之后……全世界亿万被剥削被压迫的群众都懂得了这个道理。"[②] 列宁所说的这个道理，就是俄国人民推翻压迫者、剥削者建立自己的苏维埃的道理，就是单独的一个社会主义国家能够在没有其他国家的社会主义革命的直接支持下仍然可以坚持下去的道理，俄国完全可以肩负起世界被压迫民族和被压迫人民赋予的期望。

1920 年 11 月，鉴于抵抗帝国主义武装干涉的军事任务即将结束，列宁提出了转变国家工作重心的要求，强调要把经济建设当作首要任务来抓。列宁指出，要想彻底战胜资本主义，需要完成两个任务：其一，推翻剥削者、捍卫住无产阶级政权；其二，搞好国内建设，建立和组织好新的经济关系，发展生产力，并特别点明，后者"是整个社会主义变革最重要的任务"[③]。列宁之所以重视这个任务，是因为它与

① 《列宁选集》第 3 卷，人民出版社 2012 年版，第 416 页。
② 《列宁选集》第 4 卷，人民出版社 2012 年版，第 274 页。
③ 《列宁全集》第 40 卷，人民出版社 2017 年版，第 28 页。

革命事业的成败直接联系在一起，决定着迄今为止俄国所取得的一切成就是否会付之东流。毋庸置疑，苏俄一国的国家建设策略、具体行动和成就都具有世界意义，俄国做得好不好，能不能用革命以外的方式建立新的经济关系以实现工作重心的转移已经不是俄国一国的问题了，而是全世界都在关注的问题。列宁要向世人证明，俄国不仅能打退资本主义的侵略，能够在夺取政权、保卫政权方面提供一个他国人民学习的样本，更可以处理好战争后的经济恢复和建设问题，处理好模式转换的问题，在经济上展现自己的能力和优越性，树立苏俄经济建设的榜样。因而，在国际上“树立怎样做这件事情的榜样”[①] 便是列宁此时为俄国定下的目标。“现在我们应当采用组织、建设的办法，来代替用革命方式推翻剥削者和抗击暴力者的办法，我们应当向全世界显示和证明，我们不仅是一种能够抵抗军事扼杀的力量，而且是一种能够树立榜样的力量。”[②] 做到这一切的俄国，对那些还在资本主义统治下的落后国家和资本主义国家内部的革命工人有着巨大的吸引力，能够成为引发这些国家革命的关键。而且，到这一年的年底，由于全俄电气化计划的提出，列宁更是认为如果这一计划能够顺利实施，俄国的“共产主义经济建设就会成为未来的社会主义的欧洲和亚洲的榜样”[③]。在这里，列宁甚至设想了这样一种场景，不论是社会主义建设还是未来的共产主义建设，俄国始终会领先其他国家一步，始终都能够为其他国家提供由俄国带来的先进经验和积极的帮助。

不仅是在宏观层面上列宁强调俄国的榜样和示范效应，在更细致的微观层面上列宁也有着严格的要求。1920 年 12 月，列宁在一份专门阐述租让问题的报告中指出，对待经济不能用暴力的方法，因为暴力的作用是有限的，而租让能够对俄国的经济起到很大的好处，要发展经济，租让这一吸引外国资本的方式是必需的，“必须实际地表明，

① 《列宁全集》第 40 卷，人民出版社 2017 年版，第 28 页。

② 《列宁全集》第 40 卷，人民出版社 2017 年版，第 28—29 页。

③ 《列宁全集》第 40 卷，人民出版社 2017 年版，第 161 页。

即用榜样来表明共产主义的意义”[①]。这实际上为与俄国同样的落后国家在日后走上社会主义道路时提供了发展经济的新思路。

列宁立足国内小环境，将俄国式的社会主义建设道路（主要是新经济政策），以及由之而来的社会经济发展、建设成就等软实力表现相结合，在世界范围内建立了新的社会主义俄国的伟大形象，“现在我们是通过我们的经济政策对国际革命施加我们的主要影响”[②]。列宁深知，苏俄现在是世界社会主义的唯一希望，它的一举一动都牵动着各国革命人民的神经，世界劳动者正在注视着俄国。因而，列宁要做的就是要让他国人民看到俄国在做什么，在如何建设自己的国家；俄国如何在社会主义制度下发展产品交换、商业、货币关系；俄国如何调动起人民对社会主义的认同和热情，让他们自觉参与到社会主义建设中来；俄国取得了哪些建设上的成就，展现了哪些社会主义的优势；俄国怎样将经济拉出深渊，发展生产力，踏实稳健地走向社会主义。如同列宁总结的那样，全世界范围内的斗争其实都聚焦在苏俄的经济方面了。苏俄要以实际行动和成就来显示新的“软实力”，向世人展现一个新的、与资本主义不一样的、强大的社会主义俄国。

3. 正确处理社会主义一国与资本主义世界的关系

胜利的俄国应该怎样对待资本主义各国，怎样处理与资本主义世界的关系？在列宁执政的七年里，他一直在思考和解决这个关乎社会主义俄国一国存亡与发展的重要问题。

追求国际和平，保卫社会主义的俄国。革命胜利的第二天，列宁就通过《和平法令》向世界传达了社会主义俄国退出世界大战、与其他国家达成和平的意向，并立即废除了沙皇和前政府同英法德日及其他帝国主义国家签订的出卖国家和人民权益的各项秘密条约，在实质上摆脱外国资本主义对俄国的控制和俄国对他们的依附。但列宁的和平呼吁只得到了德国的回应，其他国家则置若罔闻，世界仍深陷帝国

---

① 《列宁选集》第4卷，人民出版社2012年版，第329页。

② 《列宁全集》第41卷，人民出版社2017年版，第342页。

主义掀起的战争旋涡。列宁对这一结果并不感到意外，因为“各国政府和资产阶级定会竭尽全力以图联合起来，把工农革命淹没在血泊里”[①]。这是资本主义的本性，社会主义同其的真正和平注定无法实现。就像列宁后来所说的，拥有强大经济实力和雄厚军事力量的国际帝国主义，“在任何情况下，在任何条件下，都不能和苏维埃共和国和睦相处……在这方面，冲突是不可避免的。”[②] 双方都很清楚地看到了这一点，此后的很长时间里，社会主义俄国与资本主义世界的关系便是如此的简单明了——战争与革命、你死我活的斗争，而彻底的和平只有世界革命被唤起、资本主义被消灭以后才能获得。既然俄国无法与资本主义世界进行有效沟通，双方的矛盾很难得到调和，对应的办法也就只能是以革命的暴力对抗反革命的暴力，以无产阶级国际革命对抗国际资产阶级的恐怖统治。所以也就有了1918—1921年的帝国主义对社会主义俄国的武装干涉和俄国一国的顽强抗争。

“共存”下的俄国与资本主义世界——互相需要。列宁的“和平”意愿有着很强的目的性，因为饱受苦难的俄国需要“喘息”的时机，需要时间来修复战争创伤，稳固政权，恢复国民经济，“建设年轻的新俄国”[③]。但随着时间的推移，社会主义俄国与资本主义国家“共存”的可能性与现实性也被列宁重新认识，且敌对的关系并不完全符合俄国的利益。所以，在俄国内部和外部环境都处在非和平状态下的时候，列宁一方面强调革命的继续，另一方面也在尝试与资本主义世界建立联系，以获得俄国国内建设所缺少和需要的资金、技术等。1919年9月23日（国内战争仍在继续），列宁在《致美国工人》中就明确指出，俄国愿意同美国在缔结和约后恢复贸易关系并进行贸易往来，“持久和平会大大改善俄国劳动群众的处境……在社会主义国家和资本主义国家共存的时期，我们也愿意在合理的条件下给予承

---

① 《列宁选集》第3卷，人民出版社2012年版，第343页。
② 《列宁全集》第34卷，人民出版社2017年版，第6页。
③ 《列宁全集》第33卷，人民出版社2017年版，第356页。

租权，作为俄国从技术比较先进的国家取得技术帮助的一种手段。”① 在这里，列宁态度上的变化是明显的，“共存”的时期为两种不同制度的国家之间的交流建立了有限的基础。如果说这里列宁还只是更多地表达了俄国对资本主义世界的单方面需要，那么，接下来的这段话则重点表达了资本主义世界对社会主义俄国的需要，“为什么像我们这样的社会主义国家不能同资本主义国家有无限制的生意往来，我看不出有任何理由不能这样做……他们不得不同可怕的布尔什维克，即同苏维埃政府有生意往来。”② 资本主义各国需要俄国，需要俄国粮食和资源，这是他们无法回避的事实。因此，俄国单方面的劣势可以得到一定程度的扭转，双方的生意往来可以更加深入。基于这种“共存”和需要的相互性，社会主义的俄国在恶劣的国际环境中生存下去的概率就大大加强了。

“均势”下的社会主义俄国与资本主义世界，要进一步发展与资本主义国家的关系，利用国际资本主义来发展本国的社会主义。三年的战争过后，世界暂时归于“平静”。苏俄一战而胜奠定了自己的地位，巩固了政权，有了比较长期的进行社会主义建设的机会，可以专心应对内部问题，解决“我们现在怎么办”③ 的问题。事实证明，资本主义无法以武力扼杀苏维埃政权，而苏维埃俄国也暂时奈何不了它们，这样一来，两者之间便形成了一种暂时的“均势”。“目前俄罗斯联邦所面临的国际形势的特点是存在着某种均势，这种均势虽然极不稳定，但毕竟造成了世界政治中一种特殊的局面。”④ 这就是当时的国际关系，概括起来就是，军事上一时间谁也击败不了谁，政治上互相默许、承认存在，经济上订立通商条约，强化联系。列宁利用“均势”带来的便利条件，积极营造与一切国家的和睦关系，主动发展政

① 《列宁全集》第37卷，人民出版社2017年版，第190页。
② 《列宁全集》第38卷，人民出版社2017年版，第172页。
③ 《列宁选集》第4卷，人民出版社2012年版，第315页。
④ 《列宁全集》第42卷，人民出版社2017年版，第1页。

治、经济等多方面的交往，巩固来之不易的和平局面。在国内战争期间，苏俄依靠战争的阶段性胜利、布尔什维主义的传播等有利条件，已经同波罗的海三国、芬兰、中国、土耳其、爱沙尼亚等国建立了外交关系。内战结束后，苏俄相继同波兰、伊朗、土耳其等国家签订了友好条约。此外，苏俄还努力同帝国主义国家建立联系。1921 年 3 月，苏英贸易协定签订，英国开始部分承认俄国。之后，苏俄又先后与德国、奥地利、瑞士等国家签订了商务性条约或贸易协定。由此，苏俄的外部政治环境得到了极大的改善，苏俄的国际地位得到了一定的巩固，俄国也逐步获得了需要的资源。

强化与资本主义世界的联系、利用资本主义是俄国的需要但不能盲目，要讲求策略方法。1921 年 4 月 11 日，列宁讲道："我们的目的只有一个，就是要在资本主义包围中利用资本家对利润的贪婪和托拉斯与托拉斯之间的敌对关系，为社会主义共和国的生存创造条件。社会主义共和国不同世界发生联系是不能生存下去的，在目前情况下应当把自己的生存同资本主义的关系联系起来。"[①] 面对战争后满目疮痍的俄国，列宁以更加确定的口吻阐述了资本主义世界对社会主义俄国的极端重要性，指出俄国要想生存下去、获得进一步的发展，不断推进国内社会主义建设，就需要与外国相连接，向西方学习和借鉴他们先进的、文明的一切。但列宁也给出了告诫，不能因为俄国存在这种需要而变得盲目，要灵活地利用资本主义各国之间的矛盾和冲突发展和壮大自己，"对资本主义的西方要千方百计地加以利用，加强和加紧利用"[②]，学会运用各种方法满足俄国自己的需求，将资本主义的力量转化为社会主义的实力。

社会主义国家能够与资本主义国家、社会主义制度能够与资本主义制度的长期共存，是列宁时期得出的结论。面对社会主义俄国一国的劣势和复杂的国际局势，列宁结合不同时期的特点，提出社会主义

① 《列宁全集》第 41 卷，人民出版社 2017 年版，第 167 页。

② 《列宁选集》第 4 卷，人民出版社 2012 年版，第 486 页。

国家必须谋取和平环境，与资本主义世界在政治上、经济上发生联系、强化互相需要，利用、学习资本主义的有益成果，同时也不能放松对资本主义世界的警惕、坚持不断革命。

4. 社会主义必须实现由一国到多国的扩展

每个国家、每个民族都会走向社会主义，这是历史的必然。马克思和恩格斯在阐述这一伟大进程时给出了这样的顺序，先是某一个发达国家登上社会主义革命首先胜利的宝座，建立无产阶级专政，紧接着是欧洲其他国家的跟进、奠定胜局，然后是革命越过欧洲的范围形成全球风暴，最后是全世界社会主义革命的胜利（“同时胜利”的思想）。马克思和恩格斯实际上表明了社会主义革命是需要由一国、一个区域向外传播、扩展的，是革命完整过程中不可或缺的步骤和组成部分。列宁的一国首先胜利论与马克思和恩格斯在此方面既是高度契合的，也给出了更清晰的表达和要求。

早在一国首先胜利论提出时，列宁就已经充分预计了胜利的一国将会面临的国际局势，特别强调了革命必须由这一国扩展出去，进而营造世界革命局势的重要任务，“把其他国家的被压迫阶级吸引到自己方面来，在这些国家中发动反对资本家的起义，必要时甚至用武力去反对各剥削阶级及其国家”①。亦即，胜利的无产阶级要继续发挥国际主义精神和世界革命思维，不能满足于自身的胜利，而是需要使社会主义革命走出国门，形成不是一国而是多国的乃至世界的革命浪潮，从而争取社会主义革命的普遍发生和最终胜利。当然，此时列宁的想法主要还是通过战争的方式来推动革命。

当俄国“有幸”成为这个率先胜利的一国后，列宁更是深知俄国的伟大历史任务：革命绝不能囿于一国，否则就是自绝于一地，俄国迫切地需要“队友”，需要将一国革命转变为多国革命，一方面保证俄国这个革命圣地的长久生存，另一方面以俄国为中心完成革命的辐

① 《列宁专题文集·论社会主义》，人民出版社2009年版，第4页。

射，推动革命在世界范围内遍地开花。“俄国革命最大的困难，最大的历史课题就是：必须解决国际任务，必须唤起国际革命，必须从我们仅仅一国的革命转变成世界革命。”① 为此，列宁进行了积极的探索和实践。

在苏俄建国初期，列宁的策略是通过间接地呼吁、宣传、鼓动、唤醒和教育来推动革命，使“革命在其他国家扩展”②，还带有俄国是世界革命的“信号”“序幕”的意味。苏维埃的“例子将成为各国人民的活榜样，而这个榜样所起的使人革命化的宣传作用将是巨大的”③。只要苏俄能够多存在一天，就会源源不断地释放自身的影响，就会不断地吸引各国的无产者，就能够唤起期待中的各国革命。社会主义俄国会尽到它的责任，发挥它最大的力量，“竭尽全力并用自己拥有的一切手段来支持一切国家无产阶级兄弟的革命运动”④，这是列宁给出的保证。他指出，俄国首先支持的是发达国家的社会主义革命运动，但策略是“宣传、鼓动、联欢”⑤。此时的列宁并不认为俄国能够对他国革命进行直接干预，直接推动其发生革命。列宁指出，革命的发生是有其内在规律的，它是阶级矛盾尖锐化的产物，在他国的革命态势出现之前，不宜用外力强行对之进行干涉。也就是说，俄国不能直接对他国施加革命动力，只能通过间接的办法进行影响。革命要扩展，要把其他民族吸引过来，但不是“通过暴力和强制手段”⑥。作为社会主义革命胜利的“一国”，当然要援助他国的革命，但也需要“量力而定”⑦。

到了三年内战时期，俄国的压力倍增。列宁很清楚，这场战争不

① 《列宁选集》第3卷，人民出版社2012年版，第439页。
② 《列宁全集》第35卷，人民出版社2017年版，第150页。
③ 《列宁选集》第3卷，人民出版社2012年版，第397页。
④ 《列宁全集》第34卷，人民出版社2017年版，第33页。
⑤ 《列宁全集》第34卷，人民出版社2017年版，第71页。
⑥ 《列宁全集》第33卷，人民出版社2017年版，第307页。
⑦ 《列宁选集》第3卷，人民出版社2012年版，第423页。

仅决定着苏俄的命运，也决定着整个国际共产主义运动的命运。于是，列宁向国内人民和全世界人民发出了号召，动员一切力量，采取一切方法保卫这个唯一的“社会主义策源地”①，捍卫住苏俄这个革命的火炬和路标。鉴于此，列宁的策略由原来的温和走向激进，由孤军奋战到通过建立国际革命平台来实现革命的扩展。

列宁迫切地希望革命能够越过一国的范围而具有国际性。1918 年 10 月 22 日，列宁在谈到乌克兰、芬兰、波兰的革命斗争（还未爆发革命）时提醒到，各个国家的革命都在以本国的独特方式发展着，“不要让我们的干预给他们的革命带来损害”②。这里，列宁并没有说俄国不进行干预，只是说要注意干预的方式和程度，要在了解这个国家工人运动的特点、速度和形势的基础上进行干预。这已经与列宁在建国初期的策略有了很大的变化。而到了 11 月 9 日，列宁在电报中对胜利推进的红军甚至提出了这样的要求：对那些已经建立了苏维埃政府的地区，红军要帮助其进行巩固；对于还未解放的乌克兰、艾斯兰等国家，红军要采取一切办法支持它们建立苏维埃政府。这实际上等于指示和督促红军用军事的、直接进攻的方法向外输出革命了。在列宁看来，只是被动的防守无济于事，必须作出回击，即不仅要保卫俄国，还要借助于战争的有利条件，用激进的方法策动他国的革命，输出苏维埃模式，这其中最典型的例子就是苏波战争中的革命输出。

同时，由于俄国革命影响的逐渐显现，世界革命形势也出现了利好变化，列宁不失时机地建立了共产国际。成立共产国际的一个主要目的，就是将各国无产阶级、各国共产党（组织）最紧密地团结在一起，形成一个命运共同体，推动还未开始革命的国家更快地走向革命，对落后的殖民地半殖民地国家施以援手，帮助他们争取民主革命的胜利，共谋世界革命。列宁的目的自然还是革命的扩展，只是这一

---

① 《列宁全集》第 35 卷，人民出版社 2017 年版，第 13 页。

② 《列宁全集》第 35 卷，人民出版社 2017 年版，第 123 页。

次不单单是依靠苏俄自己的力量了，而是通过共产国际这个平台，借助于整个国际的力量来进行。《共产国际行动纲领》中明确指出，“无产阶级的行动必须绝对协调一致；成立真正革命和真正无产阶级的共产国际，势在必行”[①]。共产国际是整个工人运动的指挥中心，而苏俄又是这个国际的核心，是绝对的领导者，它左右着“整个世界革命的命运”[②]。可以这样说，共产国际为列宁提供了一个更大的活动平台或者说是传播媒介，为俄国一国扩展革命赋予了新的内涵，丰富了列宁革命扩展的思想和策略。“共产国际的成立是国际苏维埃共和国即将诞生的前兆，是共产主义即将在国际范围内取得胜利的前兆。”[③]借助共产国际，苏俄可以最大限度地指导和推动他国革命，实现苏维埃共和国的国际联合。共产国际成为列宁手中新的革命利器，而事实也正是如此。

尽管在列宁时期，真正的社会主义国家仍然只有俄国一国，但他从未放松过对世界革命的追求和对一国革命扩展的尝试，始终坚持社会主义事业的国际性。在列宁有意识地操作下，社会主义革命在1918年底跳出了一国的范围，形成席卷欧洲之势。欧洲各发达国家普遍出现了大规模的无产阶级运动，德国、捷克、奥地利的工人开展了革命斗争，匈牙利和捷克斯洛伐克甚至建立了苏维埃政权，各殖民地国家也都爆发了大规模的起义或革命骚动，这些都是列宁积极扩展革命的成果。不管是资本主义国家还是殖民地国家都被俄国一国调动了起来，帮助俄国捍卫了无产阶级政权，极大地冲击了资本主义世界，振奋了全世界无产阶级和被压迫民族的革命精神，展示了社会主义的力量，推动了世界社会主义的发展进程。

列宁的一国首先胜利论虽然用的是“一国”，但它所涉及的不仅

① 戴隆斌主编：《国际共产主义运动历史文献》第29卷，中央编译出版社2012年版，第248页。

② 《列宁全集》第35卷，人民出版社2017年版，第507页。

③ 《列宁全集》第35卷，人民出版社2017年版，第506页。

仅是单独一个国家革命和建设的简单问题。列宁非常明白，社会主义革命不能只是某一个国家的事情，一国（俄国）需要国际上的真正战友和同道者。实际上，列宁正是站在世界革命的高度看待一国革命的，或者说，列宁始终将世界革命问题作为一国首先胜利论的重要组成部分，从未将两者割裂开来，只是他在不同时期的侧重点有所不同。

单独一国争得革命胜利后需要他国革命或早或晚的配合，需要成功激发世界革命并形成互动。通过世界革命，这个首先胜利的一国也将会同其他国家“同时”获得社会主义的最终胜利。一国革命与世界革命是相联系的，世界革命与社会主义最终胜利也是相联系的，而谋求一国首先胜利，就是真正实现社会主义、共产主义的先决条件和必要步骤。

第三节 社会主义革命中心的变化：西方到东方——俄国到中国

社会主义革命的中心问题是马克思主义的一个基本问题。自科学社会主义诞生之日起，马克思已将革命的发起权交给了西欧最大的几个资本主义强国，认为这里将会是社会主义与资本主义决战的中心地带。于是，社会主义革命的“欧洲多国中心论”便成为了“一个古老的传统”。可惜的是，马克思期待中的欧洲社会主义革命始终没有成功（巴黎公社只坚持了不到两个月）。当时间进入19世纪70年代后，资本主义世界有了新变化——资本主义新的经济危机爆发、欧洲工人运动高涨，马克思和恩格斯将视线转向东方，特别是转向当时已具有革命形势的沙皇俄国以寻找新的革命契机，而马克思为了研究俄国革命的可能问题，甚至专门学习了俄语。从俄国保留的公有制农村公社出发，马克思认为它“能够不通过资本主义制度的卡夫丁峡谷，而占有资本主义制度所创造的一切积极的成果”①。在这里，马克思提

① 《马克思恩格斯文集》第3卷，人民出版社2009年版，第580页。

出了俄国跨越（或大大缩短）社会发展阶段——资本主义阶段——直接走向社会主义的可能，实质上也为东方落后国家走向社会主义指出了一条革命新路，创立了东方革命理论。但是，马克思为此种可能给出了严格的限制条件，“假如俄国革命将成为西方工人革命的信号而双方互相补充的话，那么现今的俄国公有制便能成为共产主义发展的起点”①，由俄国发出革命信号，胜利的欧洲对俄国进行革命反哺，这样俄国才能通过本国所具有的便利条件，由民主革命阶段“直接”进入社会主义革命阶段。恩格斯也给出过相同的判断，落后国家若要缩短向社会主义发展的过程，“必不可少的条件是：目前还是资本主义的西方作出榜样和积极支持。”② 恩格斯说的“榜样”和“支持”，是西方发起社会主义革命并胜利后所做的事情。显然，马克思和恩格斯虽然都考虑了俄国和落后国家革命的问题并强调了它们的积极作用，表明俄国以及东方在欧洲革命和世界社会主义革命中的分量已然大大增加，但二人并未直接对社会主义革命中心作出更改，俄国是作为激发欧洲社会主义革命的首创者存在，东方落后国家仍是作为西方革命的第二梯队和“后备军”存在。可以说，在19世纪的马克思和恩格斯时期，社会主义革命的中心位于欧洲，有赖于欧洲多国的协力。

列宁一开始继承了马克思和恩格斯的东方革命理论，并且在较长时间内遵循着马克思和恩格斯设计好的方案，对俄国和东方在世界社会主义运动中的作用范围的认识也与马克思和恩格斯一致。1905年俄国爆发民主革命，列宁认为这场源自俄国的革命能对欧洲产生深远影响，要求“把革命烈火烧到欧洲去”③，强调“俄国革命将是欧洲革命的序幕”④。在这场革命的刺激下，欧洲的确出现了工人阶级的普遍行动。1905年到1906年，80万名德国工人参与罢工，汉堡工人还与

① 《马克思恩格斯选集》第1卷，人民出版社2012年版，第389页。

② 《马克思恩格斯文集》第4卷，人民出版社2009年版，第459页。

③ 《列宁全集》第11卷，人民出版社2017年版，第39页。

④ 《列宁全集》第9卷，人民出版社2017年版，第141页。

警察发生了流血冲突。同一时间，60 万名法国工人也举行了政治性罢工。1905 年底，维也纳、布拉格数次声势浩大的工人罢工和示威游行，迫使政府不得不答应实行普选。1911 年，英国的铁路工人和矿工也爆发了总罢工。同样，美、日、意等国的工人罢工和游行活动也有了显著的增加。

俄国的这场革命不仅激励了欧洲的无产阶级，更因为它本身是被压迫者反对压迫者的斗争，对东方那些饱受帝国主义、封建主义压迫的殖民地半殖民地人民来说，俄国人的革命让他们倍感亲切、深受触动，以至纷纷效仿，用比欧洲更加激烈的实际行动来表达对俄国革命的呼应。1905 年，波斯爆发了延续数年的资产阶级革命；1905—1908 年，印度人民发动了摆脱民族压迫、争取民族独立的革命斗争；1908—1909 年，青年土耳其党人掀起了民族民主运动，最终使土耳其结束了封建专制，走上君主立宪道路。在波澜壮阔的亚洲民主运动中，中国也没有落后，1911 年爆发了著名的辛亥革命，成立了资产阶级共和国性质的临时政府。

如果将西方和东方的革命行动作对比，不难看出，亚洲国家反应之强烈，运动声势之浩大，革命程度之深广，较之欧洲有很大不同。欧洲主要集中表现在工人的经济和政治运动上，并未爆发真正的社会主义革命，而亚洲则更多地表现为剧烈的革命斗争。这些东方与西方因俄国革命表现出的差异，也就不能不对列宁造成冲击。结合 1905 年的革命实践，列宁对东方革命、对社会主义革命中心的变动也有了新的思考，他的关注点开始向俄国以及落后但革命蓬勃发展的东方转移。

1907 年俄国革命失败后，欧洲的工人运动也日渐消沉，但亚洲仍在迸发着极大的革命毅力和热情。正因为如此，列宁对亚洲的重视程度直线上升。他明确指出，俄国唤醒了亚洲，使它进入了觉醒阶段。中印土波等国掀起的革命风暴，将整个世界都置于其中。由于资本主义国家的殖民和掠夺，亚洲被锻炼出了千百万无产者和革命群众，这又为欧洲革命工人提供了众多的同盟者。到1913年，列宁在《马克思学说的历史命运》中笃定地说："极大的世界风暴的新的发源地已在亚洲出现。继俄国革命之后，发生了土耳其、波斯和中国的革命。我们现在正处在这些风暴以及它们'反过来影响'欧洲的时代。"①这是自1905年俄国革命以来国际革命出现的一个新的重要特点，继俄国之后，落后的亚洲正在具备与俄国相同的革命作用，正在成长为世界革命新的源泉和增长点，正在成为国际无产阶级革命运动的重要组成部分。"八亿人民的亚洲投入了为实现和欧洲相同的理想的斗争"②，列宁从不认为亚洲会止步于民族民主革命，落后的亚洲一定会在完成民族民主革命任务后继续向社会主义革命挺进，与欧洲一起实现社会主义理想，成就全世界社会主义革命的胜利。

列宁看到并挖掘出了亚洲的革命潜力，但这不是说俄国已经淡出了他的视线。列宁在强调亚洲作用的同时，一直在强调俄、欧、亚三者中俄国的核心地位，强调俄国是激发和连接后两者的关键节点，欧洲和亚洲革命的发生处处都有着俄国革命的身影，社会主义革命的"欧洲多国中心论"正在被打破，"俄国+亚洲"已然是20世纪世界革命的重要因素。

特别是，当列宁成功地在俄国实践了科学社会主义理论之后，世界社会主义运动的逻辑起点、历史起点、现实起点都发生了变化，"现在的形势与马克思和恩格斯所预料的不同了，它把国际社会主义革命先锋队的光荣使命交给了我们——俄国的被剥削劳动阶级"③，社会主义革命由欧洲时代进入了俄国时代，此时的俄国不再是通过民主革命来推动欧洲的社会主义革命，而是直接作为20世纪世界社会主义革命、国际共产主义运动的中心推动革命的全球发展。此时的社会主义革命也不再遵循曾经的路线：先进的西欧—欧洲—落后的东方—

① 《列宁选集》第2卷，人民出版社2012年版，第307页。
② 《列宁选集》第2卷，人民出版社2012年版，第308页。
③ 《列宁选集》第3卷，人民出版社2012年版，第416页。

全世界，而是从俄国开始，再走向欧洲和世界，一句话，社会主义一国（俄国）中心和东方中心论形成了。

在帝国主义武装干涉之前，列宁曾认为只有把俄国的社会主义事业变成几个发达国家的、全世界的共同事业，才能使俄国这个被资本主义包围的社会主义革命中心保存下来，那时的他急切盼望着发达国家爆发革命。但是三年过去了，苏俄不仅抵挡住了资本主义的进攻，还变得更加强大，帝国主义妄图推翻俄国无产阶级政权的行动遭到了失败，而欧洲革命也在意料之中推迟了，相反地，东方革命却带来了惊喜，给予列宁和俄国新的希望与支撑。

十月革命后，东方国家的民主革命运动、武装反抗斗争便已如火如荼。鉴于此，1919 年列宁在共产国际一大上提到了殖民地问题后，又在二大上更加系统地论述了这个问题（《民族和殖民地问题提纲初稿》），进一步指出，殖民地的革命运动已经成为无产阶级世界革命的一个重要组成部分；共产国际要引导其走向更大胜利；东方已受到苏维埃运动的熏陶，各落后国家内的革命分子要为实现农民和劳动者的苏维埃而努力奋斗；东方和西方的无产阶级和劳动群众要结成同盟，苏俄要借助落后国家的革命力量来反对帝国主义这个终极敌人。此时的东方革命已被列宁视为俄国和世界革命的重要助力，社会主义革命中心的东移已成定局。

1921 年以后，欧洲革命偃旗息鼓，国际革命形势呈现出“西方不亮东方亮”的特点，国际资产阶级虽然压制了西方的无产阶级运动，却没能阻止东方民族解放运动的发展。当欧洲各国只能酝酿内部革命的时候，东方各国风起云涌的反抗运动，高涨的革命态势和卓有成效的革命结果有机地交织在了一起。1921 年，蒙古人民革命取得胜利，中国、印度等国反帝运动持续不断，土耳其、阿富汗的民族主义力量同苏俄增进了友好关系。由此，列宁对东方革命的重视程度迅速上升，某种程度上甚至超过了对欧洲的期待。列宁指出，东方国家在 1905 年后就已经觉醒，而世界大战和苏维埃政权这两个重大历史事件，最终使得东方各国的人民真正成为“用革命摧毁帝国主义的积极因素”[①]。苏维埃运动正在东方蓬勃发展，且越来越迅猛。在1921年的共产国际“三大”上，列宁一方面对欧洲各国党提出了转变革命策略，实行革命蛰伏和退却的要求；另一方面，又明确指出殖民地半殖民地将起到巨大的革命作用，这些国家拥有着世界绝大多数的人口，是一股不可小觑的力量，“在未来的世界革命的决战中，世界人口的大多数原先为了争取民族解放的运动，必将反对资本主义和帝国主义。它所起的革命作用也许比我们所预期的要大得多”[②]。对东方所具有的革命作用，随着东西方革命态势的变动，列宁的认识也在不断深化。1922年，列宁说东方的1905年正在到来，这次的革命将不会像1905年的俄国那样孤立地进行，而是会“一下子”[③]将其他国家也卷入革命，不只局限在东方范围内，而是囊括整个世界，从而开启国际革命的新时期。

到了1923年，列宁在《宁可少些，但要好些》中又专门对东方国家的现状、使命进行了阐述：“东方许多国家，如印度、中国等等，正是由于最近这次帝国主义战争的影响而完全被抛出了自己的常轨。这些国家的发展已完全按照整个欧洲的资本主义的方向进行。在这些国家里开始出现整个欧洲的那种动荡。现在全世界都已清楚，这些国家已经卷入不能不引起整个世界资本主义危机的发展进程。”[④]东方各国革命的进展让列宁看到了更大的希望，东方革命足以开启西方资本主义衰落的序幕，世界革命的决战将由东方发起。那么，革命的结局呢？列宁接着给出了结论：“斗争的结局归根到底取决于如下这一点：俄国、印度、中国等等构成世界人口的绝大多数。正是这个人口的大多数，最近几年来非常迅速地卷入了争取自身解放的斗争，所以在这个意义上说，世界斗争的最终解决将会如何，是不可能有丝毫怀疑

① 《列宁全集》第42卷，人民出版社2017年版，第3页。
② 《列宁全集》第42卷，人民出版社2017年版，第46—47页。
③ 《列宁全集》第43卷，人民出版社2017年版，第180页。
④ 《列宁专题文集·论社会主义》，人民出版社2009年版，第377页。

的。在这个意义上说，社会主义的最终胜利是完全和绝对有保证的。”① 诚然，列宁也表达了对东方革命前途的一些忧思：虽人口众多，但资本主义的发展水平不高；经济和军事力量还很弱小；大多数国家都还没建立文明等。但无论怎样，东方的关键性无须怀疑，它将深刻地影响、决定西方和世界革命的前途与命运。

列宁不单单是思想理论上的认识与肯定，也在努力推进东方国家的革命进程。早在1921年前后，亚洲多国（印度、伊朗、中国、蒙古、朝鲜）的共产党在共产国际和苏俄的帮助下建立起来，这些国家的工农群众有了共产主义先锋队作为革命的领导者，革命力量大大增强，共产国际也在提供各种支持。可以想见，东方各国更不会被民族民主革命所限制，日后必然转入反对本国和国际的资本主义阶段，更不要说还有先进的社会主义俄国的全力帮助。因此，结合马克思和恩格斯的“卡夫丁峡谷”理论（列宁对此理论更是熟稔），再结合列宁对东方革命的期待和俄国成功的实例，东方国家为什么不能同他们的榜样俄国一样，先于欧洲发达国家再次赢得社会主义革命胜利的殊荣，壮大社会主义的力量，再引导欧洲的革命呢？1923年，列宁在《论我国革命》中，以俄国为例阐明了由于自身的特殊情况，落后的俄国完全可以先建立无产阶级政权再积累社会主义所需要的物质、经济、文化等各方面的基础，走出了一条看似与马克思和恩格斯设想相反但符合世界历史发展规律、体现其多样性的新道路。那么，对于那些情况更加复杂的东方国家，它们“今后的革命无疑会比俄国革命带有更多的特殊性”②。俄国的革命道路不同于欧洲，东方各国的革命道路也会不同于俄国，这些国家拥有更大的变数，能够给世界革命带来更大的惊喜。在生命的最后时光里，列宁将无限的可能和美好的愿景赋予了东方国家。而历史，也证明了这一点。

列宁去世后，社会主义俄国孤军奋战了20多年，在第二次世界

---

① 《列宁专题文集·论社会主义》，人民出版社2009年版，第378页。

② 《列宁专题文集·论社会主义》，人民出版社2009年版，第360页。

大战后，终于迎来多国革命的胜利。1945—1949年，先后有12个国家（南、波、罗、捷、匈、保、阿、民主德国、越、朝、蒙、中）建立了社会主义政权。此后，20世纪60年代古巴、70年代柬埔寨和老挝也都走上了社会主义道路。由此，社会主义由俄国一国扩展为十六国。仔细考察可以得知，以上这些国家，它们的前身都不是资本主义十分发达的国家，“大都是落后甚至很落后的国家”①（德国是因为本身的战败国身份，还有苏联的直接干预）。到90年代初，社会主义世界发生剧变，苏联和东欧八国放弃社会主义制度，转轨资本主义，蒙古和柬埔寨受到波及也改弦易辙。原本16个社会主义国家只剩下了越、老、古、朝、中五国。很明显，当时硕果仅存的五国仍然是经济文化比较落后的国家，却坚持的时间最久，取得的成就也最大。而且在今天，由这五国集合起来的社会主义力量仍在不断推动着21世纪社会主义的前进，使社会主义在苏东剧变后不仅没有消沉下去反而获得了新生。目前看来，不仅取得社会主义胜利的是一个或几个落后的国家，社会主义的延续和壮大更是集中在曾经落后现已发展起来的一国或几个国家身上。

综合国际社会主义运动、世界各国革命形势的新发展和新变化，列宁经过长时间的考察和论证，将西方革命命运、世界社会主义运动命运的决定权交到了以俄国、中国和印度等为代表的占世界人口绝大多数的人民手上，即交到了已经投入英勇战斗的东方国家手上。列宁此举并不是对欧洲革命彻底的悲观失望从而放弃了欧洲革命，而是找到了战胜资本主义、影响国际力量对比、左右革命变局的更具决定性的东方因素。

列宁改变了“欧洲多国中心论”的传统认知，通过一国首先胜利论开启了由一国（俄国）为中心引领世界社会主义革命的新时代，也开启了东方作为社会主义革命中心而成长和发展的新纪元。可以说，

① 高放、李景治、蒲国良主编：《科学社会主义的理论与实践》，中国人民大学出版社2014年版，第121—122页。

19世纪，马克思和恩格斯将社会主义革命的荣光托付给了欧洲发达国家。20世纪，列宁领导下的俄国获取了社会主义革命的首倡权和主导权，建立了社会主义革命的新的中心，并把这个中心继续向东移动，将东方国家纳入其中。然而，随着1991年苏联的解体，这个社会主义革命的中心自然也就消失了，之后，谁能擎起社会主义革命新的中心这面旗帜？列宁当年曾重点看好印度和中国，印度？已被历史否定；中国？答案毋庸置疑。正如列宁所说，“我们已经开始了这一事业。至于哪一个国家的无产者在什么时候、在什么期间把这一事业进行到底，这个问题并不重要。重要的是，坚冰已经打破，航路已经开通，道路已经指明。”[①] 现在，历史和现实已经将中国推到了前台，社会主义革命开始进入了以中国为中心的时代。

列宁曾说：“所谓国际意义是指我国所发生过的事情在国际上具有重要性或者说具有在国际范围内重演的历史必然性。”[②] 在列宁一国首先胜利论的指导下，俄国先于发达国家建立了无产阶级政权，进行了社会主义建设，探索了社会主义的发展道路，推动了世界革命，社会主义跨出俄国一国范围实现了“国际范围内的重演”。十月革命为中国送来了马克思列宁主义，中国共产党经过28年艰苦卓绝的奋斗建立了中华人民共和国，又经过7年的奋斗，使中国这个东方大国确立了社会主义制度，进入了社会主义社会，这是社会主义发展史上具有划时代意义的重大胜利，极大地增强了世界社会主义的力量，改变了世界格局，为世界上广大被压迫民族和被压迫人民的解放提供了新的样板。自从有了社会主义中国，世界便起了新的变化。20世纪70年代末，中国开启了改革开放和中国特色社会主义建设新时期。中国特色社会主义道路的确定和实践，不仅改变了中国的面貌，使中国大踏步地赶上了时代，实现了中华民族从站起来到富起来的伟大飞跃，更彰显了社会主义的优越性、包容性和光辉前景，再次证明了马列主

---

① 《列宁选集》第4卷，人民出版社2012年版，第568—569页。

② 《列宁选集》第4卷，人民出版社2012年版，第132页。

义的真理性，增强了资本主义环伺下世界社会主义的自信心。1989年，当苏东社会主义国家出现动乱、社会主义制度根基不稳之时，邓小平就已经敏锐地看到了这场动乱的后果和影响，“帝国主义肯定想要社会主义国家变质。现在的问题不是苏联的旗帜倒不倒，苏联肯定要乱，而是中国的旗帜倒不倒……只要中国不垮，世界上就有五分之一的人口在坚持社会主义。我们对社会主义的前途充满信心”①。此时的世界社会主义，内部有苏东剧变，外部有帝国主义的虎视眈眈，中国如何应对？邓小平给出了中国的对策：中国必须站出来、顶得住、扛得下！中国必须坚定改革开放政策、坚持中国特色社会主义道路，中国不仅要自救，更要救社会主义！只有中国才能救世界社会主义！中国必须在苏联倒下后承担坚持和发展马列主义、坚持和发展社会主义、坚持和发展国际共产主义运动的重任。只要社会主义中国存在，世界社会主义就不会亡，就还有希望！可以说，正是中国特色社会主义的创造性实践和伟大成就的昭示，其他社会主义国家才更加充满信心地探索和实践适合本国的对内改革对外开放的道路：1986年越南开始“革新开放”，1991年老挝确立了“全面革新路线”，1993年古巴新的改革大幕拉开……世界社会主义并未因苏东剧变一蹶不振，而是在中国的引领下重见曙光。

党的十八大后，中国特色社会主义进入了新时代，“中国特色社会主义进入新时代，意味着科学社会主义在二十一世纪的中国焕发出强大生机活力，在世界上高高举起了中国特色社会主义伟大旗帜”②。在习近平总书记的宣告中，新时代中国特色社会主义所具有的世界意义有了更加明确的界定和更为丰富的内涵，这个时代是一个科学社会主义因中国而大发展的时代，是中国敢于举旗、勇于举旗、善于举旗的时代，是中国不断为人类社会作出更大贡献的时代。

---

① 《邓小平文选》第3卷，人民出版社1993年版，第320—321页。

② 习近平：《决胜全面建成小康社会 夺取新时代中国特色社会主义伟大胜利——在中国共产党第十九次全国代表大会上的报告》，人民出版社2017年版，第10页。

社会主义中国要树立更好的人类文明榜样。中国在改革开放后短短40年的时间里，用最小的社会代价取得了资本主义百余年的发展成果，走出了一条具有中国特色，有别于资本主义压迫式、掠夺式、霸权式的发展道路，我们的道路、制度、文化、理论更具有学习借鉴意义，“给世界上那些既希望加快发展又希望保持自身独立性的国家和民族提供了全新选择”①，“为解决人类问题贡献了中国智慧和中国方案”②。新时代的中国愈加明晰自己肩上的责任，明晰社会主义中国的历史方位和人类文明定位，将会“一如既往为世界和平安宁作贡献，一如既往为世界共同发展作贡献，一如既往为世界文明交流互鉴作贡献”③。中国特色社会主义既发展自身又造福世界，是21世纪世界文明进步的重要推动力。

社会主义中国要更善于处理与资本主义的关系。当今时代正处于大发展、大变革、大调整时期，资本主义与社会主义都在经历百年未有之大变局，需要对两制关系、中西方关系有客观理性的认知，“在相当长时期内，初级阶段的社会主义还必须同生产力更发达的资本主义长期合作和斗争，还必须认真学习和借鉴资本主义创造的有益文明成果，甚至必须面对被人们用西方发达国家的长处来比较我国社会主义发展中的不足并加以指责的现实。”④ 一方面，在当今时代下，社会主义中国仍要与资本主义各国长期共存，要正视自身不足和差距，加强与资本主义的交流与合作，建立新型的国际关系；另一方面，要保持头脑清醒，对资本主义始终保持警醒和斗争，坚决抵制资本主义通过各种办法妄图颠覆中国社会主义制度的企图，在斗争中求和平、谋合作、促发展，深刻领悟社会主义发展长期性和曲折性在现时代的具

① 《中共中央关于党的百年奋斗重大成就和历史经验的决议》，人民出版社2021年版，第64页。

② 习近平：《决胜全面建成小康社会　夺取新时代中国特色社会主义伟大胜利——在中国共产党第十九次全国代表大会上的报告》，人民出版社2017年版，第10页。

③ 《习近平谈治国理政》第3卷，外文出版社2020年版，第436—437页。

④ 《十八大以来重要文献选编》上，中央文献出版社2014年版，第117页。

体表现，沉着冷静应对一切变化。

社会主义中国要引领世界社会主义运动的兴盛繁荣。1991 年后，低谷期的世界社会主义运动迎来了中国的异军突起，中国特色社会主义事业、中国的改革开放为徘徊中的世界社会主义找到了复兴的出路。几十年来，资本主义世界对中国的攻击从未停止过，和平演变、历史虚无主义等手段层出不穷，“唱衰中国的舆论在国际上不绝于耳，各式各样的‘中国崩溃论’从来没有中断过，但是，中国非但没有崩溃，反而……‘风景这边独好’。”[①] 在世界社会主义运动最困难的时期，中国顶住了压力，突破了资本主义的包围，找到了社会主义力量恢复的增长点，“使马克思主义以崭新的形象展现在世界上，使世界范围内社会主义和资本主义两种意识形态、两种社会制度的历史演进及其较量发生了有利于社会主义的重大转变。”[②] 原本强大的资本主义又一次步入颓势，特别是在 2008 年经济危机和 2020 年新冠疫情冲击下西方世界暴露出的丑态和乱象，更生动地向世人展示了“中国之制 + 中国之治”与“西方之制 + 西方之乱”的对比。在新时代中国特色社会主义的影响和引领下，革命胜利的天平正在倾斜，人类发展的大势正在被改写。当然，社会主义中国的引领作用不是“‘输出’中国模式，不会要求别国‘复制’中国的做法”[③]。社会主义中国始终坚定自己的信念和正道，但也绝不搞大国主义、大党主义那一套，绝不搞对外输出，而是要在尊重各国人民的选择、尊重文明多样性和自主性的前提下，通过潜移默化、水滴石穿的哲学辩证法，发挥自己的影响，壮大社会主义的力量。

社会主义革命的接力棒从马克思和恩格斯交到了列宁手中，又从俄国交到了中国手中，21 世纪社会主义革命的中心最终确立了，世界

---

① 《十八大以来重要文献选编》上，中央文献出版社 2014 年版，第 109—110 页。

② 《中共中央关于党的百年奋斗重大成就和历史经验的决议》，人民出版社 2021 年版，第 63—64 页。

③ 习近平：《携手建设更加美好的世界——在中国共产党与世界政党高层对话会上的主旨讲话》，人民出版社 2017 年版，第 8 页。

社会主义运动进入了中国主导的历史时期。而新时代的社会主义中国，就像列宁所说的，正处于“‘一天等于二十年’的伟大日子”①，这是国内社会主义建设事业突飞猛进的日子，也是世界社会主义发展日新月异的日子。作为社会主义的风向标、参照系和振奋点，进入社会主义新时代的中国大有可为！

① 《列宁选集》第2卷，人民出版社2012年版，第444页。

参考文献

中文著作

《马克思恩格斯选集》第1—4卷，人民出版社2012年版。

《列宁选集》第1—4卷，人民出版社2012年版。

《列宁全集》第1—60卷，人民出版社2013、2017年版。

《列宁全集补遗（一）》，人民出版社2001年版。

《列宁专题文集》（共5卷），人民出版社2009年版。

《列宁年谱（1870—1917）》，生活·读书·新知三联书店1984年版。

《苏联共产党代表大会、代表会议和中央全会决议汇编》第1分册，人民出版社1964年版。

《苏联共产党和苏联政府经济问题决议汇编》第1卷，中国人民大学出版社1984年版。

《苏联社会主义经济史》第1卷，生沽·读书·新知三联书店1979年版。

《布哈林文选》上册，人民出版社1981年版。

曹浩瀚：《列宁革命思想研究》，中央编译出版社2012年版。

陈新明：《苏联演变与社会主义改革》，中共中央党校出版社2002年版。

陈之骅、吴恩远、马龙闪主编：《苏联兴亡史纲》，中国社会科学出版社2004年版。

冯治军：《苏联灭亡评列宁》，香港皇福图书2006年版。

黄立茀等：《新经济政策时期的苏联社会》，社会科学文献出版社 2012 年版。
高放：《苏联兴亡通鉴——六十年跟踪研究评析》，人民出版社 2011 年版。
高放：《国际共产主义运动别史》，中国书籍出版社 2002 年版。
高放主编：《科学社会主义的理论与实践》，中国人民大学出版社 2014 年版。
顾海良、梅荣政主编：《马克思主义发展史》，武汉大学出版社、湖北人民出版社 2006 年版。
《国际共产主义运动史》编写组：《国际共产主义运动史》，人民出版社 2012 年版。
顾玉兰：《列宁主义及其当代价值研究》，中国社会科学出版社 2014 年版。
季正矩：《列宁传》，中共中央党校出版社 1998 年版。
李济琛：《不朽遗产：为列宁主义辩护》，中央编译出版社 2015 年版。
刘平梅：《俄共（布）党内争论问题的历史回顾》，马克思主义研究促进会 2005 年版。
刘佩弦、马健行主编：《第二国际若干人物的思想研究》，中国人民大学出版社 1994 年版。
刘淑春等：《"十月"的选择——90 年代国外学者论十月革命》，中央编译出版社 1997 年版。
李慎明主编：《历史在这里沉思》，社会科学文献出版社 2011 年版。
李心华：《社会主义胜利问题研究》，华龄出版社 1995 年版。
李忠杰：《列宁主义论纲》，广西人民出版社 1992 年版。
马健行主编：《马克思主义史》第 2 卷，人民出版社 1995 年版。
齐世荣等译：《苏联历史论文选集》第 3 辑，生活·读书·新知三联书店 1965 年版。
商德文：《列宁的新经济政策学说》，经济科学出版社 1987 年版。

上海外国语学院列宁著作翻译研究室译:《回忆列宁》第2卷,人民出版社1982年版。

孙木成等:《俄国通史简编》(下),人民出版社1986年版。

沈志华主编:《苏联历史档案选编》,社会科学文献出版社2002年版。

沈志华主编:《一个大国的崛起与崩溃——苏联历史专题研究(1917—1919)》,社会科学文献出版社2009年版。

沈志华、于沛编:《苏联共产党九十三年——1898至1991年苏共历史大事实录》,当代中国出版社1993年版。

唐士润:《列宁的新经济政策与改革》,成都科技大学出版社1992年版。

陶文昭、郭悦、邹星:《列宁传》,当代世界出版社1998年版。

吴德勤、夏耕编:《新编科学社会主义理论和实践》,上海大学出版社2004年版。

吴恩远:《苏联史论》,人民出版社2007年版。

温辉:《列宁主义批判》,香港百家出版社1989年版。

王丽华主编:《历史性突破——俄罗斯学者论新经济政策》,人民出版社2005年版。

王学东主编:《国际共产主义运动历史文献》,中央编译出版社2011—2015年版。

闻一:《凯歌悲壮》,江西人民出版社2006年版。

魏泽焕:《列宁执政党领导思想研究》,中共中央党校出版社1994年版。

王正泉主编:《从列宁到戈尔巴乔夫——苏联政治体制的演变》,中国人民大学出版社1989年版。

徐纪律等:《马克思主义史若干问题研究》,四川大学出版社2014年版。

徐善广、陈维廉主编:《国际共产主义运动史》,湖北教育出版社1985年版。

向祖文：《苏联经济思想史 从列宁、斯大林到戈尔巴乔夫》，社会科学文献出版社 2013 年版。
姚海、刘长江：《当代俄国——强者的自我否定与超越》，贵州人民出版社 2001 年版。
俞良早：《东方视域中的列宁学说》，中共中央党校出版社 2001 年版。
俞良早：《创论"东方列宁学"》，南京师范大学出版社 2004 年版。
俞良早：《关于列宁学说的论争》，中共中央党校出版社 2006 年版。
余敏、李小珊：《列宁后期重要著作与理论创新》，人民出版社 2012 年版。
叶卫平：《西方"列宁学"研究》，中国人民大学出版社 1991 年版。
中国人民大学马列主义发展史研究所：《列宁思想史》，人民出版社 1988 年版。
中国人民大学科学社会主义系编：《国际共产主义运动史文献史料选编》，中国人民大学出版社 1983 年版。
中国人民大学马列主义发展史研究所编：《马克思主义史》第 2 卷，人民出版社 1997 年版。
中共中央马克思恩格斯列宁斯大林著作编译局国际共运史研究所编：《国际共运史研究》第 1—7 辑，人民出版社 1987—1989 年版。
张汉清、曹长盛、黄宗良主编：《简明国际共产主义运动史》，北京大学出版社 1985 年版。
赵士国：《历史的选择与选择的历史——近代晚期俄国革命与改革研究》，人民出版社 2006 年版。
周尚文、叶书宗、王斯德：《苏联兴亡史》，人民出版社 2002 年版。
赵耀主编：《马克思列宁主义基本问题》，中共中央党校出版社 2001 年版。
郑异凡：《史海探索》，安徽大学出版社 2005 年版。
郑异凡：《新经济政策的俄国》，人民出版社 2013 年版。
［波］莱泽克·科拉科夫斯基：《马克思主义的主要流派》第 2 卷，

唐少杰等译，黑龙江大学出版社 2015 年版。
[德] 格·福尔马尔：《孤立的社会主义国家——一篇关于社会经济的习作》，《国际共运史研究资料》第 1 辑，人民出版社 1981 年版。
[德] 罗莎·卢森堡：《论俄国革命·书信集》，殷叙彝等译，贵州人民出版社 2001 年版。
[俄] 普列汉诺夫：《在祖国的一年》，王荫庭、杨永译，生活·读书·新知三联书店 1980 年版。
[美] 路易斯·费希尔：《列宁的一生》，彭卓吾译，北京图书馆出版社 2002 年版。
[美] 斯塔夫里阿诺斯：《全球通史——1500 年以后的世界》，吴象婴、梁赤民译，上海社会科学院出版社 1992 年版。
[美] 沃尔特·G. 莫斯：《俄国史（1855—1996）》，张冰译，海南出版社 2008 年版。
[美] 威廉·福斯特：《福斯特自传》，丁明、卢吉茵、邵新华译，世界知识出版社 1951 年版。
[美] 威廉·福斯特：《美洲政治史纲》，冯明方译，人民出版社 1956 年版。
[南] 普雷德拉格·弗兰尼茨基：《马克思主义史》第 1 卷，胡文建等译，黑龙江大学出版社 2015 年版。
[苏] 阿·阿夫托尔汉诺夫：《苏共野史》（《党治制的由来》），晨曦等译，湖北人民出版社 1982 年版。
[苏] 埃·鲍·根基娜：《列宁的国务活动 1921—1923》，梅明、董立武等译，中国人民大学出版社 1982 年版。
[苏] 波梁斯基等编：《苏联国民经济史讲义》，秦文允等译，生活·读书·新知三联书店 1964 年版。
[苏] 鲍·尼·波诺马辽夫主编：《苏联共产党历史》，人民出版社 1959 年版。
[苏] 弗·维·亚历山大罗夫：《列宁和共产国际——国际共产主义运

动理论和策略制定史》，郑异凡、杨光远、郑桥译，求实出版社1984年版。

［苏］格·季诺维也夫：《列宁主义——列宁主义研究导论》，郑异凡、郑桥译，东方出版社1989年版。

［苏］克涅采夫等：《回忆列宁》，人民出版社1958年版。

［苏］梁式琴科：《苏联国民经济史》第1卷，中国人民大学编译室译，人民出版社1959年版。

［苏］娜·康·克鲁普斯卡娅：《列宁回忆录》，哲夫译，人民出版社1972年版。

［苏］尼·尼·波波夫：《苏联共产党（布）历史概要》（第一、二卷），秦永立、章云、林英等译，中央党校科研办公室发行，1986年版。

［苏］斯大林等：《回忆列宁》，曹葆华等译，中国青年出版社1960年版。

［苏］托洛茨基：《被背叛了的革命 苏联的现状及前途》，柴金如译，生活·读书·新知三联出版社1963年版。

［匈］贝拉·库恩：《共产国际文件汇编（1919—1932）》第3册，中国人民大学编译室译，生活·读书·新知三联书店1965年版。

［匈］萨穆利：《社会主义经济制度的最初模式》，田大畏译，湖南人民出版社1984年版。

［意］安东尼拉·萨洛莫尼：《列宁与俄国革命》，卡佳、吉娜、文娟译，生活·读书·新知三联书店2006年版。

［意］葛兰西：《葛兰西文选1916—1935》，中共中央马克思、恩格斯、列宁、斯大林著作编译局、国际共运史研究所编译，人民出版社1992年版。

［英］霍布斯鲍姆：《极端的年代1914—1991》（上），郑明萱译，江苏人民出版社1998年版。

［英］尼尔·哈丁：《列宁主义》，张传平译，南京大学出版社2014

年版。

期刊论文

曹长盛:《十月社会主义革命的胜利是科学社会主义基本原则的胜利》,《科学社会主义》2007 年第 4 期。
陈立旭:《对列宁一国建成社会主义思想及其意义的探讨》,《社会主义研究》1999 年第 1 期。
陈卫:《列宁“一国胜利”理论的历史发展及反思》,《实事求是》1993 年第 4 期。
车有道:《列宁关于从“一国胜利”到“一国建成”思想的发展》,《华中师范学院学报》(哲学社会科学版) 1984 年第 2 期。
陈之骅:《十月革命的必然性和历史意义》,《史学理论研究》2007 年第 4 期。
冯晶丽:《列宁经济落后国家社会主义建设思想探讨》,《中共郑州市委党校学报》2003 年第 3 期。
郭春生:《论国际共运史研究中的“国际”视角》,《廊坊师范学院学报》(社会科学版) 2012 年第 4 期。
高放:《关于社会主义“同时胜利”和“一国胜利”问题辨析》,《当代世界社会主义问题》1995 年第 2 期。
高放:《没有列宁就没有俄国社会主义革命的首先胜利》,《科学社会主义》2010 年第 4 期。
高放《关于社会主义革命“同时胜利”论与“一国胜利论”问题的旧议与新评》,《学习与探索》2018 年第 2 期。
郭鹏:《从“同时发生论”到“一国胜利论”——对马克思恩格斯列宁社会主义革命论的再认识》,《理论学刊》1986 年 S1 期。
高晓惠:《俄罗斯学者谈列宁主义在俄罗斯的命运》,《国外理论动态》1998 年第 4 期。
胡芳:《列宁社会主义意识形态辩证法及其当代价值——基于“一国

首先胜利”论思想历程的考察》，《南京师大学报》2020 年第 3 期。
姜安：《列宁“帝国主义论”：历史争论与当代评价》，《中国社会科学》2014 年第 4 期。
姜长斌：《论“一国社会主义”的历史性飞跃》，《燧石》1994 年第 6 期。
江丹林：《社会主义革命的“同时胜利论”与“一国胜利论”探析》，《学术月刊》1992 年第 1 期。
纪明山：《从实际出发研究和揭示俄国资本主义形成和发展的特殊规律》，《南开经济研究》1994 年第 2 期。
江淑丽、李心怡：《列宁并未改变马克思恩格斯的社会主义革命观》，《社会主义研究》2011 年第 6 期。
金重：《马恩设想革命“同时发生”并未提出“一国胜利”观点》，《北京大学学报》（哲学社会科学版）1981 年第 4 期。
季正矩：《关于全面理解列宁革命理论的几个问题》，《学术界》2014 年第 4 期。
刘从德、顾训宝：《探析学界围绕列宁的“一国首先胜利”思想展开的几点论争》，《贵州社会科学》2012 年第 4 期。
刘从德、顾训宝：《列宁“一国首先胜利”论思想与和平共处思想间的逻辑构境解读》，《马克思主义与现实》2013 年第 4 期。
李景治：《牢记十月革命的历史贡献——兼谈实事求是地评价十月革命》，《南京政治学院学报》2017 年第 1 期。
李景治：《论马克思列宁主义对十月革命的指导意义》，《北京行政学院学报》，2017 年第 5 期。
李良瑜：《马克思主义发展史上一个重大理论问题的质疑——马克思恩格斯提出过“同时胜利”的理论吗？》，《科学社会主义参考资料》1980 年第 4 期。
赖淑春、李心华：《社会主义“一国胜利”理论的历史演进》，《社会主义研究》2008 年第 4 期。

刘文汇：《重评苏联的“一国社会主义”论争》，《徐州师范大学学报》1997 年第 2 期。
李心华：《“同时胜利”论与“一国胜利论”之比较》，《理论学刊》1997 年第 3 期。
李心华、辛桂清：《列宁“一国胜利”论的再探讨》，《烟台师范学院学报》（哲学社会科学版）1997 年第 2 期。
李心华：《列宁“一国建成”思想新论》，《烟台师范学院学报（哲学社会科学版）》2000 年第 2 期。
李心华：《“同时胜利”论与“一国胜利论”之比较》，《理论学刊》1997 年第 3 期。
李向军：《斯大林“一国建成社会主义”理论探析》，《前言》2008 年第 11 期。
李雪阳：《列宁主义是否“背离”了马克思主义？——“一国首先胜利”论与俄国“十月革命”合法性分析》，《贵州师范大学学报》（社会科学版）2015 年第 6 期。
刘勇：《列宁的世界历史理论及当代价值》，《社会主义研究》2004 年第 3 期。
林元旦、李心华：《论〈共产党宣言〉中的两个重要战略原则》，《东岳论丛》2013 年第 12 期。
刘志明、朱思远：《列宁社会主义革命策略思想及现实意义》，《马克思主义研究》2020 年第 6 期。
刘志明、朱思远：《论列宁“一国胜利论”及其时代意义》，《世界社会主义研究》2020 年第 4 期。
马小林：《论列宁和斯大林“一国建成社会主义”的异同》，《理论建设》2000 年第 3 期。
蒲国良：《如何看待当今世界社会主义分化问题》，《中国特色社会主义研究》2012 年第 1 期。
任重：《关于列宁布尔什维克党领导十月革命的革命理论和策略》，

《史学月刊》1959年第11期。
孙成木:《试探十九世纪中叶后俄国资本主义迅速发展的原因》,《世界历史》1987年第1期。
孙新彭:《关于"一国胜利"论及理论与实践关系的再认识》,《理论导刊》2008年第3期。
汤德森、江丽:《斯大林"一国建成社会主义"理论的再思考》,《马克思主义研究》2014年第4期。
吴恩远:《十月革命:必然性、历史意义和启迪》,《世界历史》1997年第5期。
吴恩远:《十月革命与俄国社会经济发展》,《中华魂》2007年第11期。
王盛辉、李爱华:《列宁的欧洲联邦观点及其现实分析》,《贵州社会科学》2013年第8期。
武天林:《从马克思的"同时胜利论"到邓小平的"改革开放论"——对马克思"地域性的共产主义"论断的重新解读》,《陕西师范大学学报》(哲学社会科学版)2008年第6期。
闻一:《"一国社会主义"和苏联的历史进程》,《世界历史》1990年第3期。
许宝友:《列宁、斯大林与资本主义发展不平衡规律》,《理论建设》2012年第5期。
徐芹:《列宁早期俄国资本主义发展思想及当代价值》,《当代世界与社会主义》2012年第1期。
徐昕:《论"一国首先胜利"问题上列宁对马克思主义的发展》,《马克思主义研究》1984年第1期。
徐向梅:《俄罗斯目前关于列宁的争论》,《国外理论动态》1996年第19期。
夏云高:《"一国胜利"论与"一国建成社会主义"的关系》,《传承》2011年第12期。

项佐涛、孔寒冰：《历史中的观念与观念中的历史——国外对十月革命的看法及其演变研究》，《当代世界与社会主义》2007 年第 4 期。

俞良早：《列宁"一国首先胜利"论形成的时间和基本内容辨析》，《湖北大学学报》（哲学社会科学版）1987 年第 3 期。

俞良早：《评二十年代联共（布）对列宁"一国首先胜利"论的误解》，《苏联东欧问题》1988 年第 6 期。

俞良早：《评西方重评派关于十月革命的若干观点》，《社会科学研究》1999 年第 1 期。

杨须爱：《马克思主义民族殖民地理论的形成与发展》，《民族研究》2014 年第 2 期。

杨筱刚、刘彦奎：《列宁"一国胜利"学说：由来与内涵》，《西南民族大学学报》（人文社会科学版）2012 年第 1 期。

余源培：《理论由实践赋予活力——论列宁在实践社会主义过程中的四大理论观点变化》，《复旦学报（社会科学版）》1996 年第 1 期。

要战通：《"一国首先胜利"与"几国同时胜利"新析》，《社会主义研究》1994 年第 6 期。

张长君：《从一国或数国首先胜利论到中国特色论——浅谈马克思主义在实践中的发展》，《淮北煤师学院学报》（社会科学版）1998 年第 1 期。

张成杰、贾俊民：《社会主义革命首先在落后国家取得胜利是世界社会主义革命的客观规律》，《高校理论参考》1995 年第 3 期。

左凤荣：《对列宁"一国胜利"论的新认识》，《燧石》1997 年第 6 期。

张军：《马克思主义"同时胜利"思想辨析》，《山东理工大学学报》（社会科学版）2013 年第 5 期。

赵家祥：《马克思恩格斯和列宁关于俄国社会发展道路的思想》，《马克思主义与现实》2007 年第 4 期。

赵家祥：《马克思恩格斯对未来社会基本特征的设想》，《马克思主义与现实》2014 年第 6 期。
周淼：《列宁关于社会主义运动战略与策略的理论与启示》，《世界社会主义研究》2021 年第 2 期。
褚平：《重评苏联二十年代的“一国胜利”论和“同时胜利”论之争》，《苏联东欧问题》1990 年第 3 期。
朱桂谦：《试论经济落后国家社会主义革命理论的形成与发展》，《浙江师范大学学报》（社会科学版）1985 年第 2 期。
张士海：《列宁主义观的历史流变及其启示》，《黑龙江社会科学》2008 年第 5 期。
张兴茂：《列宁关于社会主义的思想及其当代意义》，《马克思主义研究》2010 年第 12 期。
赵曜：《列宁领导十月革命胜利并实践社会主义》，《科学社会主义》2013 年第 5 期。
郑异凡：《一国建成社会主义理论新评》，《当代世界社会主义问题》1995 年第 1 期。
郑异凡：《“一国建成社会主义”理论中的若干问题》，《当代世界社会主义问题》1995 年第 4 期。
张翼星：《列宁晚年关于社会主义的新思想》，《中国社会科学》1991 年第 3 期。
周作芳：《“一国社会主义”问题研究述评》，《华北电力大学学报》（社会科学版）2006 年第 3 期。
赵仲英：《马克思恩格斯关于俄国农村公社与东方社会发展道路的理论》，《云南社会科学》1992 年第 5 期。
[美] 约翰·贝拉米·福斯特，庄俊举译：《社会主义的复兴》，《当代世界与社会主义》2006 年第 1 期。

外文文献

Besancon Alain, *The Intellectual Origins of Leninism*, Basil Blackwell, Oxford, 1981.

Bertram D. Wolf, *Three Who Made a Revolution—a Biographical History*, Dial press Inc, 1964.

Bertram D. Wolfe, *Lenin and the Twentieth Century*, Hoover Institution, 1984.

Carr Edward Hallett, *A History of Soviet Russia*: *Socialism in One Country*, 1924 – 1926, London, Macmillan, 1959.

Christopher Hill, *Lenin and the Russian Revolution*, Cox & Wyman Ltd, 1971.

Fischer Louis, *Lenin*: *A Biography*, London, Lawrence and Wishart Press, 1995.

Gordon B. Smith, *Soviet Politics*: *Continuity and Contradiction*, St. Martin's Press, 1988.

Gankin Olga Hess and H. H. Fisher, *The Bolsheviks and the World War*: *The Origins of the Third International*, Stanford University Press, 1940.

John Gooding, *Socialism in Russia*: *Lenin and His Legacy*, 1890 – 1991, New York, Palgrave, 2002.

Kull Steven, *Burying Lenin*: *The Revolution in Soviet Ideology and Foreign Policy*, Westview Press, 1992.

Leszek Kolakowski, *Main Currents of Marxism*, *vol.* 2, *The Golden Age*, Oxford University Press, 1981.

Meyer G. Alfred, *Leninism*, Cambridge, MA, Harvard University Press, 1957.

Mclellan David, *Marxism After Marx*, Britain, Macmillan Press, 1979.

Mark D. Steinberg, Vladimir M. Khrustalev, *The Fall of the Romanovs*, Yale University Press, 1995.

Mack W. Donald, *Lenin and The Russian Revolution*, Essex Longman, 1970.

Neil Harding, *Lening's Political Thought*, Macmillan Press Ltd, 1983.

Nation R. Craig, *War on war: Lenin, the Zimmerwald left, and the origins of communist internationalism*, Duke University Press, 1989.

Payne Robert, *The life and death of Lenin*, New York, Simon and Schuster Press, 1964.

Read Christopher, *Lenin. A Revolutionary Life*, London and New York, Routledge, 2005.

Robert C. Tucker, *The Marxian Revolutionary Idea*, London, George Allen & Unwin, 1969.

Rappaport Helen, *Conspirator: Lenin in Exile*, London, Hutchinson, 2009.

Robert Service, *Lenin: A Political Life*, *vol.* 2, *Worlds in Collision*, MacMillan, Houndmills etc, 1991.

Robert Service, *Lenin: A Biography*, the Macmillan Press Ltd, 2000.

Robert Vincent Daniels, *The Conscience of the Revolution—Communist Opposition in Soviet Russia*, Harvard University Press, 1960.

Ronald W. Clark, *Lenin: The Man Behind the Mask*, Faber and Faber, 1988.

Yuri Buranov, *Lenin's Will: Falsified and Forbidden*, Prometheus Books, 1994.

August H. Nimtz, "A Return to Lenin: But Without Marx and Engels?", *Science & Society*, Vol. 73, No. 4, 2009.

Elwood Carter, "Lenin on Holiday", *Revolutionary Russia* 21, No. 2, 2008.

Erik Van Ree, "Socialism in One Country: A Reassessment", *Studies in East European Thought*, Vol. 50, No. 2, 1998.

Erik Van Ree, "Lenin's Conception of Socialism In One Country, 1915 – 17", *Revolutionary Russia*, Vol. 23, No. 2, 2010.

Fabio Vighi, Heiko Feldner, "United States of Europe or Free Trade Zone? No Thanks! Slavoj Žižek on the Future of Europe, UK", *European Journal of Social Theory*, Vol. 9, No. 3, 2006.

Graeme Gill, " 'Lenin Lives': Or Dose He? Symbols and the Transition from Socialism", *Europe – Asia Studies*, Vol. 60, No. 2, 2008.

Getzler Israel, "Lenin's Conception of Revolution as Civil War", *Slavonic & East European Review*, Vol. 74, No. 3, 1996.

Khagen Das, "On 'Socialism in One Country'", *Economic and Political Weekly*, Vol. 23, No. 25, 1988.

Loren Goldner, " 'Socialism in One Country' Before Stalin, and the Origins of Reactionary 'Anti – Imperialism': The case of Turkey, 1717 – 1925", *Critique: Journal of Socialist Theory*. Vol. 38, No. 4, 2010.

Michael Bensley, *Socialism in One Country: A Study of Pragmatism and Ideology in the Soviet 1920s*, University of Kent, 2014.

Marot John, "Lenin, Bolshevism, and Social—Democratic Political Theory", *Historical Materialism*, Vol. 22, No. 3/4, 2014.

Michael Melancon, "Land Socialization in Soviet Russia", *Russian Studies in History*, Vol. 52, No. 3, 2013 – 14.

Ryan James, " 'Revolution is War': The Development of the Thought of V. I. Lenin on Violence, 1899 – 1907", *Slavonic & East European Review*. Vol. 89, No. 2, 2011.

Tarr Russell, "Lenin in Power", *History Review*, No. 55, 2006.

Панкратова А. М., Костомаров Г. Д.. *Очерки Истории СССР* 1905 – 1907. М.: Учпедгиз, 1955.

Витте С. Ю. *Воспоминания. Т.* 2. М.: Скиф Алекс, 1994. С.

Институт Истории АН СССР. *История СССР с древнейших времен до наших дрей. Т.* 8. М.: Наука, 1967.

Леонтьев Л. А.. *Ленинская Теория Империализма.* М.: Московокий Рабочий, 1954.

Лященко П. И. *История Народного Хозяйства СССР. Т.* 3. М.: Госполитиздат, 1956.

Рабинович А. Е.. *Большевики Приходят к Власти: Революция* 1917 *года в Петрограде* / Общ. ред. и послесл. Г. З. Иоффе. М. : Прогресс, 1989.

Седьмая (апрельская) Всероссийская конференция РСДРП (Большевиков) : Протоколы. М. : Государственное Издательство Политической Дитературы, 1958.

Соколов А. К. *Курс Советской Истории.* 1917 – 1940 : *Учеб. пособие для вузов.* М. : Высшая школа, 1999.

Кульчицкий С. В. . Русская Революция 1917 года : новый взгляд // День. 2003. 4 октября

Суханов Н. Н. *Записки о Революции. Кн.* 4. *Первая коалиция против революция.* URL : http : //www. magister. msk. ru/library/history/xx/suhanov/suhan004. htm

Шишкин В. А. *Власть, Политика, Зкономика.* Сб. : Дмитрий Булавин, 1997.

Белоусов Р. А. . *Экономическая История России XX век.* М. : ИздАТ, 1999.